플립드러닝(Flipped Learning)
실행 절차 및 교수전략

최 욱

교육과학사

오늘의 저와 이 책이 있게 해주신 어머니,

전순자(全順子) 님께 드립니다.

머리말

패러다임 전환(paradigm shift)을 최초로 주창한 Thomas Kuhn은, 일반적이고 평범한 선상에서 개선을 추구하면 탁월한 과학적 성취가 불가능하므로, 기존과는 판이하게 다른 완전한 변이(anomalies)를 추구하는 패러다임 전환만이 위대한 과학 발견을 가능케 한다고 역설하였다. 이는 교육에서도 예외일 수 없을 것이다. 이런 관점에서 플립드러닝은 패러다임 전환을 기하는 교수설계 이론이라고 평가할 수 있다. 왜냐하면, 거꾸로학습은, '교실수업'에만 전적으로 국한하여 개선과 혁신을 주창한 기존의 교수설계 이론들과 전혀 다른 '변이'를 추구하고 있기 때문이다. 즉, 플립드러닝은 교실수업 밖(out-of-class)에서의 학습에 방점을 두고, 이에 대한 체계적인 수업체제를 제시하고 있다. 그것도 교실수업의 핵심으로 기정사실화되었던 교수자의 강의(직접교수)를 녹화하여 학습자가 교실 밖에서 학습하도록 하고, 교실수업은 기존의 수업보다 고차원 학습목표(적용, 분석, 평가, 창조) 달성에 온전히 집중하게 하는 교수설계의 패러다임 전환을 모색하고 있다.

플립드러닝이 추구하는 또 하나의 패러다임 전환이 존재한다. 기존의 전통적인 모든 수업에서는 교수자가 어떤 교수설계 이론을 적용하든지, 결국 학습자 능력의 다양성은 차치하고 중간 수준의 학습자에 맞춰 실제 수업을 실행할 수밖에 없는 현실적인 이유가 불문율로 인습화되어 있다. 그럼으로써 이는 높은 수준의 학생에게는 시시하고 무료한 수업이고, 성취도가 낮은 학습자에게는 또 하나의 학습 실패를 경험하는 교육이 될 뿐이다. 이에 반해, 거꾸로학습을 체계화시킨 Bergmann과 Sams(2023)가 자신들의 저서 제목(Flip your classroom: Reach every student in every class every day.)에서 명시했듯이, 전통적인 수업의 패러다임과는 상당히 다르게, 플립드러닝에서는 교수자의 면대면 도움이 교실수업의 '모든 학습 시간'에서 온전하게 제공된다. 이로 말미암아 학습부진아를 포함하여 모든 학습자들이 학습목표를 달성하기를 지향하는 개별화 수업의 진정한 구현을 가능케 한다. 이와 함께 학습능력이 탁월한 학습자들을 위한 수준별 수업도 병행 실현되는 패러다임 전환을 이룩할 수 있다.

이에 더해, 거꾸로학습은 기존의 교육에서 관습처럼 가정에서 해오던 숙제는 학교에서 하는 것이라는 인식의 대전환을 이루었다. 즉, 전통적인 수업에서 숙제는, 교실에서 습득한 이론적인 지식을 학생이 가정에서 홀로 적용하는 연습을 수행하는 방식이 전형적이다. 그러나 플립드러닝은 이러한 전통적인 수업 과정의 핵심에서 '급진적인 재배치(radical rearrangement)'를 지향하고 있다(Riabukha et al., 2020; Wang et al., 2024). 이제 숙제는 거꾸로학습을 기반으로, '교실수업'에서 교사와 또래가 진정한 학습사회를 이루면서 완수되는 것이다. 그러므로 대부분의 숙제에서 다루는 고차원 학습목표 영역(적용에서 창조까지)을 학교에서 제대로 학습하고, 이에 관한 역량을 개발할 수 있는 기회를 플립드러닝이 제공할 수 있다.

이에 부응하여 이 책은, 거꾸로학습을 처음 시작하는 대학교, 초·중등학교 및 산업체, 공공기관의 교수자 및 수업설계자들이 체계적인 절차 속에 설계, 개발, 실행, 평가를 전개할 수 있도록 안내해 주는 실제적인 업무지침서(practical manual)를 지향하고 있다. 또한 이미 플립드러닝을 실행하고 있는 현장의 교수자와 수업설계자들에게는 더 나은 향상을 위한 직무안내서(job-aids for performance improvement)가 되는 데도 주안점을 두고 있다. 이와 더불어, 이 책은 거꾸로학습으로 교육하기 위해 실제로 수업을 설계하고 평가까지 시행하는 교수자와 수업설계자들이, 아래와 같은 체계적인 단계(step-by-step)를 기반으로 접근할 수 있도록 실행절차와 각 단계별로 상응한 구체적인 교수전략 체제들을 제시하고 있다. 또한 교수자 및 수업설계자들이 특유의 수업상황에 따라 선택적으로 구현할 수 있도록 실천적인 교수·학습 기법과 사례를 그 체계 속에서 담았다.

한편, 이 책의 '1장'은 플립드러닝을 처음 접하고 적용하려는 교수자 및 교수설계자들에게 그 효용성과 가치를 최근 연구들까지 총망라하여 다각도로 집대성, 제시하고 있다. 그리고 '2장'부터 '6장'은 위에서 전술했듯이, 거꾸로학습을 설계에서 평가하는 데 필요한 실행 절차와 함께 각 단계별로 상응한 교수전략과 사례들을 담았다. 그뿐만 아니라, 별도로 '7장'에서는 인공지능(Artificial Intelligence)을 기반으로 접근할 수 있는 플립드러닝에 관한 현재와 미래 전략들과 함께 실제 사례들을 적재적소에 제공하고 있다. 그리고 '8장'은, 학교교육에 국한되지 않고, 플립드러닝이 산업체 및 공공기관의 인재개발(talent development)에도 적용 가능한 교수전략들과 더불어 Cisco의 실제 사례 등으로 구성되어 있다.

한편, '9장'은 프로젝트 학습, 문제중심 학습, 탐구기반 학습 등의 복합학습(complex learning)과 통합, 적용된 거꾸로학습의 또 다른 차원의 접근 방법이 구체적인 교수전략 및 사례들과 함께 제시되고 있다. 그리고 '10장'의 '거꾸로 완전학습(Flipped mastery learning)'은 '9장'과 함께, 이미 플립드러닝을 상당 기간 적용하여 역량 및 노하우(know-how)를 어느 정도 축적한 교수자와 교수설계자가, 더 높은 수준의 거꾸로학습 체제가 요구되는 수업 상황에서 활용할 수 있는 교수체제를 제시하고 있다. 이는 또한 플립드러닝이 거의 모든 기존의 교수설계 이론들과 발전적으로 통합될 가능성을 보여주어, 교육현장에서 더 폭넓은 적용 지평을 여는 계기를 마련했다고 자평하고 싶다. 그리고 이 책은 초등학교, 중학교, 고등학교, 대학교, 산업체, 공공기관의 사례와 기법을 총체적으로 다루고 있어, 모든 교육을 담당하고 있는 교수자 및 교수설계자에게 유용한 거꾸로학습 안내서가 될 것이다. 다만, '2장'의 'III. 학부모와의 의사소통전략'만은 유일하게 초・중등학교 수업에만 해당함을 밝혀두는 바이다.

2025년 만추

최 욱

차 례

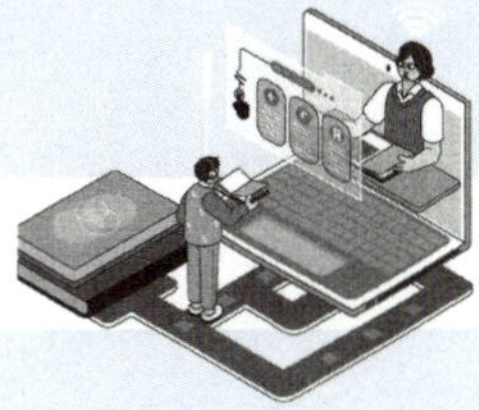

01

CHAPTER

거꾸로학습(Flipped learning)의 효용 및 필요성

AI를 포함한 디지털 활용 수업이, 초등교육에서 산업체 및 공공기관의 인재개발(talent development)에까지, 교수자의 교수전략과 학습자의 학습 방법에서 커다란 패러다임의 전환을 가져오고 있다. 특히 그중에서도 거꾸로학습은 테크놀로지(technology)의 유용한 적용을 통해, 모든 교육에서 전통적 수업의 문제점을 극복할 수 있는 긍정적 대안 차원의 변화 가능성을 크게 열어 주었다. 이런 관점에서, Gopalan과 동료연구자(2022)에 의하면, 전 세계적으로 모든 교육에서 괄목할 만한 플립드러닝의 채택이 이루어지고 있다. 이에 따른 많은 교육혁신이 확산일로에 있으면서, 거꾸로학습은 더 나은 미래 교육을 창출하고 열어가는 데 주요 열쇠로 작용할 것이다.

또한 우리 교육에서는 Bloom의 목표분류학(taxonomy)(Anderson & Krathwohl, 2001)에서 주창하는 적용, 분석, 평가, 창조 등의 고차원 사고능력을 반영한 교수설계 이론 및 모형에 대한 요구가 높아가고 있다. 이는 5차 산업혁명이 심화하면서 새로운 패러다임의 전환이 필연적인 미래 교육에서도 常數(상수)로 작용할 것이다. 이런 관점에서 Talbert(2017)에 의하면, 거꾸로학습은 새로운 교육방법들 중의 하나이기보다는 모든 다른 교수설계 모형에 적용할 수 있는 메타전략(meta-strategy)으로 자리매김할 가능성을 열어 두고 있다. 특히 전통적인 교실이나 교육장에서 충분한 수업 시간의 확보가 어려움으로 인해, 적용에서 창조까지에 해당하는 학습목표와 역량 달성이 현실적으로 쉽지 않은 문제점을 극복할 수 있는 대안이 될 수 있다(Jones, 2018).

이러한 거꾸로학습이 실제로 초등학교에서 산업체, 공공기관까지 현장에 안착하기 위한 성공의 관건은, 이를 직접 활용하는 현장의 교수자와 교수설계자들에게 자신 수업방식에 대한 변화를 수용하는 필연성 인식과 동시에 새로운 시도에 대한 우려를 불식시키고 성공의 확신을 심어주는 것이다. 이와 관련하여 Coufal(2014)은 거꾸로교실이, 가르치는 것과 배우는 것에 대해 상당한 변화를 가져올 정도로 잠재력이 있어서 새로운 ICT 활용 교육방법으로 탐구할 가치와 의미가 있다는 거부할 수 없는 인식이 교수자에게 들도록 논리적인 설득 노력이 필요하다고 주장하였다.

즉, 거꾸로학습이 모든 교육현장에 성공적으로 정착되기 위해서는 교수자에게 어떤 면에서 자신의 기존 수업체제보다 탁월하고, 그에 따라 변화할 가치가 있는가에 대한 설득력 있는 설명이 동반되어야 한다. 그러므로 다양한 성공사례와 현장연구를 바탕으로 플립드러닝(flipped learning)이 어떤 교육적 가치와 의미를 부여하는가를 제시할 필요가 있다. 그러므로 이 장은 거꾸로교실이 지속가능한 효용성으로 모든 교육현장에서 실제로 뿌리내리기 위해, 이에 대한 가치와 필요성을 제시하였다. 이에 따라 교수자와 교수설계자가, 자신의 교수전략에 관해 긍정적 인식 전환을 기하기 위한 설득력 있는 패러다임 수립을 모색하는 데 도움을 주고자 한다. 이를 위해 관련 초등학교, 중·고등학교, 대학교, 산업체, 공공기관 등에서 적용된 거꾸로학습의 성공사례 연구를 바탕으로, 기존의 전통적인 수업과 비교한 효과성, 효율성, 학습 동기화, 만족도, 협업 능력, 사회성 발달 등의 결과들을 분석, 기술하였다. 이로써 이 장은 초등학교에서 대학교에 해당하는 학교교육 및 산업체, 공공기관 교육을 포함한 인재개발까지 플립드러닝의 가치와 의미를 현장 교수자 및 교수설계자들에게 설득력 있게 제시하는 데 주목적을 두고 있다.

Ⅰ. 고차원 학습목표 달성에서 비교우위

거꾸로학습을 직접 자신의 교육에 적용한 Bergmann과 Sams(2014)는 “학생들과 대면하는 시간을 가장 유용하게 활용할 수 있는 교육방법은 무엇인가(What is the best use of face-to-face time with your students?)”라고 반문하고 있다. 이를 위해 플립드러닝에서는, 학생들이 전통적인 교실에서 교수자에게 수동적으로 전수하는 방식에서 탈피하여, 이제는 교실 밖의 디딤수업(out-of-class instruction)을 통해 자기주도학습으로 사전에 습득하게 된다. 그리고 후속 교실수업에서는, 전통적인 수업에서 교수자의 직접교수(direct instruction)와 관련 활동에 할애되는 시간만큼을, 고차원 학습목표 달성을 위한 활동에 전적으로 부여할 수 있게 된다. 즉, 전통적인 수업과 비교해서, 거꾸로교실의 수업에서는 Bloom의 목표분류체계(taxonomy)에서 명시된 적용, 분석, 평가, 창조 등의 고차원 사고와 학습목표에 직결된 활동에 더 전념할 수 있게 된다(Lockwood, 2018).

Bloom의 새로운 교육목표분류학(taxonomy)(Anderson & Krathwohl, 2001)은 다양한 교수학습에서 가치 있는 거대담론의 기반이 되고 있다. 그러나 이것이 인간의 학습과정을 설명하는 유일무이한 방법이 될 수는 없다. [그림 1-1]에서와 같이, 기존의 Bloom 분류표는 수업시간의 대부분이 하위영역의 학습에 배정된다는 점을 시사하고 있다. 이럼으로써 교사와 학생은 고차원적인 사고의 학습목표를 달성하기 위한 학습시간이 최소화되는 문제점이 상존하고 있다. 이는 실제로 교육현장의 매 수업시간마다 보편적으로 벌어지고 있는 현상이다. 이럼으로써 지식을 습득하고 이해하는 영역에 상당 수업시간을 할애하게 되어, 초·중등·대학교의 교수자는 고차원적인 사고의 첫 단계인 ‘적용’에조차 제대로 도달하지 못하는 수업을 실행하고 있다. 더 확산하는 문제는, 교실에서 도달하지 못한 고차원 사고능력과 직결된 적용에서 창조까지의 학습목표와 관련된 '숙제'가 부과돼서, 대부분은 교실 밖에서 학습자가 교수자와 또래의 도움 없이 달성하도록 요구되는 것이다(Baker, 2013; Bergmann & Sams, 2012; Umutlu & Akpinar, 2020). 이에 따라 대학생까지 포함하여, 자기주도학습 능력이 뛰어난 학생들만이 '숙제'에서 지향하는 학습목표를 달성하고, 그렇지 못한 학습자는 자신의 탓으로 치부되면서 방기되는 현상이 교육현실에서 벌어지고 있다. 또한 이런 상황에서 학부모 또는 사교육의 도움을 제대로 받을 수 없는 학생들은, 그런 도움을 제대로 받는 학생들보다 점점 더 지식 격차가 벌어지는 형국에 직면하게 된다.

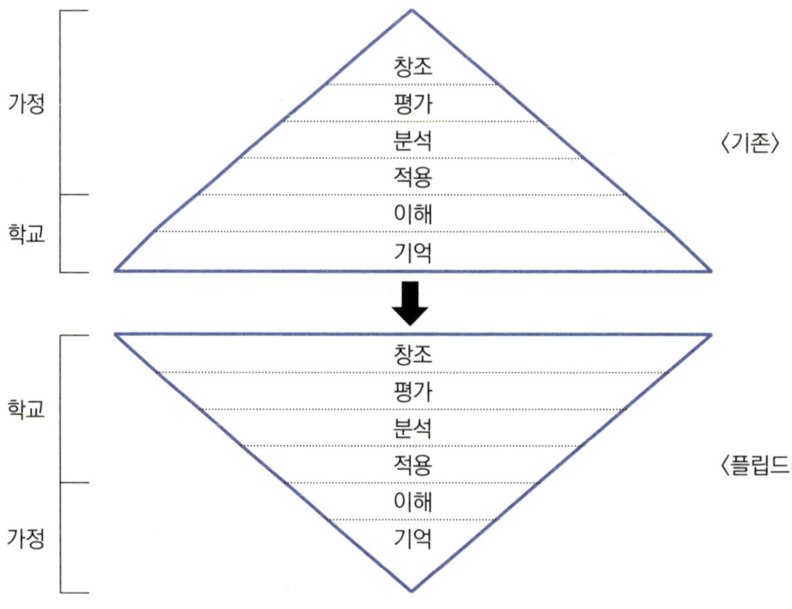

[그림 1-1] 거꾸로학습의 Bloom's Taxonomy(Bergmann & Sams, 2012)

이에 반해, [그림 1-1]에서 Bloom의 분류표를 거꾸로학습에 근거하여 뒤집어서 수업을 설계하게 되면 커다란 반전을 기할 수 있다. 플립드러닝에서는 학습자가 디딤수업을 통해 하위영역 학습목표를 달성하게 되면, 교수자와 학생은 교실수업에서 고차원적인 목표 달성을 위해 상호작용과 협력을 통해, 심도 있게 활동하고 고차원 학습목표를 성취하는 시간을 더 확보하여 이에 더 전념할 수 있게 된다(Webb & Doman, 2019). 즉, 학생이 비교적 달성하기 쉬운 이해와 지식 차원 학습목표는 스스로 교실 밖에서 학습하고, 스스로 달성하기 더 어려운 고차원 학습목표를 교수자와 또래의 지원과 안내하에 교실에서 달성될 수 있다(Bergmann & Sams, 2012; Fulton, 2014; Lockwood, 2018; Umutlu & Akpinar, 2020).

이렇게 고차원 학습목표의 실체적 달성에서 거꾸로학습의 유용성은, 초등학교 저학년에도 해당할 수 있다. 플립드러닝을 자신의 수업에 직접 적용한, 미국 초등학교 3학년 교사인 Jena Sagendorf는 그 효과성을 아래와 같이 피력하였다(Bergmann & Sams, 2023).

> “나는 플립드러닝을 적용한 이후로, 그동안 수업에서 학습시간이 항상 부족했던 현상을 극복하면서, 모든 학습을 완수시키는 데(to get through all the learning) 더없이 많은 시간을 확보할 수 있게 되었다. 그래서 이제 나는 수업에서 더 많은 실습, 심화 프로젝트학습 등을 실행할 수 있었다. 또한 개별 모둠과 더 많은 상호작용을 하고, 효과적인 피드백을 제공하게 되었다. 이러한 거꾸로학습은 학습자의 100% 몰입과 학습동기화로 충만한 교실환경으로 변화시켰다.”

이처럼 거꾸로학습은 단순히 교실 밖에서 사전학습 동영상을 시청한 후, 교실수업에서 심화학습이 이루어지는 것만을 의미하지 않는다. 거꾸로학습의 진정한 의미는 기존 수업시간과 구조에 새로운 변화를 추구하는 것이다(Bergmann & Sams, 2016). 그러므로 플립드러닝에서는 디딤수업을 통해 상대적으로 학습자에게 용이한 기본 지식습득과 이해에 대해 개별학습이 이루어질 수 있다. 그리고 이를 바탕으로 교실수업에서는 학생에게 인지부담이 크고 학습 성취에 어려움이 더 큰 고차원 학습목표 성취에 전념할 수 있는 학습환경이 조성된다. 특히 학습자들이 난관에 봉착했을 때 타인의 도움을 거의 받지 못했던 기존의 수업과는 달리, 교실에서 더욱 많은 시간을 가지고 교사와 또래 학습자들로부터 다각도의 학습지원이 가능해지게 된다. 이렇게 플립드러닝은 전통적인 교실이나 우리 교육체제에서 고착화되어 있는 학습자의 사회경제적 배경으로 인한 지식 격차를 해소하는 데도 일조할 수 있는 교수전략이다.

이런 관점에서, 미국 Colorado 주의 Franklin 초등학교에서 거꾸로학습을 공동으로 적용한 4~5학년 교사들은 기존수업과 거꾸로학습에 대한 비교연구를 시행하였다. 그 결과, 아래의 〈표 1-1〉과 같이 기존수업에 비해 거꾸로교실에서 높은 수준의 학습목표를 위한 심도 있는 활동을 더 많이 실행할 수 있게 되었다. 이와 관련하여, 고교 기술교사인 Walters는, 거꾸로학습으로 새롭게 확보된 자기주도 학습시간을 통해, 프로젝트 학습, 탐구활동, 다양한 토론 등을 교실수업에서 실행하여, 학습자들이 배운 내용을 의미 있게 적용, 분석, 평가, 창조해 보는 기회를 더 제공할 수 있다고 밝히고 있다 (Fulton, 2014).

〈표 1-1〉 거꾸로학습을 통한 교실수업 요소와 시간의 변화(Fulton, 2014)

기존 수업		거꾸로 학습	
수업요소	수업시간	수업요소	수업시간
도입	5분	도입	5분
숙제 점검 및 관련 활동	20분	디딤수업에 대한 질의응답	5~10분
직접 교수	30~35분	안내에 따른 자기주도적 연습(Guided and independent practice)	50~55분
안내에 따른 자기주도적 연습	20~25분	학습 성찰	5분

위에서 논의한 연구와 유사하게 우리 교육에서도, 이민경(2014)은 중학생을 대상으로 실시한 거꾸로교실을 통해 기존 수업보다 상위수준 학습목표

달성을 위한 수업요소와 시간이 더 많이 확보할 수 있다는 연구 결과를 도출하였다. 즉, 〈표 1-2〉에서 명시된 바와 같이 기존수업을 실시한 8월 26일보다 플립드러닝을 처음 실행한 9월 5일부터 점진적으로 '교사의 일방적 강의 시간'이 감소하여 네 번째 거꾸로교실에서는 교사의 직접교수가 필요 없게 되었다. 또한 기존 수업보다 '통제적인 교사-학생 간 상호작용'에 몰입하는 시간이 플립드러닝에서 확충되었다. 이와 더불어 기존수업에서 찾아볼 수 없었던 '개방적인 교사와 학생 간 + 학생 간 상호작용'이 거꾸로교실에서 구현되어 고차원적 사고능력 함양 가능성이 점차 확대되는 경향도 보여주었다(이민경, 2014).

〈표 1-2〉 거꾸로학습에 따른 수업요소와 시간의 변화(이민경, 2014)

수업 관찰 날짜	직접 교수	통제적인 교사-학생 간 상호작용	개방적인 교사와 학생 간 + 학생 간 상호작용
12.08.26	40분	5분	0분
12.09.05	15분	30분	0분
12.09.12	15분	10분	20분
12.10.10	5분	0분	40분
12.11.07	0분	45분	0분
12.11.26	0분	0분	45분

그리고 플립드러닝은 적용, 분석 등을 포함한 상위수준 학습목표가 다른 교과에 비해 상대적으로 많은 내용이 포함된 교과들에서도 유용한 교수전략으로 자리매김할 수 있는 여지를 마련해 주고 있다. 예를 들어, K-8학년 체육전담 교사인 Hahnstadt는 디딤수업을 통해 학습자들이 경기 규칙, 팀 구성, 활동 절차, 기본 동작 등에 대한 개념과 지식을 사전에 숙지하여 체육수업에 임하게 하였다. 그 결과, 예전 체육수업에서는 실제 활동 시간이 보통 15분 정도로 국한되었으나, 거꾸로학습에서는 최소한 30분의 직접 활동

시간을 실제로 확보하게 되었다. 그뿐만 아니라 기존 수업과는 달리 활동 초기부터 학생들이 아주 익숙한 모습으로 훨씬 더 적극적으로 참여하는 모습이 목격되었다. 이는 초등학교 저학년까지도 예외 없이 나타난 바람직한 현상이었다(Bergmann & Sams, 2014). 또한 체육교과의 효과성에 지대한 영향을 미치는 또래 도움 및 협업하는 활동 시간이 더 많이 확보되어, 학생들이 진정한 학습사회를 느끼는 효과도 보게 되었다(Østerlie & Killian, 2025). 이런 관점에서, 전통적인 능동학습(active learning)보다 차별화된 플립드러닝의 장점은, 디딤수업을 통해 학생이 더 높은 지식 또는 정보 수준을 갖추고 교실수업에 임한다는 것이다. 이럼으로써 수업의 효율성뿐만 아니라 효과성을 높이는 양수겸장의 비교우위를 보여주게 된다(Adams & Gingras, 2017).

또한 플립드러닝은 실험이 포함된 과학 교과에서도 관련 교과 내용 습득 및 실험에 대한 사전 안내와 준비 시간으로 인하여 실제 실험 시간이 충분치 못함으로써 야기됐던 문제들을 극복하는 데도 유용한 방법으로 자리매김했다. 즉, 거꾸로학습의 디딤수업 동영상을 통해 학생들은 사전에 실험에 관한 기본 개념과 원리, 실험 절차, 준비 및 유의사항 등을 학습하여 기존 수업과는 다르게 실제 과학실험을 좀 더 익숙하게 실행하여 심도 있는 결과를 도출해 낼 수 있었다. 때로는 실험 중에 제기되는 다양한 의문사항을 교사나 또래의 도움 없이 해당 디딤영상에서 필요한 부분만을 즉석에서 수시로 참고하면서 스스로 해결해 나감으로써 과학실험의 효율성과 효과성을 동시에 이룰 수 있었다(Bergmann & Sams, 2015b).

지금까지 논의한 대로, 거꾸로학습은 고차원 학습목표 달성에서 기존의 수업보다 비교우위에 있다는 사실이 자명해진다. 이러한 이론과 실제들을 기반으로, 플립드러닝의 각 교수요소(instructional elements)가 전통적인 수업의 그것과 어떻게 차별화되는지 다음의 〈표 1-3〉과 같이 비교해 보았다. 특히 각 교수요소별로 어떤 면에서 고차원 사고능력을 개발하는 데 기존의 전통적인 수업보다 우월한 교수전략을 제시하는가를 일목요연하게 규명, 제시하고 있다.

〈표 1-3〉 전통적인 수업과 거꾸로학습의 교수요소별 비교

교수 요소	전통적인 수업	플립드러닝
사전 학습 (Before class)	학생은, 교사가 부과한 숙제이거나, 아니면 남다른 학습동기화에 따라 교실수업에서 배울 교재, 학습자료 등을 미리 읽는다. 그런데 숙제가 아니면, 학습동기화가 높지 않은 학습자 대부분은 교실수업의 기반이 되는 사전학습을 거의 하지 않는다.	학생은, 교수자가 교실수업에서 직접 가르칠 내용을 디딤영상과 학습자료로 미리 스스로 공부한다. 그래서 학습자는 Bloom의 교육목표 위계에서 사실적 지식과 이해에 해당하는 사전학습을 이수하여, 교실수업에서 적용에서 창조까지의 고차원 사고능력을 연습하고 개발하는 데 필요한 밑바탕을 준비한다.
	교수자는, Bloom의 교육목표 위계에서 사실적 지식과 이해에 초점을 두고, 주로 직접 가르칠 교실수업을 설계하고, 수업자료를 준비한다.	교수자는, 교실수업에서 고차원 학습목표 달성에만 직결된, 교육내용을 선정하고, 상응한 교수전략을 설계하며, 관련 수업자료를 개발한다.
교실 수업 (During the class)	학생은 교실에서 주로 수동적으로 교수자가 직접 교수한 것을 습득한다. 여기서 사실적 지식과 이해 수준의 학습목표 달성에 그친다. 그 후 연계된 연습과 활동을 통해 적용 수준의 고차원 사고능력 개발 중에 수업이 종료되는 경우가 비일비재하다.	학생은, 수업 전체에서, 자기주도적인 능동적 학습, 또래와의 협력적 학습, 교사의 면대면 도움 등을 통해 활동한다. 그러면서 사전학습한 사실적 지식과 이해를 기반으로, 고차원 사고능력 개발에만 치중하도록 학습활동을 영위한다.
	교수자는, 수업의 상당 부분에서 사실적 지식을 직접 가르치며 이해시키도록 제시, 설명하는 교수전략에 치중한다. 이에 따라 자기주도적인 능동적 학습, 또래와의 협력적 학습, 교사의 면대면 도움을 통해, 더 높은 수준의 고차원 사고능력을 개발하는 데 요구되는 충분한 시간을 확보하기 어렵다.	교수자는 교실에서의 다양한 수업상황과 결과에 따라, 적시(just-in-time) 안내와 지원을 개별 학습자에게 맞춤형으로 제공한다. 이로 말미암아, 대부분의 학습자가 고차원 사고능력과 직결된 완전학습에 도달하게 하는 개별화수업뿐만 아니라, 잘하는 학습자는 더 높은 수준의 고차원 사고능력을 개발할 수 있는 수준별수업도 실행할 수 있다.

Ⅱ. 교수자 및 또래와 함께 학습사회에서 이루어지는 배움

플립드러닝에서 학습자와 교수자가 시종일관 '함께하는' 수업환경은, 학생에게 학습사회의 진정한 일원이라는 강한 인식이 들게 하여 학습동기를 높이는 계기를 마련하게 된다(Toivola, Peura, & Humaloja, 2020). 그리고 Wang(2024)의 연구에 의하면, 거꾸로학습의 교실수업 및 후속학습활동의 특성으로 인해, 전통적인 교실수업보다 교수자와 학습자가 면대면으로 코칭하고 서로 도움을 제공할 수 있는 더 많은 학습시간을 확보하게 되었다고 주장하였다. 이로 말미암아 개별 맞춤형 학습과 함께 다양한 협력학습이 다양하고 심도 있게 전개되어 진정한 의미의 학습사회가 제대로 조성되었다고 이 연구자는 밝히고 있다. 이러한 관점에서, 교육현장에서 거꾸로학습을 적용한 각급 학교의 교수자들의 사례들을 분석한 Bergmann과 동료연구자(2015)에 의하면, 교수자가 대부분이 이구동성으로 언급하는 거꾸로학습의 최고 가치는, 교실에서 학생들과 직접적으로 대면하며 그들의 학습을 도와주고 촉진할 수 있는 시간이 훨씬 더 많아졌다는 점이다. 이런 관점에서, 학교 내 모든 교사가 거꾸로학습을 적용하고 있는 미국 미시간주의 Clintondale 고등학교의 현장 연구 결과, 교수자가 학습자와 면대면으로 상호작용하는 시간이 예전보다 4배나 증가했다. 그중 한 교사는 거꾸로교실에서는 예전 수업과는 달리 모든 학생과 면대면으로 학습을 도와주고 촉진할 수 있게 되는 긍정적인 변화를 경험하고 있다고 주장했다(Fulton, 2014). 그리고 대학에서의 사례연구(Eastham, Reyna, Kelly, Tressler, Self, & Kennedy, 2020)에서도, 플립드러닝에 임한 학습자가 또래의 학습사회 활동에 적극적으로 참여하여 서로 도와주며, 몰입하는 능동적 학습행태를 교실수업 내내 지속해서 보여주었다.

그리고 또래 학생들끼리 디딤수업 동영상에 관해 서로 학습을 독려, 촉진하는 협력적 시청, 시청 파티(viewing party) 등을 통해 디딤수업의 배움 완성도를 높일 수 있었다(Bergmann & Sams, 2014; Carter, 2013). 또한 거꾸로학습의 교실수업에서 늘어난 자기주도학습 시간과 환경으로 인해, 모둠(조별) 학습자들이 활동에서 주인의식을 가지고 서로 협력하고 도움을 제공하며 스스로 배움을 만들어 나가는 학습사회를 구성하게 되었다. 이렇게 플립드러닝으로 말미암아, 학생이 주도하는 학습환경(empowerment of student autonomy)의 조성뿐만 아니라 교수자와 학생 사이에 이루어지는 다각도의 상호작용도 더욱 향상되었다(Lucena, Belmonte, Cabrera, Torres, & Sanchez, 2020; Roehl, Reddy, & Shannon, 2013). 이러한 학습구조로 인해, 학생들이 거꾸로교실에서의 학습을 교수자의 직접교수법이 주도하는 수업보다 더 선호한다는 연구 결과도 제시되었다(Jaster, 2013; Missildine, Fountain, Summers, & Gosselin, 2013).

한편, Kirch(2016)는 플립드러닝을 자신의 수업에 직접 적용하면서 연구한 1년 동안의 효과성 결과를 제시하였다. 여기서 이 교사는 통계 수치로 측정할 수 없는 귀중한 학습 결과를 얻었다고 밝히고 있다. 그것은 교실에서 학생들의 학습 몰입도, 상호 협력, 자아효능감, 또래를 도와주는 태도 등에서 괄목할 만한 변화를 의미한다. 또한 교수자와 학생 사이에서 매일의 대화가 예전보다 빈번하고 정례화, 일상화되면서 더 나은 관계로 발전되었다. 한편, 자신들의 과목 전체에 한 학기 동안 225명의 대학생에게 거꾸로학습을 적용한 Black과 Cox(2017)에 의하면, 학생들이 실행 초기에는 새로운 수업상황에서 이전과는 다른 학습활동을 해야 하는 불편함을 호소하고 거부감을 나타냈다. 하지만 이내 수업의 가치를 느끼게 되면서 빠르게 적응하여, 자신의 학습에 책임감을 느끼고 주요활동을 영위하게 되고 비판적인 사고능력도 신장되었다. 또한 전통적인 수업에서의 토론과 비교한 사례 연구(Lai, Lin, & Yueh, 2020)에 의하면, 플립드러닝의 교실수업에서 학습자들이 더 높은 수준의 토론활동 모습(better discussion quality)을 보여주었다.

이에 더해 거꾸로학습을 자신의 대부분 수업 적용에 성공한 어느 교사는, 학생들이 진정한 학습사회를 스스로 구축해 가는 변화 과정을 다음과 같이 피력했다(Bergmann & Sams, 2014).

> "처음에는 학생들이 학습목표를 스스로 달성해 가는 습관을 정착시키는 관리능력이 부족해 보였다. 이러한 '학습자 주인의식(student ownership)'이 개발되는 데 생각보다 시간이 더 많이 걸렸다. 그러나 그들이 스스로 선택했을 때, 교사인 내가 선택해 줄 때보다 더 우월한 학습 몰입도를 보여주었다. 이러면서 학습자들은 자신을 위해 그리고 자신의 학습성공을 위해 적합한 선택을 해나가는 것을 배우게 되었다. 이러한 거꾸로학습에서 많은 학생이 상당한 성장과 변화를 경험하는 것을 목격하였다. 이러한 관찰 결과, 나는 많은 학습자가 자신 특유의 학습에 스스로 책임질 수 있다는 것을 깨달았다. 이에 더하여, 물론 나는 다른 수업에서도 학생들과 좋은 관계를 유지하고 있었지만, 플립드러닝을 정착시키면서 각각의 학습자들과 더 유의미한 관계를 형성하게 되었다."

III. 개별화 및 수준별 수업의 실체적 구현

모든 교수자는 자신의 강의를 모든 학습자가 잘 이해하고, 이에 대한 학습목표를 달성하기를 기대한다. 그러나 최고의 전달력, 강의 기술을 지닌 교수자에게조차도, 뒤처지고 핵심내용을 전혀 습득 못하는 학생들이 허다하게 나타난다. 그러나 플립드러닝을 통해 교수자의 강의를 녹화영상으로 제공하면, 학생들이 교수자의 강의를 자신의 진도와 능력에 맞게 조절하면서 학습할 수 있는 '권한'을 부여하게 된다. 거꾸로학습을 적용한 어느 교수자에 의하면, 학습에 도움이 필요한 학생들은 우선 해당 수업 영상을 가정에서뿐만 아니라 교실에서도 무제한으로 시청할 수 있다. 이렇게 학습자들이 교사의 수업을 언제든 어느 부분에 대해서도 멈추거나 돌려볼 수 있는 수업현상은, 개별화 수업의 성공적인 실행에 중차대한 첫걸음이다. 이에 따라, 학생들은 자기 능력에 적합한 진도로 교수자의 강의를 학습할 수 있는 기회를, 필요한 모든 학습의 시간과 장에서 가지게 된다(Bergmann & Sams, 2023).

개별화 수업 차원에서 플립드러닝은, 교실활동에서 난관에 봉착한 학습자들에게 도움을 제대로 제공해 줄 수 있다. 전통적인 수업에서는 탁월하고 명석한 학생들이 대부분 교수자의 주의를 끌게 되고, 활동을 좌지우지하는 경향을 보인다. 그러나 거꾸로학습을 교실활동에 적용하게 되면, 역할의 변화가 오게 된다. 여기서 교수자는 학습에서 가장 큰 어려움을 겪고 있는 학습자들에게 더 많은 시간과 도움을 할애하게 된다. 그러나 이는 결코 우수 학습자들을 등한시하자는 것이 아니다. 다만, 예전과 달리 대부분의 수업 '할당'이 그들에게 제공되지 않음을 의미한다. 플립드러닝을 적용한 많은 교사가 거의 이구동성으로 언급하는 거꾸로학습의 최고 가치는, 교실활동에서 모든 학생과 직접 면대면 상호작용하는 절대 시간을 더 많이 확보하게 되는 것이다(Bergmann & Sams, 2023).

한편, 교실활동에서 학습자의 수준 및 역량의 차이가 상당히 크게 나타나는 현상이 비일비재하게 발생한다. 교수자는 이런 차이의 극복을 위해 무의미한 처치로 일관하기보다는, 이를 학습 조건으로 인식해야 한다. 이런 관점에서, 플립드러닝은 수준별 수업에 효과적으로 접목할 수 있다. 즉, 거꾸로학습에서는 학습진도가 빠른 학생들을 대기시키지 않는다(not held back). 교실활동에서 학습을 일찍 완수한 학생들은 기다리지 않고, 심화학습으로 진행할 수 있다. 즉, 학습부진을 겪는 학생들뿐만 아니라 탁월한 학습자들에게도 혜택을 제공한다. 일례로, 교실활동을 조기에 완수한 학습자들은 교수자가 제공한 자신만의 학습과제(private learning session)를 별도의 공간에서 수행하게 된다(Griffiths, Campbell, & McDonald, 2021; Toivola, Rajala,

& Kumpulainen, 2022).

이렇게 거꾸로학습은 수준별 수업을 활성화할 수 있는 학습환경을 마련해 주며, 그와 동시에 수준별 수업은 거꾸로학습의 융통성 있는 수업방식의 활용성을 높이는 수업모형을 제공해 준다(Carbaugh & Doubet, 2016). 이러한 거꾸로학습과 수준별 수업을 실제로 접목, 적용한 여러 교사들은, 성공담을 아래의 〈표 1-4〉와 같이 제시하고 있다(Bergmann & Sams, 2023).

〈표 1-4〉 플립드러닝 기반 수준별 수업에 관한 현장 교사들의 경험담(Bergmann & Sams, 2023)

Jessy Petty, 미국 Idaho 주, 초등 2학년	"Title I school이므로 학생 수준차가 심각한데, 플립드러닝이 수준별 수업에서 마술 같은 열쇠(magic key)가 되었다."
Samatha Mendenhall, 미국 Louisiana 주의 7~8학년 과학	"나는 매일 약 100여 명의 학생을 교육하고 있다. 나의 모든 교실에서 학습자들의 수준차가 상당하다. 학생들 모두 같은 진도로 학습할 수 없지만, 그동안 수준별 수업을 적용하기 어려웠다. 그러나 거꾸로학습에서의 수준별 수업을 통해, 모든 학습자의 학습과정에 적합하도록 개별 학생을 지도하는 것이 불가능하지 않게 되었다."
Stacy Roshan, 미국 Maryland 주, 고등학교 수학	"플립드러닝의 교실활동에서 조기에 학습을 완수한 우수 학습자는 남은 시간에 수준별 수업 차원의 활동을 수행한다."

Ⅳ. 효과성(effectiveness) 및 효율성(efficiency)

1. 효과성

초등교육에서 인재개발에 이르는 수많은 연구에 의하면, 플립드러닝이 제대로 적용, 실행되면 학습자의 이해도 및 지식습득이 포함된 학업성취도를 전통적인 수업보다 유의미하게 향상시켰다. 이에 더해 거꾸로학습은 이해 및 지식습득을 넘어 비평적 사고, 문제해결 능력, 탐구능력, 창의력 등을 높여주는 효과를 거두었다(Mazohl, 2025). 일례로, 학교 전체에 거꾸로학습을 적용한 Clintondale 고등학교에서는 11학년의 미시간주 학업성취도 시험에서 전 과목 점수가 고루 향상되었을 뿐만 아니라 독해능력에서도 전년도보다 합격 수준에 도달한 학생 비율이 11%나 상승하였다. 이와 더불어 학습자의 수업집중도가 사후검사에서 전년도보다 향상되었으며, 과목별 낙제율도 영어에서 33%, 수학 31%, 과학 22%, 사회 19%가 감소하는 등의 성과도 이룩하였다. 한편 Franklin 초등학교 5학년 수학에 적용된 거꾸로학습의 영향으로 해당 학생들이 주차원에서 실시하는 학업성취도 시험에서 85%의 학습자가 합격률을 보여, 80%의 합격률을 보였던 전년도 기존 수업보다 더 나은 결과가 도출되었다. 또한 24명이 추가로 수학영재 판정을 받게 됐으며, 쓰기 시험에서도 전년도의 75%보다 더 향상된 85%의 학생들이 합격하는 성과를 창출하였다(Fulton, 2014). 이와 유사하게, 미국 Ohio 주의 한 중학교에서는 거꾸로학습 실시 1년 후 주 전체 학업성취도 평가에서 사회 교과의 합격률이 15%가 상승하는 효과도 나타났다(Bergmann & Sams, 2015a; Fulton, 2014).

이와 더불어 Ruddick(2012)의 연구에 따르면, 대학 화학에서 거꾸로학습으로 접근한 학생이 기말시험을 포함한 모든 학업성취도에서 기존 수업보다 더 나은 결과를 얻었다. 이의 근본 원인으로 난해한 기존 수업보다 디딤수업으로 학습하는 것이 더 흥미롭고 덜 위협적이라는 분석이 제기됐다. 또한 호주(Australia)의 초등 5학년 교사인 Burns는 처음에 수학에 거꾸로학습을 적용한 후에 과학, 역사, 영어 등에 확대 적용하였다. 그 결과, 거꾸로교실이 적용된 모든 교과목에서 기존 수업보다 시험 점수 차원에서 더 나은 학업성취도를 보여주었다. 또한 그의 거꾸로교실에서 학생들은 사회성 발달도 같이 향상되는 결과도 나타나게 되었다(Bergmann & Sams, 2016).

그리고 Cabrera와 동료들(2020)의 연구에 의하면, 플립드러닝은 학업성취도 및 학습동기화 향상뿐만 아니라 학습 불안(learning anxiety)도 전통적인 수업보다 유의미하게 감소시키는 교수전략이다. 그뿐만 아니라 메타인지 활성화와 향상 측면에서도 플립드러닝이 더 효과적임으로 입증됐다. 같은 맥락에서, Shih와 Huang(2020)의 연구에 의하면, 거꾸로학습에 임한 학생들이 전통적인 수업보다, 메타인지 전략을 더 적극적으로 활용했으며 그 결과 메타인지 능력도 더 개발되었다. 이외에도, 자아효능감(김남익, 전보애, 최정임, 2014; 이민경, 2014), 수업참여도(진민혜, 신영준, 2016), 협업능력(임정훈, 김상홍, 2016), 학습동기화, 협업, 자기주도성(Moreno-Guerrero, Rodriguez, Lopez-Belmonte, & Alonso-Garcia, 2020) 등의 다각도의 효과성 연구가 플립드러닝으로의 패러다임 전환 가치를 여실히 입증해 주고 있다.

또 다른 관점에서, 거꾸로학습으로 인한 학습의 효과성 연구에서 Maher, Lipford와 Singh(2013)에 의하면, 학생들은 특히 자신의 수준에 적합한 학습 진도를 영위할 수 있다는 점에서 학습동기화가 높아졌다. 이런 연유로 학업 성취도가 향상되었고, 학생들은 자신의 학습에 상당한 도움이 되었다고 응답하였다. 또한 디딤영상은 결석한 학생들이 스스로 학습을 보완할 수 있는 중요한 도구가 될 수 있다. 즉, 기존 수업과 달리 교수자의 핵심 내용 설명이 언제든 어디서든 시청할 수 있는 동영상의 형태로 제공되기 때문이다(Bergmann & Sams, 2016; Coufal, 2014). 이렇게 디딤영상을 통해 주요 학습을 수행하게 되면, 온라인과 오프라인에 공개된 다른 학생들의 교실수업에서의 학습 결과물의 추후 제공을 통해 해당 차시의 학습을 성취할 가능성도 커지게 된다. 이러한 관점에서 플립드러닝의 디딤수업은 후속 교실수업에서 다양한 형태로 긍정적인 효과를 가져오면서 적용될 수 있다. 즉, 디딤수업은 충분한 활동 및 연습시간 확보, 중복 수업 방지, 교실수업 내내 지속적 참고자료로 활용, 시험 대비 학습자료로 상시 활용, 학생과 학부모에 대한 중복 안내 최소화, 난해한 수업의 반복학습을 통한 이해 증진 등에 전방위적으로 용처가 다양하게 나타나고 있다.

한편, 거꾸로학습에 대한 종단 연구에서도 그 효과성이 입증되었다. 대학교 경영학과 수업(Business Intelligence)에서의 연구에서, Romanow와 동료 연구자(2024)는 거꾸로학습을 6학기에 걸쳐 적용하여 효과성을 측정하였다. 이러한 플립드러닝의 종단 연구 결과, 참여한 학습자들은 Business Intelligence skills에 관한 성취도 및 학습동기에서 유의미한 효과 차이를 보여주었다.

2. 효율성

한편, 거꾸로학습에서 교실수업 시간을 더 높은 수준의 학습목표를 위해 활용하는 교수전략의 효율성(efficiency) 연구에서 나타난 교육성과도 다수 제기되고 있다. 전통적인 수업에서 숙제는, 교실에서 습득한 이론적인 지식을 학생이 가정에서 홀로 적용하는 연습을 수행하는 방식이 전형적이다. 그러나 플립드러닝은 이러한 전통적인 수업 과정의 핵심에서 급진적인 재배치(radical rearrangement)를 지향하고 있다(Riabukha et al., 2020; Wang et al., 2024). 즉, 거꾸로학습에서 학생은 숙제를 교사의 안내하에 교실에서 완수한다. 그러므로 플립드러닝은 학습자의 능동적인 참여를 고취하고, 교사와 또래로부터의 지원을 촉진하는 교실활동 시간을 훨씬 더 많이 확보하게 된다(Guo, 2019; Zhou, 2023). 이에 따라, 학습자들은 교실에서 고차원 사고에 해당하는 학습활동을 더 많이 수행할 수 있는 기회를 부여받는다. 결과적으로, 방과 후 숙제는 부과되지 않으면서도 학습효과를 향상하는 병행 효과를 보게 된다(Ölmefors & Scheffel, 2023). 특히 거꾸로학습을 적용한 미국 고등학교 생물 교사인 Bob Furlong에 의하면, 예전의 전통적인 수업보다 1년에 약 50일의 수업 시간을 더 확보할 정도로 모든 진도를 조기에 마치게 되었다. 이렇게 생긴 수업시간들은 더 많은 실습 및 실험 활동에 할애될 수 있었다. 이는 곧 학생들이 습득한 지식을 적용하는 활동을 더 많이 수행할 수 있게 되어, 유의미한 학습효과까지 거두게 되었다(Bergmann

& Sams, 2023).

특히, 간명하게 구조화된 디딤수업 동영상을 통해 지식을 습득한 학생들은 연계 교실수업에서 학업성취를 위한 충분한 연습 시간을 확보하게 된다(Gilboy, Heinerichs, & Pazzaglia, 2015). 또한 플립드러닝이 전통적인 수업보다 학습자가 참여하고 활동하는 수업시간을 더 많이 확보하여, 학습시간을 적정하게 사용(optimize)하는 데 더 나은 교수전략이라는 결론에 도달한 연구도 제시됐다(Sargent & Casey, 2020). 이와 관련된 작문교육에 적용된 거꾸로 교실 사례연구(Morris & Thomasson, 2013)에 의하면, 글의 형식, 글쓰기 기법과 절차, 과제 제출 관련 안내 등 기존수업에서는 매시간 교수자가 '중복 설명에 시간을 허비'하는 문제점을 최소화할 수 있다. 이로써 각 학생에 대한 개별화 지도 시간을 최대 30분까지 확대, 적용할 수 있을 정도로 효율성이 높아졌다는 연구 결과를 내놓았다. 이로 말미암아 글쓰기 프로젝트 수업에서 총 180분의 직접교수 시간을 절약하여, 그 시간에 개별 학습자들에게 교수자가 면대면 도움을 더 제공할 수 있었다. 그리고 학습자들은 교실수업뿐만 아니라 가정에서의 글쓰기 과제수행 시에도, 교수자의 설명이 담긴 동영상에 '상시 접근(24/7 access)'이 가능한 혜택을 누리게 되었다.

유사한 사례로, 3~12학년 도서관 사서교사인 Semple은 학생들에게 전 교과목에서 적용할 도서관 자료 수집 방법과 정보 검색방법 교육에 거꾸로학습을 적용하였다. 이러한 수업체제의 변화를 시도한 결과, 기존수업에서는 처음부터 지루한 설명 위주의 직접교수에 학생들이 식상해하기 쉬운 절차와 기법 설명을 디딤영상으로 대체하여 상당한 효과를 거두었다. 즉, 각 절차와 기법에 따라 2~4분 정도 분량의 주제별로 단위화(granular program)하여 개발되어 사전에 배포된 디딤영상을 학생들이 자기주도적으로 즉석에서 참고하면서 자료를 탐색하고 정보를 검색할 수 있었다. 이에 더하여 교사는 예전 수업보다 면대면 도움을 주는 시간과 안내를 더 많이 제공하게 되는 효과와 효율을 동시에 충족시킬 수 있었다(Fulton, 2014).

또한 기존의 직접교수법에서는 질의응답, 주의산만, 교실행동 교정 등으로 인해 강의가 중단되거나 지연되는 경우가 비일비재하게 발생한다. 이는 디딤수업을 통해 극복할 수 있어 과거에는 3~4차시가 소요되는 교육을 1~2차시에 완수하게 되는 수업상황이 늘어나게 되었다. 이로써 한 학년에 해당하는 교육과정을 2개월 먼저 끝낼 수도 있다. 이렇게 얻게 된 수업시간에 교수자가 염두에 두었던 계기수업을 추가하여 심도 있게 교육할 수 있는 기회도 가질 수 있었다(Fulton, 2014). 이외에도 여러 사례 연구들(Cargile, 2015; Strayer, Hart, & Bleiler-Baxter, 2016)에서도, 전통적 방식의 수업보다 거꾸로학습이 더 나은 수업 효율성을 보여주어 자연스럽게 학습효과로도 이어지는 교수전략이었다는 것을 검증한 연구결과가 제시되었다.

V. 학습동기화 및 만족도

플립드러닝에서 교사의 핵심 목적은 학생에게 자기주도성과 자율성을 부여하여 자신의 진도로 학습을 진행하는 차원에서 자신들의 근접 발달영역 내에서 학습할 수 있도록 동기화를 지원하는 학습환경을 창출하는 것이다(Toivola, Peura, & Humaloja, 2020). 이런 관점에서, 초등학교 4학년 수학에서 거꾸로학습을 적용한 Smalls(2023)는, Keller(2010)의 학습동기화 모형(ARCS Model)에 근거하여 연구를 수행했다. 그 결과, 학습자들은 플립드러닝에서 주의집중, 관련성, 자신감, 만족감에서 공히 기존의 전통적인 수업보다 더 나은 학습동기를 보여주었음이 규명되었다. 이와 직결된 대학교 수업에서도 유사한 연구결과인 내적 동기화의 향상이 유의미하게 도출되었다(Zhou & Zhang, 2025). 또한, 이스라엘의 중학교 화학 수업에서 플립드러닝 적용 연구를 수행한 Assi와 Cohen(2024)에 의하면, 학생들이 거꾸로학습에 대한 긍정적인 인식과 더불어 교과에 대한 긍정적인 태도를 유의미하게 보여주었다. 이 연구에 참여한 학습자들은 다음과 같은 정적 학습동기화를 피력하였다.

① 학습자(4): "나는 학습에 주인이 되어 책임감을 느끼는 활동이 좋았다."

② 학습자(12): "나는 언제든 여러 번 볼 수 있는 수업영상이 좋았다. 제한없이 그 영상을 언제든 볼 수 있게 되어 학습에 도움이 되었다."

③ 학습자(10): "수행하는 과제로 평가받았음에도, 학습 스트레스 없이 평온하고 편안하게 교실활동에 임했다."

또한, 대학교의 공중보건학 과목에 적용한 Galway와 동료(2014)의 사례연구 결과, 학생들의 강의평가에서 플립드러닝에 대한 만족도가 향상되었다. 즉, 전통적인 강의 위주 수업이었던 전년도의 강의평가가 결과가 3.7(5.0만점)인데 비해, 학기 전체에 거꾸로학습을 적용한 수업에 대한 평가가 4.7로 대폭 높아졌다. 이 강의평가에 참여한 어느 학생은 서술형 평가에서 다음과 같은 피드백을 제공했다.

> "이 수업의 구조와 내용이 정말 좋았다. 내가 이수한 전공 수업에서 최고의 수업 중에 하나라고 평할 수 있다. 그리고 온라인학습에 대한 내 사고에 변화가 생겼다. 온라인강의(디딤영상)가 이런 학습효과를 줄지는 정말 몰랐다. 솔직히 수강 전에는 흥미가 없었던 이 과목에 호감을 느끼게 됐다. 향후에도 이런 식의 수업 선택을 적극적으로 고려할 것이다(6쪽)."

같은 관점에서, 거꾸로교실이 전통적인 교실보다, 학습 불안을 감소시킬 뿐만 아니라 학습자가 더 선호하는 교수전략이라는 결론이 Webb과 Doman(2019)의 연구에서도 도출됐다. 이와 관련된 Gomez와 Jeong(2020)의 연구에 의하면, 대학교 과학교육의 플립드러닝이 지필평가 및 과학실험 수행에서 전통적인 수업보다 더 나은 학업성취도를 보였다. 이와 함께, 수업에 대한 만족도도 더 높게 나타났다. 한편, 대규모 학생들을 대상으로 하는 강의가 빈번하게 나타나는 대학교에서 플립드러닝은, 그러한 문제점을 극복하고 대안이 되는 교수전략으로 자리매김할 수 있다는 효과성 측정이 Webster와 동료연구자(2019)에 의해 제시되었다.

현실적으로, 대학의 강의는 그 규모가 커질수록, 학생들은 질문을 제기하고 도움을 요청하기 어려운 학습환경에 처하게 되어 수업에서의 존재감이 점점 더 감소한다. 그러나 거꾸로학습은 학생들에게 교수 및 조교와 개별 맞춤형 피드백, 적시 교수(just-in-time instruction) 등의 정기적인 개별 상호작용의 기회를 더 많이 제공해 주게 된다. 또한 자기 진도에 맞게 학습을 영위하고, 더욱 활동적인 학습(active learning)에 임하게 되며, 더 나은 협력적 학습환경의 혜택도 누리게 된다. 이럼으로써 대규모 강의에서의 플립드러닝은 학습 몰입도, 출석률, 학습효과, 그리고 학습만족도까지 향상해 주었다(Webster, Kadel, & Madden, 2019).

한편, 미국 K-12 학교에서 거꾸로학습에 참여한 403,000명의 학생, 학부모, 교육행정가 등을 대상으로 조사연구가 전국적으로 실시되었다. 이 연구 결과, 약 75%의 학생들은 거꾸로학습이 자신의 학습에 혜택을 준 효과적인 방법이었다고 응답하였다. 특히 초등학생들의 상당수는 플립드러닝의 디딤영상의 강점으로, 자신의 진도에 따라 자율적으로 학습하면서 언제든지 교사의 수업을 반복해서 볼 수 있는 면(rewind the teacher)을 지적했다. 이렇게 함으로써 기존의 직접교수보다 필기가 용이했으며 더 이해하기 쉬웠다고 밝혔다(Project Tomorrow and Flipped Learning Network, 2014).

위의 사례연구들과 함께, 전통적인 수업과 비교해서 거꾸로학습이 학생들에게 더 선호되는 교수전략이라는 성공사례들이 상당수 제시되고 있다(Al-Zahrani, 2015; Craig, Nodeland, Long, & Spivey, 2020; Gilboy, Heinerichs, & Pazzaglia, 2015; Johnston & Karafotias, 2016; Kurt, 2017). 그리고 장기적인 효과 차원에서, 플립드러닝은 학습자로 하여금 다른 여러 학습활동 전반에서 수동적인 학습 양태를 탈피하고, 지속적으로 더 나은 동기화를 유지하는 모습을 보이게 긍정적인 영향을 행사했다(Mazohl, 2025).

VI. 교수자의 인식과 선호

미국 대학교 경영학과에서 플립드러닝을 적용한 Joy de los Reyes에 의하면, 거꾸로학습을 통해 학생들은 수업 몰입도뿐만 아니라 학습에 대한 열정(passion)에서 상당한 향상을 보여주었다. 그리고 그는 자신의 모든 수업에서 플립드러닝이 능동적이고 효과적인 학습을 창출하는 데 엄청난 변화를 가져왔다고 주장했다(Bergmann & Sams, 2023). 한편, 캐나다의 고등학교 생물 교사로 거꾸로학습을 자신의 수업에 적용한 Carolyn Durley는, 20년 넘게 재직하면서 전통적인 수업으로 일관하다가 최근에 대부분의 수업을 플립드러닝으로 정착시킨 소회를 아래와 같이 밝혔다(Bergmann & Sams, 2014).

> "학습환경을 변화시키는 것에는 실패가 따른다 - 특히 30여 명의 학생 앞에서 실수를 범하는 것. 이러한 실패를 감수하는 것은 나에게 가장 고통스러운 일이었다. 상당한 경력을 쌓아온 교사(an older teacher)로서, 나는 전통적인 수업에서 아무런 장애나 역경 없이 성공적으로 교실을 이끌어 왔다. 이런 안정적이고 예측가능한 수업환경에서 플립드러닝으로 전환하면서, 몇 달 동안 거의 매일 작은 실수를 범하는 것이 매우 불편했다. 이러한 수업은 일사불란하지 않고 때로는 엉망이고 혼란스러워서 고역이었다. 하지만 이런 실패를 보듬고, 그것으로부터 학습하면서, 또다시 직면한 그다음 '실수'로 나아갔다. 여기서 내가 얻은 지혜의 격언은 다음과 같다. '빨리 실패하고, 자주 실패하고, 그리고 이런 실패들은 당신을 발전의 길로 나아가게 할 것이다. 실패는 종말이 아니라 새로운 시작이다. 실패로부

터 학습하지 않으면, 아무것도 학습할 수 없다(If we don't learn to fail, we fail to learn.).' '거꾸로학습 101(Flipped Class 101)'은 나를 실패하게 했으나, 안전하고 서서히 실패하며 전진할 수 있게 해주었다. 학습자들이 중심이 되고 그들의 제대로 된 심화학습이 되도록 수업을 설계하는 바로 그 방향으로 이끌어 주었다.

나는 거꾸로학습 교사가 되었다. 나에게는 더 개선할 여지가 있지만, 나는 결코 예전으로 낡은 방식의 수업으로 되돌아가지 않을 것이다. 내 수업, 내 학생들, 그리고 그들의 학습은 모두 영원한 변화를 맞이했다."

한편, 고등학교 수학교사를 대상으로 한 거꾸로학습에 관한 인식을 조사한 연구(Howard, 2018)에 의하면, 대부분의 교사가 전통적인 수업보다 플립드러닝을 더 선호하는 교수전략이라고 응답했다. 또한 동료 교사들에게 거꾸로학습을 새롭게 시도해 보라고 권유하고 싶다고 진술했다. 또한 플립드러닝을 적용한 대학 교수자들의 인식을 조사한 연구(Ware & Benson, 2019)에 의하면, 전통적인 수업보다 더 나은 학습 안내와 지원을 할 수 있었으며, 학습자의 요구에 맞는 교육을 할 수 있는 장점이 있다고 교수자들이 밝히고 있다.

고등학교에서 2~3년 동안 거꾸로학습을 적용한 교사들을 대상으로 심층인터뷰를 통한 질적 연구(Kelly & Denson, 2019)에서, 교수자의 자기효능감(self-efficacy)에 대해 알아보았다. 그 결과, 교사들은 플립드러닝이 전통적인 수업보다 아래의 관점에서 학생들에게 효과가 있음을 믿는다고 밝혔다.

① 디딤영상을 학생 자신의 진도로 학습하고, 시험 대비 및 과제수행 시 언제든 교사의 수업을 다시 볼 수 있어, 전통적인 직접교수보다 효과적
② 교실수업에서 학습자의 이해부족(misconceptions)을 전통적인 수업보다 더 빨리, 정확히 진단, 파악
③ 적시에 면대면 도움을 주는 시간을 더 많이 확보
④ 비과제행동이 감소하여 수업시간을 더 효율적으로 관리

또한 Snyder(2017)의 조사연구에 의하면, 설문에 응한 교사 대부분이 거꾸로학습이 학습자의 동기화, 몰입도, 학업성취에 긍정적인 영향을 주었다고 응답했다. 그리고 82.4%의 교수자들은, 학생들이 거꾸로학습 형태의 숙제에 더 동기화되는 모습을 보였다는 점에 동의했다. 특히 대부분의 교사는, 플립드러닝이 전통적인 교실보다 수업준비에 더 많은 시간이 소요됐지만, 수업시간을 전통적인 수업보다 더 효율적이고 생산적으로(more efficient and productive way) 활용하였다고 인식했다. 이외에도 전통적인 수업보다 학습자가 협업 기회를 더 많이 가질 수 있었으며, 학생 중심의 학습경험을 전통적인 수업보다 더 많이 제공할 수 있었다고, 대부분의 교수자는 진술했다. 이와 관련하여, 장기적으로 교수자는 교실수업에서 '강의는 이제 그만(Never lecture)'이라는 사고방식으로 인해, 스스로 학습 촉진자이자 통합관리자로 자임하게 되었으며, 예전의 전통적인 교육보다 일취월장된 학습자의 모습에 훨씬 더 보람을 느끼는(more rewarding) 수업이 되었다고 토로했다(Mazohl, 2025).

Ⅶ. 메타 연구(Meta-Analysis)

기존의 수업방법과 비교한 수년간에 걸친 다량의 플립드러닝 효과성 연구를 종합하여 분석한 메타연구에서도, 거꾸로학습이 다각도로 더 나은 학습결과를 보여주고 있다. Strelan과 동료연구자(2020)는, 거꾸로교실이 초등 및 중등학교에서 전통적인 교실보다 더 나은 교수전략임을 입증한 연구를 메타분석을 통해 제시하였다. 또한 이들은 대부분의 교과목에서도 플립드러닝의 더 나은 효과성에 대해 같은 분석 결과를 내놓았다. 이와 유사하게, 114개의 연구를 분석한 메타연구에서도(van Alten, Phielix, Janssen, & Kester,

2019), 거꾸로학습이 중등, 대학교에서 공히 전 교과목에 걸쳐 전통적인 교실에서의 교수전략보다 효과적임을 입증하고 있다. 그 외의 메타연구들(Chen, Monrouxe, Lu, Jenq, Chang, Chang, & Chai, 2018; Hew & Lo, 2018)에 의하면, 플립드러닝이 많은 대학교육에서 유의미한 효과성 향상을 가져왔다. 그리고 중등학교에서의 거꾸로교실 효과성 연구를 종합, 분석한 메타연구에서는, 과학, 기술, 공학, 수학 등에서 전통적인 교실보다 특히 더 나은 학업성취도를 보여주었다(Wagner, Gegenfurtner, & Urhahne, 2020). 이 외에도 최근에 수행된 다각도의 메타연구 결과, 초등 및 중등학교, 대학교 등을 막론하고 대부분의 교과 등에서 플립드러닝은, 전통적인 수업보다 학업성취도, 학습동기, 학습만족도, 메타인지 등의 효과를 제고하는 데 유의미한 결과를 제시하고 있다(Cheng, Ritzhaupt, & Antonenko, 2018; Låg & Saele, 2019; Kozikoğlu, 2019; Orhan, 2020; Shi, Ma, MacLeod, & Yang, 2020, Zhu, Thompson, Suarez, & Peng, 2019).

그리고 초등학교에서 대학교까지의 수학교육에서 플립드러닝을 적용한 97개 연구들을 메타분석한 Cevikbas와 Kaiser(2023)는, 거꾸로학습의 다양한 효과성과 효율성을 제시하였다. 이 메타연구에서 플립드러닝은 학업성취도, 학습시간의 효율화, 능동학습에의 몰입도, 긍정적 인식과 태도, 동기화, 만족도, 협업 촉진, 자기주도성 등에서 유의미한 향상을 가져왔다. 그리고 이 연구에서는 동전의 양면으로 거꾸로학습의 설계 및 실행이 엄밀하지 못한 경우에, 나타나는 파국의 양태를 교수전략적, 인지적, 정서적, 기술적 이슈 등으로 크게 나눈 분석 결과를 내놓았다. 이와 관련하여, 대학교육에 거꾸로학습을 적용하여 효과성을 검증한 30개 연구를 메타분석한 연구(Baig & Yadegaridehkordi, 2023)에 의하면, 플립드러닝에 실행된 다양한 테크놀로지와 교수전략들의 체계성, 정밀성으로 인해, 특정 역량 및 학습동기가 향상되었다는 연구결과를 제시했다. 이와 더불어 파지효과를 높이고, 자기주도학습 능력을 배가시키는 효과도 종합, 도출하였다.

한편, 2021년 이후의 플립드러닝 효과성 연구 70개를 메타분석한 연구(Chen, Chen, & Wu, 2025)는, 북미, 유럽, 아시아 등에 분포된 초등학교에서 대학교까지 수행된 연구 결과들을 총망라하여 집대성하였다. 이러한 연구 결과, 거꾸로학습이 적용된 집단들이 통제집단의 학습자들보다 더 나은 효과를 일관성 있고 유의미하게 보여주었다. 그 효과에는 지식 이해, 기술 향상 등의 다양한 학업성취도와 함께 역량 향상 등이 포함되었다.

02 CHAPTER 단계 1. 기반 구축 교수설계 (Instructional design for establishing fundamentals)

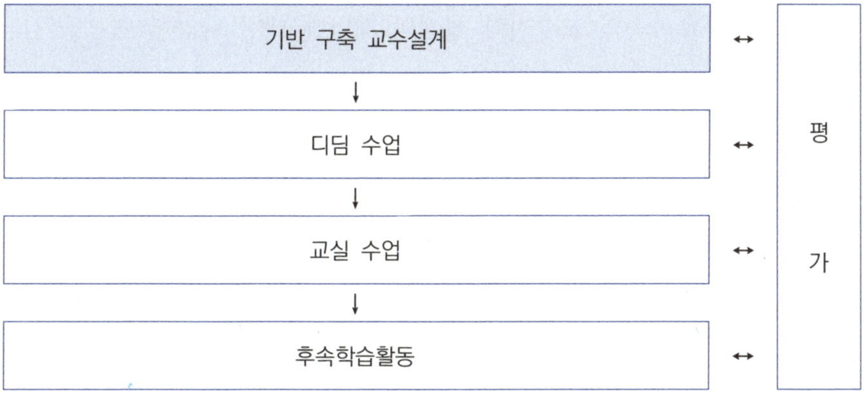

거꾸로교실에서 학습자는 먼저 교수자가 사전에 제공한 디딤수업의 온라인 동영상을 통해 가정에서 교사의 축약된 수업을 자기 능력에 맞게 학습한다. 그런 후에 연계된 교실수업 및 후속학습활동에 임하여 학생은 Bloom의 새로운 교육목표분류학(taxonomy)(Anderson & Krathwohl, 2001)에 입각한 고차원 학습목표에 해당하는 적용에서 창조까지 직결된 심도 있는 학습활동을 영위하며 학습완성도를 높여가게 된다(Bergmann & Sams, 2012, 2016). 이러한 플립드러닝의 교수설계를 현장교육 차원에서 가장 간명하게 표현한 사례 중의 하나는, 호주의 5학년 교사 Matt Burns의 "Teach, Together,

Try"라고 평할 수 있다. 즉, 먼저 디딤수업인 "Teach"에서 디딤영상 및 관련 학습자료로 핵심 내용을 가르친다. 그리고 "Together"는 후속 교실수업에서 학생이 또래, 교수자와 다각도의 상호작용을 통해 학습활동을 영위함을 의미한다. 그 결과로 얻은 성취와 자신감으로 말미암아 진일보된 교실수업인 "Try"에서 학습자는 스스로 문제를 풀거나 과제를 해결해 나갈 수 있게 된다(Bergmann & Sams, 2016). 같은 관점으로, 대학교 영양학 과목에 적용한 플립드러닝에서 Burkhart와 Craven(2020)은, ① 준비(prepare): 디딤수업, ② 참여(participate): 교실수업, ③ 마무리활동(recap) 등의 단계들로 구성된 수업 국면을 설계, 개발, 실행, 평가했다.

그런데 거꾸로학습의 교수전략 설계와 개발에 대한 다양한 연구들(김남익, 전보애, 최정임, 2014; 김현아, 2023; 박진우, 임철일, 2016; 박학민, 박양주, 2025; 박현하, 장성욱, 2022; 손성호, 김상홍, 2016; 이지연, 김영환, 김영배, 2014; 양현미, 2024; 임정훈, 2016; 임정훈, 김미화, 2020; 한형종, 임철일, 한송이, 박진우, 2015; Bergmann, Sams & Gudenrath, 2015; Buitrago & Diaz, 2018; Carbaugh & Doubet, 2016; Deri, Mills, & McGregor, 2018; Dixon, Shewell, & Crandell, 2020; Gerstein, 2012; Gomez & Jeong, 2020; Honeycutt & Glova, 2013; Kirch, 2016; Jones, 2018; Levy & Cohen, 2017; Raths, 2014; Wang & Qi, 2018; Yeo, 2018)을 살펴보면, 거꾸로교실 설계를 위한 전체적인 체계성과 체제를 갖추려는 시도는 학문적인 가치를 보여주고 있다. 그러나 교수자가 거꾸로학습을 설계, 개발, 실행, 평가하는 데 실제적인 지침과 방안이 될 수 있는 전체적인 체계와 실현가능한 구체성이 부분적으로 미흡함이 나타나고 있다. 또 다른 거꾸로학습을 위한 교수설계 전략을 제시한 Fulton(2014)과 Bretzmann(2013)의 연구도 여러 학교의 다양한 교과목에 적용한 사례를 중심으로 기법을 소개한 점은 탁월하다고 평할 수 있다. 그러나 거꾸로교실을 성공적으로 실행하는 데 필요한 핵심 구성요소가 총체적으로 반영된 교수전략 체제에 대한 심도 있는 논의가 일부 부족한 점을 보여주고 있다.

또한 Bergmann과 Sams 및 동료들의 주요 연구들(2012, 2014, 2015a, 2015b, 2015c, 2016, 2017)은 설계, 개발, 실행에서는 탁월한 교수전략을 제시하고 있지만, 평가 전략에서는 학습자 평가에만 지나치게 치중하고 있어서 다른 방식의 평가에 관한 언급을 등한시하고 있다. 일례로, 프로그램 평가에 해당하는 수업 자체에 관한 선순환적 평가 전략의 제공은 거의 전무한 파편적인 접근에 그치고 있다. 그리고 이들의 연구들은 초·중등학교에 활용된 기법과 사례들만을 제한적으로 담고 있다. 이에 반해, Talbert(2017)의 연구를 포함한 여러 사례 연구들(Deri, Mills, & McGregor, 2018; Green, Banas, & Perkins, 2017; Honeycutt, 2016; Mintzes & Walters, 2020; Roehling, 2018; Waldrop & Bowdon, 2016)은 대학교에서만 적용된 교수전략과 사례들에 국한되어 있다.

한편, Karabulut-Ilgu, Cherrez, & Jahren(2018)의 메타연구에 의하면, 플립드러닝의 효과성을 검정한 62개 학술지 중에서 상당수의 연구가 기존 수업과 비교하여 유의미한 차이를 보여주지 못했다. 도리어 몇몇 연구들에서는 전통적인 수업이 더 효과적이라는 결과가 도출되기도 했다. 이에 관해, 해당 연구자들은 5가지의 주요 실패 요인들을 제시하면서, 이는 모두 플립드러닝의 양대 체제인 디딤수업과 교실수업에서 기존 수업과 차별화된 교수설계 요소와 전략들이 구안, 적용되지 못하여 야기된 결과라는 분석을 제시하였다. 그러므로 거꾸로학습이 교육 현장에서 성공적으로 적용되고 지속적으로 활용될 수 있도록 좀 더 실현가능성에 초점을 둔 총체적이고 구체적인 교수전략 체계를 제공해 줄 필요성이 대두되고 있다.

이러한 관점에서 Perkins와 Unger(1999)는 교육학자들이 개발한 많은 교육이론이 교육 현장에서 실제로 구현하기 힘든 형태(thud factor)의 추상성을 견지하고 있다고 비판하였다. 그들은, 교육연구자들이 개발한 대다수의 교수설계 이론과 모형이 실현가능성과 효용성 측면에서 실패하는 가장 큰 원인은, 교수자가 교육현장에서 구현하기 어려운 체제와 방식으로 제공되기 때문이라고 지적하였다. 그러므로 교수설계 이론이 가장 우선하여 추구해야 할 지향점은 교수자가 현장에서 성공적으로 적용하기 위해 구체적인 도움과 안내가 될 수 있는 실제적인 체제와 전략을 제시하는 것이다(Wiske et al., 2005). 그러므로 이 장은 초・중등학교와 대학교를 아우르는 플립드러닝의 성공적인 실행을 위해 적용, 견지해야 할 포괄적 교수설계 체계와 이에 상응한 실천적인 교수전략을 제시하는 데 목적을 두고 있다.

이를 위해, 플립드러닝의 양대 구성요소인 디딤수업과 교실수업에 대한 명확한 개념 정립 없이 디딤수업은 단순히 '사전학습'이나 '동영상 학습'으로, 그리고 교실수업은 사전학습과 연계하여 기존의 교실활동과 차별화 없이 실행하는 우를 범해서는 안 된다. 디딤수업에서는 문자 그대로 플립드러닝 성공의 기반이며 밑받침이 되는 데 필수불가결한 총체적 교수설계 요소와 교수전략이 체계적으로 적용되어야 한다. 또한 교실수업의 성공적인 실행가능성을 높일 수 있도록 기존의 교실수업에서의 단순한 '자기주도학습'이나 '참여활동' 이상의 교수설계 요소가 적용된 차별화되고 정밀한 교수설계가 요구된다. 이와 더불어 디딤수업과의 상호보완성 및 시너지 효과를 창출하면서도, 교실수업 특유의 목적과 취지에 부합한 교수전략이 총체적이고 체제적으로 반영된 포괄적 교수설계 모형이 제시돼야 한다(최욱, 2018a). 그러므로 구조(structure)와 조직(organization)이 제대로 구비되지 못한 거꾸로학습은, 혼돈의 수업환경을 초래하여 적용 초기부터 교수자와 학습자의 좌절을 불러오고, 결국 실패로 귀결된다(Honeycutt, 2016).

지금까지의 논의에 부응하여, 플립드러닝의 기반 구축 교수설계 체계는 [그림 2-1]에서와 같이, ① 플랫폼 교수전략(platform instructional strategies), ② 적응환경 수립전략, ③ 학부모와의 의사소통전략 등의 설계 요소로 구조화되었다. 그리고 요소별로 교수자가 거꾸로학습을 설계, 개발, 실행, 평가하는 데 구체적인 지원과 안내가 될 수 있는 교수전략들을 제시했다. 특히, 필자는 [그림 2-1]과 같이 어떤 형태의 플립드러닝에 대해서도 공통으로 적용가능한 교수설계 체계와 더불어 각 설계 요소에 부합하는 실천적인 교수전략을 제시하였다. 여기에 서술된 설계 모형은 플립드러닝의 성공적인 실행과 정착에 필수불가결한 포괄적 교수설계 요소로 구성되었다. 이와 더불어 각 교수설계 요소에 대한 실천적인 교수·학습 방법 및 사례가 반영된 교수전략이 수립됐다. 그리고 이 체계에서의 교수설계 요소와 교수전략들은 플립드러닝의 설계, 개발, 실행, 평가에서 선택적으로 취사되는 것이 아니다. [그림 2-1]의 각 설계 요소가 톱니바퀴로 맞물려 있는 모습이 암시하듯이, 상호 유기적인 관계 속에서 총체적으로 적용되어야만 해당 플립드러닝의 목표 달성을 위한 시너지 효과를 기대할 수 있다.

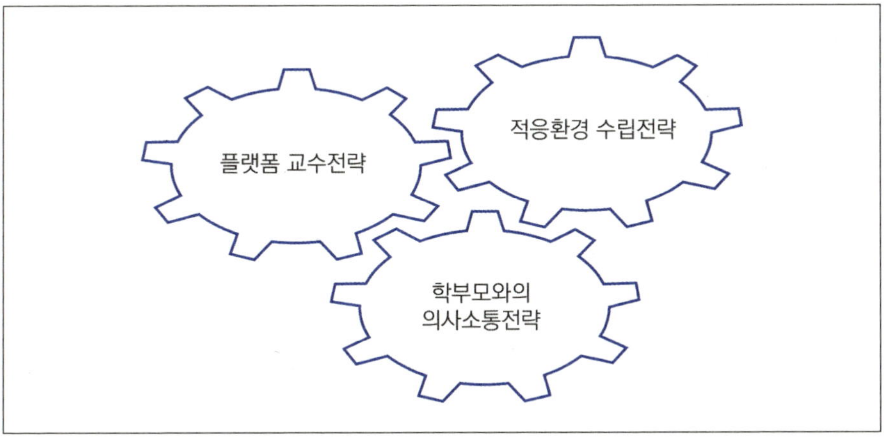

[그림 2-1] 기반 구축(Establishing fundamentals) 교수설계 체제

Ⅰ. 플랫폼 교수전략(platform instructional strategies)

거꾸로교실을 위한 디딤수업, 교실수업, 후속학습활동, 평가를 체계적으로 설계, 개발, 실행하기 전에, 모든 수업 국면에 총체적으로 근간(fundamental)이 되고 주춧돌(cornerstone)이 되는 교수체계(instructional framework)가 우선적으로 마련되어야 한다. 이 체계는 각 수업 국면의 세부 교수전략 및 운영전략들의 원칙 및 토대가 된다. 또한 모든 수업상황에 일반화시킬 수 있는 적용의 틀 역할도 함께 하게 된다. 결국, 이러한 체제는 거꾸로학습 전체 절차에 적용되는 다양한 교수전략들의 설계, 개발, 실행, 평가의 기반 체제인 플랫폼의 역할을 하게 된다. 이런 관점에서, Crawford와 Senecal (2017)은 자신들의 플립드러닝 성공의 관건은 디딤수업과 교실수업과의 정교한 가교(deliberate bridge)를 설계, 실행하는 것이라고 역설했다. 즉, 디딤수업이 독자적으로 분리되고 이에 상응한 교실수업도 고립된 방식을 지양하고, 두 수업 국면에 걸쳐 주요 교수 요소들(critical instructional elements)이 상호 연계되면서 일관된 틀 속에서 흘러가야(flow) 한다.

1. 플립드러닝 적용의 적합성 결정 기준

본격적인 거꾸로교실의 설계, 개발에 접근하기 전에 우선 어떤 교과 내용이 이러한 새로운 방식의 교수전략에 상대적으로 적합한가를 결정해야 한다. 이는 거꾸로학습을 처음 적용하는 교사에게는 자신 수업의 변화관리 차원에서도 중요한 판단사항이 될 수 있다(최욱, 2018a). 이런 관점에서 Bergmann과 Sams(2012)는 해당 교과 내용이 거꾸로학습에서 지향하는 취지와 학습목표를 달성하는 데 가치를 부여하고 유용한가를 신중하게 평가해야 한다고 주장했다. 만약 이러한 측면에서 부합하지 않는다면, 단순히 거꾸로학습을 적용하려는 의욕만으로 설계, 개발하는 우를 범해서는 안 된다. 이는 곧 수업의 파행으로 이어질 가능성이 짙어 거꾸로학습의 실패로 귀결될 가능성이 커진다(Bergmann & Sams, 2012). 그러므로 다음과 같은 결정 기준들과 함께 관련 수업 사례들을 바탕으로, 거꾸로학습이 어떤 교과 또는 특정 내용(단원이나 차시)에 적합한지의 여부를 판단하는 실제적인 기준을 도출할 수 있을 것이다.

먼저, 플립드러닝은 적용, 분석 등을 포함한 상위수준 학습목표가 다른 교과에 비해 상대적으로 많은 내용이 포함된 과목들에서 유용한 교수전략으로 자리매김할 수 있는 여지가 있다. 일례로 K-8의 체육에 거꾸로학습을 적용한 사례에서, 전담교사는 초등 1학년을 포함하여 거의 모든 학년의 수업에서 거꾸로학습의 적용이 가능하다고 주장하였다. 특히, 게임에 대한 규칙, 팀원 준수 사항, 활동 절차, 율동과 댄스(dance) 등에 대한 전통적인 수업을, 거꾸로학습의 디딤수업으로 전환할 수 있었다. 이러한 디딤수업의 적정성으로 말미암아, 전통적인 체육수업에서는 한 차시에 보통 15분 정도만 실제로 학생들이 활동이나 게임에만 전념할 수 있었으나, 최소한 30분 이상으로 학생들의 직접 활동시간을 확보할 수 있었다. 그리고 담당교사에 의하면, 예전 수업에서 학생들에게 게임과 활동을 설명할 때 몇 분 이내로 집중력을 잃는 경우가 비일비재했으나, 이러한 디딤수업이 적합한 체육수업에서는 학습자들이 거의 수업 시작과 함께 게임이나 활동에 적극성을 보여주는 차별성이 나타났다(Bergmann & Sams, 2014). 이와 관련하여 체육교과에 거꾸로학습을 적용한 Sargent와 Casey(2020)의 사례연구 결과에서도, 연습과 활동에 더 많은 시간을 활용하게 되는 수업시간의 적정화(optimize the lesson time)가 이루어졌다.

한편, 의과대학의 사례(Crichlow, Parsons, Goswami, & Griswold, 2018)에 의하면, 교실수업에서 시뮬레이터(simulator)를 통한 집중적인 실습이 필요하여 플립드러닝을 적용하게 되었다. 여기서 학생은 디딤수업을 통해 특정 교육과정의 지식 습득에 해당되는 인지적 영역의 학습목표를 달성하게 되면서, 교실수업에서는 기술 숙련에 직결된 심동적 영역의 학습목표 도달에 집중할 수 있게 된다. 이런 관점에서 많은 절차적 지식은, 디딤수업을 통해 학습한 특정 과정을, 교실수업에서 교수자 및 또래와의 다양한 상호작용을 통해 집중적으로 실습할 수 있어서 거꾸로학습에 딱 들어맞는 대상(natural fit)이다(Hsieh, 2017).

한편, 거꾸로학습의 적정성을 판단하는 준거는 특정 차시의 내용이 해당 교과에서 '난해의 대상(targets of difficulty)'(Wiske & Beatty, 2009)이 되는가의 여부이다. 여기서 난해의 대상이란, 매년 학습자들이 기존 수업에서 이해하기 어려워서 어김없이 동기화가 급격히 떨어지는 특정 교과내용을 의미한다. 이와 관련된 대학교 사례(Tomas, Evans, Doyle, & Skamp, 2019)에서는, 전체 학기 중에 학생들이 난해하다고 인식해 온 7주 동안의 수업에 한해서만 플립드러닝을 적용했다. 같은 맥락에서, 대학교육에서 직접 거꾸로학습을 적용한 Hsieh(2017)도, 학생들이 실제상황에 지식을 적용해야 하는 수업을 어려워하는데, 바로 이 부분이 플립드러닝에 가장 적절했다는 경험칙을 제기했다. 이렇게 난해의 대상이 되는 학습을 성취하면 학생은 자신감(Keller, 2010) 차원의 학습 동기화를 높일 수 있다. 이런 관점에서, Honeycutt(2016)은 교수자가 자신에게 다음과 같은 질문들을 제기하면서 구체적으로 거꾸로학습의 적용처를 모색하도록 권하고 있다.

① 내 과목에서 학생들이 가장 어려워하거나 도전적(challenging)이라고 생각하는 부분(단원이나 차시)은? 또는 전체 과목 중에서 특히 어느 과목?

② 내 과목의 어느 부분에서 학생들이 학습하는 데 좌절을 가장 많이 느끼는가? 또는 전체 과목 중에서 특히 어느 과목?

③ 내 과목의 특정 퀴즈나 시험에서 학생들이 가장 많이 틀리거나 대부분 정답을 못 찾는 부분은? 또는 전체 과목 중에서 특히 어느 과목?

이와 더불어 그 차시의 내용이 핵심이거나 중요한 부분을 차지해서 해당 교과 전체 또는 특정 단원의 근간이 되는 경우에도 플립드러닝 대상으로의 전향적인 고려가 필요하다. 이렇게 교과의 다른 내용들에 대한 학습의 기반이 되는 차시의 성취는 학습의 전이(Haskell, 2001)를 용이하게 만든다. 이러한 연유들로 말미암아, 거꾸로학습을 다른 교과내용에 적용했을 때보다 효과성을 더 극대화할 수 있는 장점이 있다. 이런 측면에서, Honeycutt(2016)은 교수자가 아래와 같이 자문하면서 거꾸로학습 적용 대상을 탐색하기를 권고하고 있다.

① 내 과목에서 가장 근본(fundamental)이 되는 부분이 어디인가? 전체 과목 중에 어느 과목?

② 내 과목에서 학생들이 반드시 알아야 할 가장 중요한 부분이 어디인가? 전체 과목 중에 어느 과목?

일례로, Roehling(2018)은 자신의 대학 심리학 과목 중에, 위에서 언급된 '난해의 대상'과 함께 '중요하고 근간'이 되는 특성을 공히 지닌 내용을 선별하여 거꾸로학습을 적용하였다. 이로 말미암아 학습자가 개념을 이해하는 수준이 높아졌고, 교실수업에서 학생들이 어려워하는 부분을 정확히 적시하여 도움을 제공해 줄 수 있었다. 또한 기존수업에서는 좌절과 수동적인 지식 습득으로 무기력했던 많은 학생이, 수업에 적극적으로 참여하는 능동적 학습도 활성화되는 효과도 누렸다.

또한 국어나 영어의 작문 실습, 과학실험 및 안전교육 등에서 동일한 특정 내용을 매 수업 시간마다 교사가 지속적으로 반복해서 교수, 안내, 과제 부여, 피드백 등을 해야 하는 상황에도 적용의 대상이 될 수 있다(Bergmann & Sams, 2015b; Bergmann, Sams, & Gudenrath, 2015). 일례로, 거꾸로학습은 실험이 포함된 과학 교과에서 관련 교과 내용 습득 및 실험에 대한 사전 안내와 준비 시간으로 인하여 실제 실험 시간이 충분치 못함으로써 야기됐던 문제들을 극복하는 데도 유용한 방법으로 자리매김했다. 이렇게 플립드러닝의 디딤수업 동영상을 통해 학생들은 사전에 실험에 관한 기본 개념과 원리, 실험 절차, 준비 및 유의사항 등을 학습하여 기존 수업과는 다르게 실제 과학실험을 좀 더 익숙하게 실행하여 심도 있는 결과를 도출해 낼 수 있었다. 때로는 실험 중에 제기되는 다양한 의문사항을 교사나 또래의 도움 없이 해당 동영상 부분을 즉석에서 수시로 참고하면서 스스로 해결해 나감으로써 과학실험의 효율성과 효과성을 동시에 이룰 수 있었다(Bergmann & Sams, 2015b). 마찬가지로 Cockrum(2017)은 고등학교 작문에 적용하면서, 3~6분 정도의 작문 활동 주제별로 세분화된 영상을 디딤수업뿐만 아니라 교실수업에서도 제공했다. 그래서 학생은 작문 과제를 수행하면서 적시학습(just-in-time learning)이 필요하면 교실 내에 비치된 PC에서 필요한 영상만을 학습하여 즉시 더 나은 과제 수행을 영위할 수 있었다.

유사한 사례로, 3~12학년 도서관 사서교사인 Semple은 학생들에게 전 교과목에서 적용할 도서관 자료 수집 방법과 정보 검색방법 교육에 플립드러닝을 적용하였다. 이러한 수업체제의 변화를 시도한 결과, 기존수업에서는 처음부터 지루한 설명 위주의 직접교수에 학생들이 식상해하기 쉬운 절차와 기법 설명을 디딤수업 동영상으로 대체하여 상당한 효과를 거두었다. 즉, 각 절차와 기법에 따라 2~4분 정도 분량의 주제별로 단위화(granular program)하여 개발되어 사전에 배포된 디딤영상을 학생들이 자기주도적으로 즉석에서 참고하면서 자료를 탐색하고 정보를 검색할 수 있었다. 이에 더하여 교사는 예전 수업보다 면대면 도움을 주는 시간과 지도를 더 많이 가지게 되는 효과와 효율을 동시에 충족시킬 수 있었다(Fulton, 2014).

또한, 위에서 언급한 기준에 해당하지 않더라도, 지루한 설명과 나열로 일관될 수밖에 없었던 학습내용도 거꾸로학습의 대상으로 가능하다. 이와 관련하여 Honeycutt(2016)은, 교수자가 '내 과목의 어느 부분에서 학생들이 가장 흥미를 못 느끼거나 지루해하는가? 또는 전체 과목 중에서 특히 어느 과목?'과 같이 반문하면서, 그 적합성을 판단해 보길 권유하고 있다. 이를 뒷받침하는 사례에서, 대학교수인 Roehling(2018)은, 평소 가르치던 '심리학 개론'에서 학생들뿐만 아니라 교수자도 전통적인 수업방식에 회의감이 드는 부분(sections)을 선정하여, 플립드러닝을 도입했다. 그 결과, 학생들의 몰입도가 기존의 수업보다 훨씬 더 향상됐으며, 교수자의 자기만족도도 높아지게 되었다.

한편, 뉴질랜드의 Ashhurst Primary School에서는 교장의 주도로 학교 전체가 거꾸로학습을 채택, 적용하게 되었다. 적용 첫해에, 이 학교에서는 몇 명의 선도교사들이 몇몇 교과들의 일부 단원들에 플립드러닝을 실행하였다. 그리고 이듬해 모든 교사가 우선 작문 수업에서 거꾸로학습을 채택하였다. 그리고 해당 학년말까지 전체 교사들이 읽기와 수학에 적용하게 되었다 (Bergmann & Sams, 2023)

2. 거꾸로학습의 전체적인 구성

대부분의 플립드러닝을 위한 교수설계 모형들은, 디딤수업 및 교실수업의 체제, 또는 수업 전, 중, 후의 구조로 접근하여 세부 교수전략을 제시한 형태로 구성되어 있다(박진우, 임철일, 2016; 임정훈, 김미화, 2018, 2020; Deri, Mills, & McGregor, 2018; Jensen, Kummer, & Godoy, 2015; Strayer, 2017). 이와 유사하게, Talbert(2016)와 Honeycutt(2016)도 사전 동영상 학습이 주를 이루는 디딤수업(pre-class phase), 디딤수업에서의 학습을 다양한 차원에서 공고히 하는 교실수업(in-class phase), 교실수업의 연장선상으로 이루어지는 후속 심화학습(post-class phase) 등으로 분류하였다. 또한 Voss와 Kostka(2019)도 디딤수업에 해당되는 사전학습(before Class), 이에 연계된 교실수업(in class), 그리고 교실수업 후의 심화 적용(extended application) 활동에 임하는 후속학습활동(after class)으로 구성된 플립드러닝 모형을 제시했다.

유사한 관점에서, Singh과 동료연구자(2018)도 플립드러닝을 사전학습(pre-class), 교실수업(in-class), 적용(application) 순으로 구조화하여 설계했다. 이 연구자들은 이러한 구성요소를 바탕으로, ① 플립드러닝에 적합한 학습 주제 선정, ② 디딤수업을 위한 학습자료 개발, ③ 학습에 책임성을 부여하기 위해 보상 및 동기화 전략 수립, ④ 디딤수업에서 습득한 지식의 적용 및 심화학습 촉진전략 등의 4단계의 교수설계 모형을 제시했다. 또한 이 연구에서는 교실수업에 적용가능한 개별화 학습 전략과 함께 협력적 모둠활동(Barkley, Cross, & Major, 2014)들도 제안하고 있다. 한편, Raths(2014)는 효과적인 플립드러닝 모형의 설계, 개발, 운영을 위해 교수자에게 필요한 핵심 원칙들을 다음과 같이 적시하고 있다.

① 테크놀로지와 페다고지(pedagogy)의 시너지가 반영된 거꾸로교실 설계모형과 전략 구비
② 계획은 원대하고 장기적인 관점에서 수립하는 한편, 현재의 적용은 효과성을 극대화할 수 있는 작은 수준에서 점진적으로 접근
③ 플립드러닝이라는 새로운 수업체제를 학습자와 학부모가 공히 수용하고 함께 학습에 참여할 수 있는 전략 구사
④ 성공적인 정착을 위해 학습자에게 압박, 강요하기보다는 스스로 자기주도학습을 협력적으로 구조화해 나가도록 격려하고 기다리는 인내심을 발휘

또 다른 관점에서, Kirch(2016)는 모든 교과의 특정 단원이나 차시마다 세부적으로 적용가능한 범용 거꾸로학습 설계모형을 제시했다. 특히 이 모형에서 교실수업에 해당되는 '③ 학급/모둠 토론'부터 '⑥ 다음 수업 예고, 연계'까지는, 보통 54분이 소요되므로 적용가능한 설계 체제이므로 수업 일정에 따른 조정이 필요함을 권고했다.

① 수업 소개: 새로운 플립드러닝 차시에 대한 소개로서, 보통 5~10분 정도로 해당 디딤수업에 대한 설명이 주를 이룬다. 하지만 탐구기반학습, 발견학습 등의 복합학습(complex learning)인 경우 때로는 해당 차시의 반이나 전체에 걸쳐 과제, 학습목표, 활동 내역 등에 대한 구체적인 소개가 이루어진다.

② 디딤수업: 체계적인 학습전략이 부과된 동영상을 책임과 성찰로 가정에서 개별 학습

③ 학급/모둠 토론: 교실수업의 도입부에서, 10~15분 정도로 디딤수업 완전학습을 점검하는 활동

④ 연습과 적용

⑤ 검토와 평가(review & assessment): "④ 연습과 적용"과 함께 30~35분의 시간으로 실행된다. 부과된 활동을 개별 및 협력학습을 통해 완전학습으로 마친 학생들에게는 수준별 교수전략의 일환으로, 난이도가 높은 과제 수행의 선택권을 부여한다.

⑥ 다음 수업 예고, 연계: 교실수업의 결말 부분으로 2~3분 동안 해당 수업의 명료한 결론짓기와 더불어 다음 수업에 대한 준비를 예고한다.

3. 시간편성 전략

또한, 플립드러닝의 시간 편성도 다양한 수업상황에 따른 설계, 실행이 요구된다. 일례로, 의도한 학습목표를 달성하기에는 디딤수업 점검 시간까지 할애된 한 차시 교실수업으로는 미흡할 가능성이 농후하다. 그러므로 특정 수업의 특징 및 조건에 따라 유관 차시들을 블록 타임제(block scheduling)로 묶어 운영하는 방법을 고려해야 한다. 특히 심화학습으로 복합학습 모형인 문제중심학습, 프로젝트학습, 탐구기반학습 등을 설계하게 되면 이러한 묶음 운영은 불가피한 선택이 된다(최욱, 2018a). 이를 위해 여러 사례

들(Bergmann & Sams, 2015b; Bergmann & Sams, 2016; Bergmann, Sams, & Gudenrath, 2015; Bretzmann, 2013)에서도, 거꾸로교실에 블록 타임제를 상황적으로 적용한 교수전략들이 다양한 과목들에 걸쳐 제시되고 있다. 이를 뒷받침하여 Roehling(2018)은, 교실수업에서 부과되는 활동이나 과제를 완수하고 피드백을 교수자나 또래에게 받을 수 있을 정도의 충분한 시간을 제공해야 한다고 주장했다. 특히 학생이 해당 과제나 활동의 학습목표를 달성하지 못하고 다음으로 넘어가는 교실수업은 사상누각에 불과하다. 물론 수업의 효율성을 위해, 가능하다면 가장 중요한 학습목표와 직결된 과제나 활동을 먼저 부과하는 운영의 묘가 요구된다(Roehling, 2018).

한편, 우리 학교의 교과서에서 단원 내의 각 차시는 학습목표 위계, 교육내용 구성, 차시들 간의 관계성 등의 측면에서 차별화된 특성을 내포하고 있다. 그러므로 거꾸로학습을 위해 개별 차시의 특성에 부합된 교수전략을 적재적소에 적용할 필요가 대두된다. 즉, 통상적으로 단원의 첫 차시는 기본적인 개념, 원리, 사실 등의 이해 및 습득에 주안점을 두기 때문에 수준별교수 전략보다는 개별화교수에 집중하는 것이 온당한 판단이다. 그리고 후속 차시들은 이전 차시의 지식을 적용, 응용하는 학습목표를 지향하므로 수준별교수 전략에 방점을 더 두고 접근할 수 있다. 그리고 마무리 차시에는 후속 심화학습과 연계된 교수설계를 반영하여, 단원 내 차시들이 상호 유기적으로 시너지 효과를 내는 설계가 이루어질 수 있다.

4. 변화관리

플립드러닝에서 적용되는 주요 거시적 교수전략으로, ① 특정 차시 수업, ② 거꾸로 완전학습, 그리고 ③ 문제중심학습, 프로젝트 학습, 탐구 학습, 메이커 교육(maker education) 등과 같은 복합학습 등과 통합적으로 접근하는 방법을 모색할 수 있다. 그런데 이러한 교수방법을 교수자가 무계획적인 단순 선호로 적용하게 되면 실패가 명약관화한 결과를 초래하게 된다(최욱, 2018a). 이에 관해 Raths(2014)는 거꾸로학습을 처음으로 적용하는 교수자들 중에 조기에 좌절하고 반대론자가 되는 주요 원인은, 한꺼번에 자신의 기존 수업을 플립드러닝으로 변환하려는 와중에 실패를 경험한 것이라고 주장하였다. 그러므로 거꾸로학습의 초보 교사는 우선 위에서 논의된 적용 기준에 적합한 특정 차시 수업에의 적용으로부터 시작해서, 상당 기간에 소기의 성과를 거둔 후에 점진적으로 그 범위를 확대, 발전시키는 연착륙 전략을 취해야 한다.

이런 관점에서, Honeycutt(2016)은 처음에는 먼저 단 한 차시에만 거꾸로학습을 적용하라고 교수자에게 권유하고 있다. 그리고 Lockwood(2018)는 과목 전체에 적용할 필요는 없다고 주장하며, 기존 단원이나 차시의 수업이 학습자 입장에서 상당히 효과적이고 성공적으로 운영되고 있다면 굳이 적용 대상으로 선정할 필요는 없다고 권고하고 있다. 한편, 중학교에 거꾸로학습을 실행한 Jones(2018)는, 플립드러닝을 처음 실행하는 교사에게 평소에 본인이 가장 익숙하고 선호하는 기존의 간단한 교수전략과 연계, 통합하여 접근하는 연착륙 전략도 권유하였다. 같은 관점에서, 대학교에서 플립드러닝을 직접 적용한 Thompson과 Martin(2016)은, 처음 시작하는 교수자는 과목 전체에서 한 단원이나 주제에만 국한해서 적용해야 설계, 개발, 실행 과정에서 필연적으로 직면하게 되는 수정, 보완을 관리해 나가기 쉽다고 권고했다.

그런 연후에, 거꾸로학습을 상당 기간 많은 교육내용에 적용해 본 교수자는 좀 더 고난도의 교수체제인 플립드 완전학습 모형으로의 전환을 모색하기를 Bergmann과 Sams(2015b)는 권유하고 있다. 왜냐하면 거꾸로 완전학습 모형은 본격적이고 체계적인 개별화 및 수준별 교수를 설계, 계발, 실행하게 되기 때문이다. 즉, 플립드 완전학습 모형에서는, 일반적인 플립드러닝 모형을 상당 기간 적용하여 많은 디딤수업 체제뿐만 아니라 관련 수업자료와 교수자 자신만의 노하우(know-how)가 축적되어, 개별 학습자의 요구와 수준에 적합한 맞춤형 수업을 위한 역량이 발휘되는 것이 성공의 관건이 된다(Bergmann & Johnson, 2018). 그리고 최종적으로, 문제중심학습, 프로젝트학습, 탐구기반학습, 사례기반학습, 과제중심학습, 메이커교육 등의 복합학습과의 접목으로 확대, 발전시켜 나가는 지혜가 요구된다(Bergmann & Sams, 2015b).

5. 특화된 플립드러닝 교수설계 전략

Bergmann과 Sams(2015a)는 교과별로 차별화된 교수설계 전략으로 사회교과에 특화된 교수설계와 전략을 제시하고 있다. 이외에도, 과학(Bergmann & Sams, 2015b), 수학(Bergmann & Sams, 2015c), 언어(Bergmann, Sams, & Gudenrath, 2015) 등에서 학교현장에서 직접 적용하여 효과를 거둔 다양한 사례들과 접목된 교수전략들이 설계, 실행되고 있다. 또한 Bergmann과 Sams(2016)는 초등교육에 특화된 교수체제를 구체적인 설계전략과 함께 제공하였다. 다른 한편으로, 기업체, 공공기관별 교육 특성에 적합한 차별화된 교수설계 체계와 전략도 제시되고 있다(Bergmann & Smith, 2019).

또한 대학교육에서 다양한 수업상황에서 플립드러닝을 접목, 실행한 Talbert (2017)에 의하면, 거꾸로학습은 새로운 교육방법들 중의 하나이기보다는 모든 다른 교수설계 모형에 적용할 수 있는 메타전략(meta-strategy)으로 자리매김할 수 있다고 주장했다. 이러한 측면에서 특화된 교육방법으로, 박진우와 임철일(2016)은 거꾸로학습을 기반으로 토론수업에 적용가능한 실제적인 전략을 개발했다. 이러한 연구는 거꾸로학습이 다양한 여타 교수설계 이론 및 모형들과의 발전적 통합가능성을 제기하는 면에서 그 시사점을 주목할 필요가 있다.

6. 통합적 교수전략: Gagné의 수업사태이론(9 Events Of Instruction)과 접목

자신의 플립드러닝과 Gagné의 수업사태이론(9 Events Of Instruction)(Gagné, Briggs, & Wager, 1992)을 통합시킨 Hsieh(2017)는, 디딤수업과 교실수업을 상호 연계시키며 적용가능한 교수전략들의 전체적인 체계와 절차를 다음과 같이 제시했다.

1) 첫 번째 수업사태(Event 1): 주의집중 시키기(Gain the attention of students)

거꾸로학습 과정 설계의 첫 단계에서, 매주 배울 학습주제에 대해 학생들에게 인지적, 정서적으로 학습의 자발적 의지가 생성되고 유지되도록 준비시켜야 한다. 전통적인 수업에서는, 대면수업을 통해 이와 관련된 모든 수업과 활동을 제시했다. 하지만 플립드러닝에서는 디딤수업과 같은 원격학습 국면에서, 학생들이 매주의 학습주제에 주의집중하도록 만드는 구조화되고 일관성 있는 전략이 필요하다. 이런 관점에서, 교수자는 한 주의 학습에 대한 전체적인 안내(overview)를 담은 이메일을 매주 발송했다. 여기에는 그 주에 완전학습해야 할 학습주제, 과제, 읽어야 할 학습자료 등에 대한 간명한 소개 글(a brief introductory paragraph)을 제공했다. 이와 함께 체크리스트(checklist)를 제시하여 학생들에게 자신의 학습 진도를 점검하고 배움을 완수해 나가는 길잡이가 되도록 안내했다. 이러한 온라인 체크리스트는 학생들이 사용하기 편하게 디딤수업, 교실수업, 그리고 후속학습활동(after-class activities)으로 구분하여 제시됐다.

2) 두 번째 수업사태(Event 2): 학습목표 제시(Inform students of the objectives)

플립드러닝의 전체 과정에 걸쳐서, 학생들과 학습목표에 관해 일관되고 명확한 의사소통이 이루어져야 한다. 전체 학습과정을 통해, 교수자는 학습목표를 수시로 매주의 수업 소개 자료(overview documents), 매주의 수업계획서, 각 디딤영상의 도입, 매주 마지막 디딤영상의 결말, 교실수업의 도입과 결말 등 여러 부분에 명시적으로 설명, 제시해야 한다. 이로써 학생들은 매주 각 수업 국면마다 명확한 목표의식 속에 학습에 임하게 된다.

3) 세 번째 수업사태(Event 3): 사전학습 상기 촉진(Simulate recall of prior learning)

배경지식의 활성화는 학습 지원을 위한 핵심 요소이다. 거꾸로학습에서도 디딤수업과 교실수업에 걸쳐, 직결된 선수지식 또는 전시학습을 지속적으로 상기시켜야 한다. 여기서 교수자로서 유의할 점은, 디딤영상을 미리 만들기 때문에 아직 실시되지 않은 디딤수업과 교실수업의 교육내용과 실행을 전향적으로 염두에 두면서 연계, 촉진해야 한다.

4) 네 번째 수업사태(Event 4): 학습내용의 제시(Present the content)

플립드러닝에서 학습내용은 두 수업 국면을 통해 제공된다. 먼저 디딤수업에서, 사전학습에 대한 직접교수와 함께 학습 점검을 위한 간단한 시험이 포함된 디딤영상, 그리고 필요시 읽어야 할 추가 학습자료가 제시된다. 그리고 교실수업에서는 먼저 디딤수업의 점검 차원의 학습활동이 선행된다. 여기서 디딤수업에서 학습된 내용이, 점검전략을 통해 강화된다(reinforced). 이 사태에서는, 디딤수업의 학습 기한을 일관성 있게 정해서 부과해야 학습 습관(routine)이 촉진될 수 있다.

5) 다섯 번째 수업사태(Event 5): 학습 안내 제공(Provide learning guidance)

거꾸로학습에서 학습안내는, 체계적인 피드백, 질의응답, 토론, 협력활동, 다양한 학습전략 등의 형태로 면대면 교실수업에서 이루어진다. 특히 여기에서 수업사태는 전통적인 수업에서의 사태와 사뭇 다르게 구성되어야 한다. 즉, 전통적인 수업사태와는 달리 거꾸로교실에서는, 이러한 학습안내가 대부분의 수업 시간을 차지하면서 개별화 및 수준별 학습이 가능하도록 집중적인 학습 지원책이 적재적소에 다각도로 제공된다.

6) 여섯 번째 수업사태(Event 6): 연습과 수행 유도(Elicit practice and performance)

전통적인 수업에서는 네 번째와 다섯 번째 사태들이 병행 실시되는 경우가 많지만, 플립드러닝에서는 네 번째 수업사태가 디딤수업에서 별도로 이루어진다. 그리고 다섯 번째부터 일곱 번째까지의 사태가 심화학습을 위해 면대면 교실수업에서 혼재돼서 실행된다. 여기서 학습자는 특정 차시의 완전학습을 위한 연습에 개별 또는 모둠활동으로 임한다. 때로는 문제중심학습, 프로젝트학습 등의 복합학습, 성찰, 공유 등에도 참여하게 된다.

7) 일곱 번째 수업사태(Event 7): 피드백 제공(Provide feedback)

거꾸로학습의 교실수업에서 다양한 피드백이 체계적으로 부여될 수 있다. 먼저 디딤수업을 이수한 학습결과에 대해 교수자 및 또래의 피드백이 오프라인 또는 온라인에서 제공된다. 그리고 본격 교실수업에서 교수자와 또래의 학습 지원과 안내 차원의 피드백이 지속적으로 이루어진다. 또한 개별 결과물에 대해 전통적인 수업과는 달리 즉시적(immediate)이고 적시(just-in-time) 형성평가가 병행되는 방식의 피드백이 주어진다.

8) 여덟 번째 수업사태(Event 8): 학습 및 수행 평가(Assess learning and performance)

총괄평가는 전통적 수업과 마찬가지로 플립드러닝에서도 근본적인 변화는 없다. 그러나 거꾸로학습에서는 모든 학습자를 위한 형성평가의 비중이 상당히 높게 나타난다. 특히 디딤수업 학습 결과에 대한 평가는 후속 연계되는 교실수업 계획을 학습자 맞춤형으로 재구성하는 데 유용한 자료가 된다. 그리고 교실수업에서 수시로 이루어지는 교사의 관찰과 상호작용을 통해 평가된 개별 학생의 학습상황은 더 나은 개별화 및 수준별 수업의 기반이 된다.

9) 아홉 번째 수업사태(Event 9): 파지와 전이 제고(Enhance retention and transfer)

수업을 거꾸로(flip)하게 되면, 학습자는 해당 수업의 지식에 체계적이고 반복적으로 노출되고, 접촉하게 되어 전통적인 수업보다 더욱 심도 있는 이해와 몰입을 이끌어내게 된다. 이럼으로써 학습자는 파지가 더욱 공고화되는 동시에, 지식을 관련된 실생활, 후속 연관 수업의 학습내용 등에 적용할 수 있는 학습전이도 더 높은 수준으로 이룩하게 된다.

한편, Gagné의 수업사태이론을 대학원 온라인 석사과정의 거꾸로학습에 접목한 사례(Romero-Garcia, Buzon-Garcia, & Touron, 2018)는, 위에서 논의된 Hsieh(2017)의 사례와는 다른 관점에서 접근했다. 즉, 이 교수자들은 플립드러닝의 주요 수업 국면인 디딤수업, 교실수업, 후속활동 등에 따라 각각 수업사태를 적재적소에 적용한 체계적인 절차를 아래의 〈표 2-1〉과 같이 설계, 개발, 실행, 평가했다. 같은 관점에서, Kurban(2019)도 대학교 교직과목에 거꾸로학습을 적용하면서, 디딤수업 및 교실수업의 설계에서 평가까지를 각각 Gagné의 아홉 단계 수업사태를 기반으로 접근했다.

〈표 2-1〉 Gagné의 수업사태이론 기반 플립드러닝(Kurban, 2019)

<table>
<tr><th>거꾸로학습</th><th>수업사태</th><th>교수전략</th></tr>
<tr><td rowspan="4">디딤
수업</td><td>주의집중 시키기</td><td rowspan="3">총 3차시에 해당하는 디딤영상 하나를 제공하였고, 학습여부를 측정하는 온라인 퀴즈가 영상에 포함됐다. 그리고 모둠별로 발표하는 4~5차시에 대해 서면 학습자료가 제공됐다.</td></tr>
<tr><td>학습목표 제시</td></tr>
<tr><td>학습내용의 제시</td></tr>
<tr><td>사전학습 상기 촉진</td><td>온라인으로 기록된 시험 결과는 교수자에게 통보되어, 온라인 교실수업에서 디딤수업 점검전략 설계에 활용된다.</td></tr>
<tr><td rowspan="4">온라인
교실 수업</td><td>사전학습 상기 촉진</td><td>교실수업을 시작하면서, 교수자는 디딤수업의 시험결과에 따라 디딤수업 이수를 점검하는 핵심질문들을 제기한다.</td></tr>
<tr><td>사전학습 상기 촉진</td><td rowspan="3">• 교실수업의 도입 20~30분 동안, 교수자는 디딤수업 점검전략으로 제시한 핵심질문들에 관해, 4~6명의 모둠별로 실시간 채팅활동을 통해 답을 도출하게 한다. 도출한 결과는 기록을 담당한 학생이 노트패드(notepad)를 활용해 저장한다. 학생, 교수자가 각각 직접 대화가 필요한 경우에는 마이크로폰(microphone)으로 상호작용했다. 한편, 교수자는 각 모둠 채팅방을 순회하며 개별 또는 모둠별로 지원(support)과 안내(guidance)를 지속적으로 제공한다.
• 그 후 약 90분 동안, 본격 교실수업 활동이 부과된다. 처음 5분 동안 해당 활동을 교수자가 소개하고, 나머지 시간 동안 각 모둠은 4~5차시에 발표할 결과물을 작성한다. 이때 발표물에 대한 평가기준인 루브릭스(rubrics)를 같이 제공한다. 여기에서도 위의 디딤수업 점검전략에서와 같은 온라인 방식으로 의사소통하면서 활동에 임한다. 교수자의 역할도 동일하게 수행된다.</td></tr>
<tr><td>학습안내 제공</td></tr>
<tr><td>연습과
수행 유도</td></tr>
<tr><td>온라인
교실 수업</td><td rowspan="3">피드백 제공

학습 및
수행 평가</td><td rowspan="3">• 교수자는 차시별(총 3차시)로 피드백을 제공한다. 즉, 교수자는 각 차시 결말 부분에서 노트패드로 모둠에서 작성한 결과물에 대해 피드백을 온라인 노트패드로 제공한다. 이에 따라, 모둠은 매 차시 종료 후 온라인 후속활동으로, 피드백을 반영하여 결과물을 수정, 보완한다.
• 4~5차시에는, 모둠별로 완성한 결과물을 돌아가면서 발표한다.
• 각 모둠의 발표는 교수자 및 또래가 사전에 주어진 루브릭스를 기반으로 총괄평가한다.</td></tr>
<tr><td>온라인
후속 활동</td></tr>
<tr><td>온라인
교실 수업</td></tr>
</table>

7. 통합적 교수전략: 교수의 으뜸원리(Merrill, 2013)와 접목

Lo와 Hew(2017)는, 교수의 으뜸원리(Merrill, 2013)를 기반으로 거꾸로학습을 접근한 사례를 제시했다. 즉, 이 사례연구는 디딤수업과 교실수업에, 공히 문제중심(problem-centered), 활성화(activation), 적용(application), 시범(demonstration), 통합(integration) 원리 등의 '교수의 으뜸원리'에 따른 교수전략을 구사했다. 홍콩의 12학년 수학에 적용된 이 사례에서는, 전반적으로 '문제중심' 원리에 입각하여, 실제상황과 직결된 과제를 중심으로 학습이 실행되었다. 예를 들어, '수직이등분의 개념으로 두 도시 간에 똑같은 거리로 지나는 직선도로를 건설하기' 같은 문제가 제시됐다. 그리고 학생이 '적용' 단계에서 문제를 해결하면, '통합' 국면에서 더 수준 높고 복잡한 문제를 해결하는 활동에 임했다. 교수자는 이러한 '문제중심' 원리의 큰 틀 속에서, 디딤수업과 교실수업별로 각각의 으뜸원리를 반영하였다. 그리고 이에 관한 구체적인 교수전략을 다음의 체계적인 절차에 따라 설계, 개발, 실행, 평가했다.

1) 디딤수업

① 문제중심: 6분 이내 분량의 디딤영상 맨 앞부분에서, 학습자가 교실수업에서 해결할 학습주제와 직결된 실제상황이 담긴 문제를 먼저 제시한다.

② 활성화: 교수자는 디딤영상을 통해, 해당 학습주제 및 문제와 관련하여 학습자가 이전에 학습한 지식을 상기시킨다.

③ 시범: 주어진 문제 해결을 위해 필요한 새로운 지식을 제시, 설명했다. 여기서 학습자는 필요시 언제든 멈추거나 다시 보기로 자신의 진도에 따라 새로운 지식을 습득했다. 한편, 학생은 한 디딤수업에서 2~3개의 영상을 학습한다.

④ 적용: 디딤영상 끝부분에서 학생은, 디딤영상에서 습득한 지식을 적용하여, 간단한 온라인 퀴즈에 응답을 제시했다.

2) 교실수업

① 활성화: 교수자는 디딤수업 점검전략을 통해, 디딤수업의 지식을 확실히 이해하는 활동을 제공했다.
② 문제중심 및 적용: 학습자는 디딤수업에서 학습한 내용을 적용하여, 개별 또는 2인 1조로 간단한 문제(simple problems)를 해결하는 활동에 임했다.
③ 문제중심 및 통합: 위의 '문제중심 및 적용' 단계에서 문제 풀이에 성공한 학습자는, 실제상황이 담긴 수준 높은 심화 문제(more advanced and real-world problems)를 모둠과 협력하여 해결한다. 한편, 각 교실수업은 총 50분간 진행되었다.

Ⅱ. 적응환경 수립전략

플립드러닝 시행 초기에 학습자의 적응을 위한 교수전략을 반영하지 않고 디딤수업과 교실 수업을 맹목적으로 실시하는 것은 실패의 첩경이 된다. 특히 디딤수업에서 양질의 디딤영상을 개발하여 필요시 관련 학습자료와 함께 제공하기만 하면, 학습자가 자율적으로 가정에서 학습해 올 것이라는 기대는 거꾸로학습 파행의 적신호가 될 수 있다. 또한 교실 수업에서도 단순히 자기주도 학습활동, 협동학습, 토론 등을 부과하는 것만으로는, 학생의 몰입도를 높이고 학습목표 달성으로 이어지게 하는 확실한 설명이 될 수 없다(최욱, 2018a). 이와 관련하여, 거꾸로학습을 처음 경험하는 학습자 대부분이 공통으로 제기하는 불만은, 새로운 학습환경에 대한 막연한 불안감과 함께, 그로 인해 어떻게 활동해야 하는지를 모르는 불확실성이다(Strayer, 2012).

또한 거꾸로학습이 전통적인 수업과 비교해서 학업성취도에서 유의미한 차이를 도출하지 못한 연구에서, Findlay-Thompson과 Mombourquette(2014)는 실패의 주요 원인으로 학습자에 대한 적응활동 미흡과 학생의 수용(buy-in)을 위한 안내가 미흡한 것이라고 주장하였다. 이를 미연에 방지하여 학습자가 자신에게 무엇을 요구하는지, 어떻게 평가되는지를 확실하게 인지하도록, 교수자는 교실수업에서도 구조화된 체계를 마련해 두어야 한다(Roehling, 2018). 이러한 교실 수업에 대한 설계, 개발이 제대로 구비되지 못하면 실패로 귀착되거나 효과적이고 효율적인 실행을 어렵게 만든다(Strayer, 2017). 그러므로 대부분 학습자들이, 생경한 플립드러닝 패러다임에 정착하여 기대하는 성과를 내는 자기구조화 학습환경(Mitra, 2016)을 최소한의 실패로 구축하도록 지원하고 안내하는, 적응과정을 거치도록 교수전략이 구사돼야 한다.

1. 적응전략의 주지 및 체화

1) 새로운 방식의 활동 및 과제의 체화

이전의 전통적이면서 주로 수동적인 수업방식에 익숙한 학생에게, 주로 자기주도적인 학습방법으로 점철된 생경한 플립드러닝은 '학습문화 충격'일 수 있다. 그러므로 교수자가 기대하는 바람직한 모습으로 학생이 거꾸로학습에 적응하도록 이끄는 최우선의 방도는, 디딤수업에서 교실수업에 이르기까지의 모든 활동 및 과제 수행에 대한 명확한 제시, 설명에 따른 체화(embodied)이다. 이런 관점에서 Adams와 Gingras(2017)에 의하면, 학습자가 거꾸로학습에 부과되는 모든 활동과 과제를 정확하게 이해하고 수행할 수 있도록, 무엇을 기대하고 어떻게 완수해야 하는지를 구체적이고 상세하게 서면이나 영상으로 제시해야 한다. 이와 함께 학습자가 모든 활동과 과제에 관해 명료하게 파악하면서 기대되는 결과물을 창출하기 위해서는, 해당 과제의 학습목표, 후속 활동과의 연계성, 성공적인 결과물의 예시, 루브릭스 형태의 평가기준, 이수 기한 등에 대한 설명도 수반되어야 한다. 그리고 이러한 새로운 학습양식에 효율적으로 체화되도록 때로는 각각의 과제마다 중복되더라도 반복적으로 제시, 설명하는 일관성도 견지할 필요가 있다.

이와 관련하여 Poulain과 동료연구자들(2023)에 의하면, 교수자는 플립드러닝을 처음 접하는 학생들에게 첫 시간을 적응활동에 전적으로 할애해야 한다. 여기서 교수자는 학생들이 무엇을 어떻게 해야 할지를 구체적이고 상세하게 설명, 안내하게 된다. 특히 이 활동을 통해 학습자들이 학습자료 및 온라인 체제에 익숙해지도록 실습이 제공되어야 한다. 마찬가지로 Romanow와 동료 연구자(2024)들은 자신들의 대학교 수업에서, 플립드러닝 안내, 디딤수업 미리 체험하기를 포함한 LMS 적응, 행동 수칙 수립 등이 포함된 실습 위주의 활동을 제공하였다.

한편, 거꾸로 교실을 교사로서 직접 운영한 Kirch(2016)는 플립드러닝 '성공전략(Strategies for Success)'이라는 기치를 내세우면서 학생들이 지켜야 할 사고 및 행동 양식을 다음과 같이 제시하였다.

① 디딤수업과 교실 수업에 공히 주의산만을 최소화하면서, 집중하며 최선을 다한다.

② 또래 학습자 및 교수자와 조기에(early), 개방적으로(openly), 온/오프라인(on/off-line)을 통해 의사소통한다.

③ 자신의 모든 학습상황과 진도에 대해 솔직한 모습을 보여준다.

④ 디딤수업, 교실 수업, 후속 학습 등에서 제시된 과제를 어떤 형태로든 완수한다.

⑤ 새로운 수업 방식에 적극성, 학습 개방성, 참여 의지를 견지하는 긍정적 태도를 보여준다.

교수자는 이와 같은 사고 및 행동수칙을 지키는 모든 학생을 학업성취 점수에 개의치 않고 높이 평가하고 인정해 주었다. 또한 이 규칙은 실제로 대다수의 학습자가 새로운 도전인 플립드러닝에 성공적으로 적응하는 데 많은 도움이 되었다(Bergmann, Sams, & Gudenrath, 2015; Kirch, 2016).

특히 이러한 교실 수업 적응 및 성공 수칙을 교수자와 학습자들이 같이 협업하여 수립하게 되면 준수율이 높아지는 계기가 마련된다(Bergmann & Sams, 2014). 그리고 행동수칙을 구두 설명과 함께 구체적인 안내문을 온라인 게시판을 통해 제공할 필요가 있다. 이를 바탕으로 학습과정에서 수시로 교수자가 주의를 환기하고, 학습자가 상시 참고하면서 성공적인 플립드러닝을 위한 사고 및 행동 양식에 익숙해지도록 해야 한다(Pacansky-Brock, 2013; Adams & Gingras, 2017). 한편, Honeycutt과 Glova(2013)는, 초기에 거꾸로 학습의 행동수칙에 대한 인식도를 높이기 위해, 홈페이지에 탑재된 수업 소개 자료 전체에서 관련 주요 사항을 찾아내는 '정보사냥 게임(scavenger hunt)'을 첫 주에 실시할 것을 제안했다.

이렇게 교실 수업에서 질서유지는 플립드러닝의 몰입도를 높이는 데 필수 불가결한 학습환경이다. 그러므로 교수자는 학생들이 주의 산만한 모습을 보이거나, 불필요하거나 무관한 행동 및 대화를 하는 것을 미연에 방지하고 언제든 개입해야 한다. 그러나 학생들이 활동에 몰입하며 발생하는 소음과 혼란은, '나쁘지 않은 혼돈(a good chaos)'이므로 개의할 필요가 없이 오히려 적극적으로 권장하며 긍정적으로 관리해야 할 학습문화이다(Bergmann & Sams, 2015c; Plunkett, 2014).

한편, 1년 동안 플립드러닝을 먼저 경험한 학생들에게, 학년말에 후배 학습자들에게 전해주고 싶은 조언을 공유하는 방법도 고려할 필요가 있다. 여기서 선배들은 플립드러닝 환경에 성공적으로 적응하여 원하는 학습 성과를 내기 위해 지켜야 할 원칙, 노하우, 유의 사항 등을 자유롭게 기술하도록 부탁하면서, 이 피드백이 후배들에게 상당한 도움이 될 것이라고 언급한다

(Bennett, 2013). 이러한 권고사항을 온라인 게시판에 탑재하여 이를 기반으로 추가 정보 논의가 이루어지면 더 나은 공유가 될 수 있다(Pacansky-Brock, 2013). 또한 이러한 조언을 영상으로 녹화한 것을 특정 학습 국면이나 주제별로 편집하여, 후배 학습자들이 상시 참고하도록 제공하는 전략도 고려할 가치가 있다.

2. 적응기간 설정

플립드러닝을 처음 실행하는 교수자들이 쉽게 봉착하는 좌절감은 초기에 상당한 혼돈과 함께 벌어지는 다각도의 파행적인 수업 행태들이다. 이로 인해 교수자들은 플립드러닝 회의론자로 전환되어 무용론을 주창하는 경우도 발생하게 된다. 그러나 발효음식이 제맛을 내기 위해서 적정한 '숙성기간'이 필요하듯이, 플립드러닝이 성공적인 궤도에 안착하기 위해서는 학생뿐만 아니라 교수자에게도 적응기간이 절대적으로 필요하다. 즉, 학생들이 디딤수업의 완전학습 태도 내재화, 새로운 방식의 교실수업 적응, 테크놀로지 활용에 숙달, 플립드러닝의 효과를 느끼고 자발적 학습의지 생성 등의 과정에서 겪게 되는 여러 난관을 극복할 수 있도록 친화적인 기회와 시간이 부여돼야 한다. 이와 함께 교수자도 거꾸로교실의 대안성에 신뢰가 생기고, 큰 어려움 없이 능수능란하게 새로운 방식의 수업을 설계, 개발할 수 있는 시점에 도달할 때까지 연착륙하는 방식을 택할 필요가 있다. 물론 1장에서 소개한 거꾸로학습의 효과에 대한 믿음은 추호의 의심 없이 견지할 필요가 있다.

이런 관점에서, Poulain과 동료 연구자(2023)는 적용 첫 주 전체 과정에서, 학생들이 적응할 수 있도록 교수자는 참고 기다려 줄 필요가 있다고 주장하였다. 이와 직결하여, Ay와 Dağhan(2023)은 자신들의 플립드러닝 첫 주 수업 모두를 orientation에 방점을 두고 운영했다. 특히 여기서 실습활동을 통해 LMS를 포함한 학습과정에 적응하도록 배려했다. 이에 덧붙여, 대학교육에 거꾸로학습을 직접 적용한 Hsieh(2017)는 학생뿐만 아니라 교수자도 모두 적응기간이 필요하므로 계획은 원대하게 수립하더라도, 계획된 적용 기간과 범위를 억지로 맞추려는 우를 범하지 말기를 충고하고 있다. 그리고 Bergmann과 Sams(2014)에 의하면, 교실 수업 적응기간은 학습자의 특성에 따라 수 주일이 걸리기도 한다.

이와 관련하여 초등 5학년 교사인 Nesloney(2013)는 첫 주에는 수업내용을 다루지 않고 오롯이 학습자들이 플립드러닝에 적응하는 데 필요한 소개 동영상 제시, 행동 수칙 인식, 협력적 학습사회 조성 훈련 등에 집중했다. 그리고 2주째부터 본격적인 플립드러닝을 실행했다. 중등학교 교사인 Carter(2013)는 처음부터 플립드러닝을 실행했지만, 지속적으로 적응을 위한 지도를 초기에 중점적으로 해나가는 것을 병행했다. 이 교수자는 자기구조화 학습환경 수준으로 학생들이 플립드러닝에 안착하는 데 약 3주가 소요됐다고 보고했다. 이와 관련하여, Honeycutt과 Glove(2013)는 다양한 형태의 적응기간 설정 전략을 구체적으로 제시하고 있다. 또한 고교 수학교사인 Kirch(2016)는 교사와 학생 간의 개방적인 의사소통 관계 정립이 거꾸로교실 연착륙의 관건이라고 강조했다. 이를 위해 이 교사는 플립드러닝을 처음 실행하고 1주일이 지난 후 학생들과 전체 토론의 시간을 가졌다. 여기서 질의응답을 실시하고, 거꾸로학습 전반에서 명료화할 사항들을 확실하게 짚고 넘어가는 시간을 가졌다.

Ⅲ. 학부모와의 의사소통전략

초・중등 학생의 학부모는 거꾸로교실 성공에 영향을 미치는 동반자(partner)로서, 가정에서 학습자가 디딤수업을 완수하도록 독려(encourage)

하면서 적합한 학습환경을 제공해 줄 수 있다(Kwan, Kadel, Memon, & Hashmi, 2024). 한편, Corcoran(2013)에 의하면, 학부모는 본인의 학창시절 경험으로 말미암아 기존의 수업방식에는 익숙하나, 혁신적인 교수전략인 플립드러닝에 대한 기초지식조차 거의 없다. 이렇게 학부모 입장에서는 디딤수업을 통해 가정에서 교사의 수업을 이수하는 방식이 자신의 학창시절과는 사뭇 다른 교육방법이기 때문에 여러 면에서 거부감을 가질 수 있다(Bergmann & Sams, 2015a). 이런 학부모의 적응과 더불어 역할도 필요하므로 그들을 위한 체계적인 인식전환을 기하고, 안내도 제공하며 협력을 이끌어내는 방안도 반드시 함께 강구돼야 한다. 이와 관련하여, Bond(2019)는 호주의 2개 중등학교(7~12학년)를 대상으로 1년 동안 거꾸로학습을 적용한 사례연구를 통해, 플립드러닝에서 학부모의 참여(parental engagement)는 학업성취도, 몰입도, 동기화 향상에 유의미한 영향을 미친다고 역설했다. 또한 사이프러스(Cyprus) 교육부의 연구(Loizuo, 2022)에 의하면, 디딤수업(pre-class) 및 후속학습활동(after-class)에서 학부모의 참여로 플립드러닝에 대해 긍정적인 경험과 인식이 들게 되었다. 이에 따라 학부모가 플립드러닝 관련 숙제 및 교정시간(revision time)에 더 적극적으로 참여하게 되는 결과를 가져왔다.

또한 학부모는 자녀들에 대한 교육방법이 어떻게 변화됐는지를 인식하고 대처해야 할 거꾸로학습의 중요한 이해당사자(key stakeholder)이다(Kirch, 2016). 이런 측면에서 거꾸로학습에 대한 학부모의 이해를 구함과 동시에 학생의 디딤수업에 학부모도 동참하여 학습을 촉진하면 학업성취에 상당한 득이 된다. 즉, 거꾸로학습에 대한 우려를 불식시키고 학생과 학부모를 초반에 동조자로 만드는 지혜가 교사에게 필요하다. 이를 위해 학부모의 동의를 얻어 디딤수업의 목록과 일정, 소통 방법 등에 대한 안내장이나 안내 동영상을 보내는 방법도 필요하다. 이런 환경에 학부모가 익숙해지면서, 학급 웹사이트에 지속적으로 학생과 학부모의 역할을 포함한 종합적인 안내사항, 디딤수업 동영상, 배움노트 등을 탑재하여 학부모와 긴밀한 협조관계를 유지할 수 있다. 또한 이메일이나 SNS를 통해 거꾸로학습을 위해 학부모 오시는 날에 대한 안내, 다양한 공지사항 등을 제공할 수도 있다(Bond, 2019; Fulton, 2014; Kirch, 2016; Mansor & Nasir, 2024).

고교 영어교사인 Baker는 디딤수업 안내 동영상을 제공하여 학부모와 학생이 같이 시청하면서 개념 정립과 인식 전환하도록 만들었다. 이 동영상에는 교사가 제시한 거꾸로학습에 관한 질문에 학부모와 학습자가 같이 응답하는 활동도 제공됐다. 이러한 상호작용적인 활동 결과와 함께 학부모와 학생의 거꾸로학습에 대한 기대사항을 수합하여 실제 수업운영에 반영했다(Bergmann, Sams, & Gudenrath, 2015). 이외에도 모든 가능한 수단을 통해 학부모와 정기적으로 소통할 필요성을 Fulton(2014)과 Kirch(2016)는 공히 권고하고 있다. 일례로 Kirch(2016)는 학년 초에 디딤수업 체험의 날을 학급에서 개최하여 거꾸로학습을 소개하고, 학부모들이 10분 정도의 동영상을 직접 경험하며, 그에 따른 질의응답 시간을 통해 이해를 증진하는 방법을 적용했다.

좀 더 구체적으로 Kirch(2016)와 Bergmann(2017)은, 학부모들에게 플립드러닝에서 의도하는 바가 무엇인지, 전통적인 수업과 비교해서 학생들에게 어떤 혜택이 있는지, 학부모의 역할 등에 대해 아래와 같이 소통해야 한다고 역설했다.

1. 학생에게 무엇이 좋은가?

고등학교 수학교사인 Kirch(2016)와 Bergmann(2017)은 거꾸로학습이 전통적인 수업방법보다 학습자에 주는 혜택을 네 가지로 구성하여 학부모에게 보낸 편지에 다음과 같이 언급하였다.

거꾸로교실은 기존 수업방법의 순서를 바꾼 것이다. 그 첫 번째 이유는, 교사가 교실에서 학생들의 배움을 더 많이 그리고 더 깊이 있게 도울 수 있는 지원환경을 마련하기 위함이다. 즉, 플립드러닝에서는 교사와 학생이 모두 서로 긍정적인 상호작용과 관계 속에서 학습을 영위해 나간다. 그럼으로써 학생들은 좀 더 개별화된 도움을 받게 되어, 기존 수업보다 교육내용을 더 수준 높고 심도 있게 이해하게 된다. 또한 학생들은 자신의 학습에 책임감을 느끼고 임하게 되어 지혜로운 학습자(resourceful learner)의 길로 나아가게 된다. 두 번째로, 학생은 더 이상 수동적인 학습자가 아니라, 수업에 더 적극적으로 참여하고 몰입하는 능동적 학습자가 된다. 이와 더불어 교실수업에서 더 많은 질문과 토론할 시간이 부여되어, 성찰적 의사소통가(reflective communicator)가 되도록 도와줄 뿐만 아니라 심도 있게 사고하도록 이끌어준다. 교사인 내가 이 수업을 해보니 개개인 학생들의 특성과 진도에 맞춤형으로 도움을 제공할 수 있게 되었다. 당연히 교사가 개별 학생을 도와주는 시간도 전통적인 수업보다 더 많이 확보할 수 있었다. 그래서 학생들이 시험에서 더 나은 학업성취를 보여주었다. 이제는, 가정에서 제대로 수행하지 못하는 과도한 숙제를 교사가 내주는 형태의 구식 수업은 옛말이 될 것이다. 플립드러닝에서 숙제는, 학생이 단 20~30분 정도의 시간을 들여, 교사가 강의한 10분 정도 분량의 동영상을 학습해 오는 것뿐이다. 이런 이유들로 거꾸로학습은 우리나라뿐만 아니라 전 세계의 수많은 학교에서 채택되어 상당한 효과를 내고 있다.

여기서 필자의 생각으로는, 가능하다면 아래의 모든 편지 내용들에서 표기한 "학생(student)"을 각각 개별 학생의 이름으로 개인화(personalization)해서 표시하면, 해당 학부모에게 더욱 친밀하고 감성적으로 접근할 수 있는 계기가 될 수 있을 것이다. 이후의 거꾸로학습과 관련된 모든 온라인, 오프라인 가정통신문에도 같은 방식으로 접근하기를 권고하고 싶다.

2. 가정에서 요구되는 학생의 역할

가정에서 전통적인 개념의 숙제를 하는 학생을 보아온 학부모는, 거꾸로 학습의 디딤영상을 통해 교사의 모습과 목소리를 가정에서 접하게 되면 익숙하지 않은 변화에 당황하게 된다. 이에 교수자는, 학생들이 가정에서 왜 그런 학습을 해야 하는지, 어떤 방식으로 학습해야 하는지 등이 포함된 편지로 학부모들에게 아래와 같이 안내해 줄 필요가 있다(Kirch, 2016).

집에서 하는 이런 숙제가 어떤 모습일까? 숙제를 위해, 학생은 교수자가 평소 교실에서 가르치는 것과 똑같은 수업내용이 담긴 동영상을 시청해야 한다. 여기서 학생은 집에서 교사의 수업을 영상으로 보기 때문에, 언제든지 멈추거나, 되돌리거나, 다시 보기를 하며 여유롭게 필기할 수 있다. 이렇게 학생은 영상에서 수업받은 내용이 이해가 안 되면 언제 다시 학습해야 하는지를 스스로 인식하게 되면서, 자신의 진도에 맞게 학습하게 되어 점점 더 자기주도적으로 발전하게 된다.

3. 디딤수업이 교실수업과 어떻게 연계되는가?

학부모가 가지는 당연한 우려는, 디딤영상만 시청하면 해당 차시 학습을 완수하는가이다. 여기서 학부모에게 명료하게 인식시켜야 할 것은, 디딤영상은 기본적인 지식이며 해당 차시 수업의 출발점이라는 사실이다. 그리고 교실수업에서 학생들의 의문점이 해소될 것이며, 해당 차시를 완전학습하는 데 필요한 지원책이 다각도로 이루어진다고 알려야 한다. 그래서 학생들이 더 많은 시간 동안 더 나은 도움을 받는 혜택이 부여된다는 부분에 초점을 두고, 교실수업이 어떻게 전개되는지를 다음과 같이 구체적으로 설명해야 한다(Kirch, 2016).

가정에서 공부한 디딤수업과 연계된 교실수업은 어떻게 이루어질까? 교실수업은 학생들이 디딤수업을 제대로 이수했는지를 다양한 방법으로 점검하는 활동으로 시작된다. 여기에는 질문에 대한 교사의 설명, 또래 또는 모둠끼리의 도움 및 토론 등이 병행된다. 이로써 학생은 어젯밤에 학습한 것을 다시 기억해 내는 효과와 함께, 디딤수업에서 궁금한 점을 해소하게 된다.

이렇게 사전학습이 완수된 후에, 학생은 해당 차시 핵심내용의 확실한 이해를 도모하는 연습과 개발의 일환으로 주어진 문제, 활동, 과제 수행 등에 모둠 학습자들과 함께하게 된다. 학생들은 서로 격려하고 도와가면서 또래에게 설명해 주는 것이 가장 좋은 학습법임도 깨닫게 된다. 여기서 교사는 모둠을 전체적으로 순회하면서, 필요한 설명도 제시하면서도 학생들이 어려워하는 부분을 집중적으로 지도한다. 그래서 대부분의 교실수업 시간은 어려운 내용에서 도움이 필요한 학생들에게 중점을 두면서, 완전한 개별 맞춤형 지원과 안내가 가능하게 된다.

4. 가정에서 필요한 학부모의 지원

기존의 전통적인 숙제에 대해서, 학부모는 숙제를 완수했냐고 물어보고 확인하면 그것으로 끝이다. 그러나 디딤수업을 이수하는 숙제에 관해서는 학부모가 학생에게 제공할 지원이 다양하게 이루어질 수 있다. 이와 관련하여 학부모들에게 구현가능한 제안을 다음과 같이 제공할 필요가 있다 (Bergmann, 2017; Bergmann & Sams, 2016; Kirch, 2016; Mansor & Nasir, 2024; Tambunan, Silitonga, & Sinaga, 2023).

① 디딤영상의 학습에 집중할 수 있는 조용한 곳을 마련해 준다. 그리고 외부 소음을 확실히 차단하도록 이어폰보다는 헤드폰도 제공한다.

② 자녀가 시간을 내서 디딤영상을 학습하도록 독려한다.

③ 디딤영상의 주요 내용에 대해 질문을 제기한다. 또는 학생이 요점 정리한 것을 학부모에게 큰 소리로 읽어보라고 요구한다.

④ 학생이 정리한 요점을 학부모 스스로 읽어보고 잘한 것인지 판단해 본다.

⑤ 학습에 충분한 시간을 가지도록 독려한다. 즉, 노트 필기가 필요하거나 교사의 설명이 너무 빠르거나 이해하는 데 더 많은 시간이 필요하다면, 언제든 멈추거나, 되돌리거나, 또는 특정 부분을 다시 시청하라고 안내한다.

⑥ 초기 적응을 가속화하기 위해 때때로 학생과 같이 디딤영상을 시청하면서 도움을 제공한다. 특히 초기에 학생들이 어려워하는 활동 중의 하나인, 교실수업에서 제기할 질문 작성을 도와줄 수 있다.

⑦ 플립드러닝의 혜택과 효과를 부각해 해당 학습에 대한 긍정적인 인식과 태도를 견지하도록 촉진한다.

⑧ 학생의 작은 성취와 진전에도 칭찬을 아끼지 말고, 지속적인 강화(reinforcement)를 통해 디딤학습에 동기화와 자신감을 고취한다.

지금까지 논의한 학부모와의 의사소통 전략뿐만 아니라, Kirch(2016)는 학교관리자의 이해를 구하고 지원을 받기 위한 의사소통 전략도 병행해서 구사해야 한다고 주장하였다. 즉, 거꾸로학습을 실제로 설계하면서 적용한 자신의 경험을 바탕으로 보고서에, 1) 플립드러닝으로의 전환 가치와 필요성, 2) 거꾸로학습의 절차와 운영방안, 3) 의도하는 목표와 장기 계획 등을 담아야 한다고 역설하였다. 또한 이를 바탕으로 관리자와 설득력 있는 소통을 지속화하면서 동시에 성공을 공유하는 협력관계를 견지해 나갈 필요성을 제기하였다.

03 CHAPTER

단계 2. 디딤수업(Out-of-Class Instruction) 교수설계

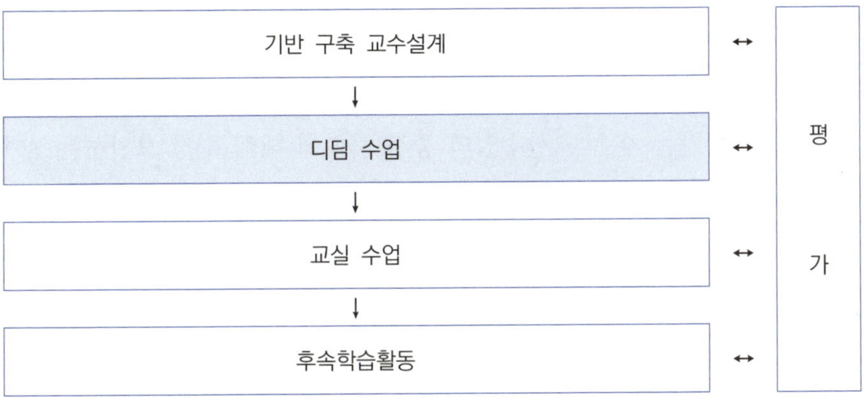

초등학생부터 대학생들에게 무엇을 가르치는 것보다 더 중요한 것은, 그들이 어떻게 학습하는가를 가르치는 것이다. 이런 관점에서 교수자의 직접 교수보다 디딤수업의 동영상과 학습자료를 통한 배움은 현대 학생들의 학습 문화와 부합된다. 유튜브(YouTube)를 포함하여 인터넷에서 다양한 동영상을 통해 지식과 정보를 습득하는 이 시대의 학습자들은 온라인상에서 동영상 수업을 이수하는 것에 편안함을 느낀다(Bergmann & Sams, 2016). 또한 4차 산업혁명을 맞이하는 21세기 학습자들은 광범위한 ICT 경험을 쌓고 그러한 기술과 함께 자라나는 명실공히 '디지털 원주민(digital natives)'이라고

칭할 수 있다. 이러한 관점에서, 우리 교육은 지속적인 디지털 환경과의 접속을 통해 학습자가 자신의 학습을 주도할 수 있는 교수전략을 모색해야 한다. 이에 대해 거꾸로학습이 하나의 대안이 될 수 있다. 특히, 거꾸로학습의 디딤수업을 통해, 학생은 예전에 교실이나 강의실에서 교수자가 직접 수업했던 강의에 대해 이제는 교실 밖에서 각자 자신의 수준과 진도에 맞게 학습을 영위하며, 학습과정을 스스로 관리하고 학습에 적극적으로 책임지는 모습을 보이게 된다(Kwan et al., 2025; Roehl, Reddy, & Shannon, 2013). 이와 관련한 연구들에 의하면, 학습자는 교수자의 직접교수에 비해 거꾸로학습의 디딤수업을 더 선호한다는 결과가 나타났다(Jaster, 2013; Missildine, Fountain, Summers, & Gosselin, 2013). 또한 디딤수업에서의 학습결과에 대한 사전분석이 이루어져 교실수업 전에 교수자에게 제공될 수 있다. 이를 기반으로 교수자는 후속 교실수업의 중점 사항에 대해 수정/보완하는 지속적 개선이 가능하게 된다(Kwan et al., 2025).

이 장은 거꾸로학습의 출발점이자 성공의 주춧돌인 디딤수업 체제를 위한 새로운 패러다임의 교수설계 모형을 제시하는 데 목적을 두고 있다. 이를 바탕으로, 디딤수업을 개발하는 초등학교에서 대학교까지의 교수자와 교수설계자에게 실제적인 업무매뉴얼(job-aids) 차원에서, 구체성과 실현가능성에 방점을 둔 교수전략들을 체계화하는 데도 목적을 두고 있다. 이와 관련하여, Corcoran(2013)은 양질의 디딤수업 동영상을 제공하더라도 학습자들에게 숙제의 형태로 학습의 책임을 전적으로 떠넘기는 것만으로는 실패가 자명하므로, 그 이상의 지원방안이 함께해야 한다고 역설하였다. 그러므로 디딤수업이 후속 교실수업 성공의 반석이 되기 위해서는, 기존 거꾸로학습의 단순 '동영상 예습'과는 명확히 차별화되어, 자기주도적 학습전략이 적용된 동영상 제공뿐만 아니라 이와 결부된 체계적인 학습체제도 수반되어야 한다(Strayer, 2016). 이런 관점에서 본 장에서는 거꾸로학습 성공의 첫걸음인 디딤수업의 성공을 좀 더 일관성 있게 담보할 수 있는 수업체제 차원의 교수설계 모형을 제시하는 데 목적을 두고 있다.

또한 디딤수업 교수설계 모형의 수립과 함께 이를 기반으로 교육 현장에서 적용할 수 있게 좀 더 실현가능성에 초점을 둔 총체적인 교수전략들을 체계화하는 연구가 필요하다. 이에 본 장에서는 현장의 교수자와 교수설계자에게 실행가능한 패러다임 차원의 종합적인 안내서가 될 수 있는 업무매뉴얼(job-aids) 수준의 구체적인 디딤수업 설계전략을 제공하는 데 또 다른 목적을 두고 있다.

한편, 디딤수업은 단순한 '사전학습'이나 '예습 동영상' 이상의 체제로 설계, 개발, 실행, 평가되어야 한다. 왜냐하면 디딤수업은 거꾸로학습의 온전한 전반(前半) 단계이자, 후속 교실수업 성공의 밑거름이 되는 '밑받침 수업(groundwork instruction)'이어야 하기 때문이다. 또한 디딤수업은 연계된 교실수업의 다양한 교육방법들을 흔들림 없이 실행할 수 있는 거꾸로학습의 튼튼한 반석도 되어야 한다. 이를 위해 디딤수업은 교육방법으로서의 주요 설계요소가 총체적으로 반영된 학습체제로 자리매김 되어야 한다. 그러므로 거꾸로학습의 디딤수업이 성공적으로 실행되기 위해 설계하고 개발할 때마다 필수적으로 고려해야 할 원칙을 수립할 필요가 있다.

지금까지의 논의에 부응하여 개발된 디딤수업 교수설계체제는, [그림 3-1]에서 제시된 바와 같이, ① 디딤영상 개발전략, ② 적응환경 구축전략, ③ 자율학습 촉진전략, ④ 차별화된 직접교수 전략, ⑤ 디딤학습 사전분석 전략 등의 설계 요소로 구조화되었다. 이 모형은 거꾸로학습의 진정한 디딤돌이 되도록 기존의 단편적인 수업모형과는 차별화된 설계요소로 구성되었다. 또한 각 요소는 거꾸로학습의 성공에 필수불가결한 교수전략 차원에서 상호불가분의 관계로 시너지를 내기 위해 서로 맞물려 어떤 디딤수업 설계에도 체제적으로 적용돼야 함을 적시하고 있다. 그리고 각 구성요소별로 학교현장에 실행가능한 업무지침 수준의 구체적인 교수전략들은 다음의 [그림 3-1]과 같다.

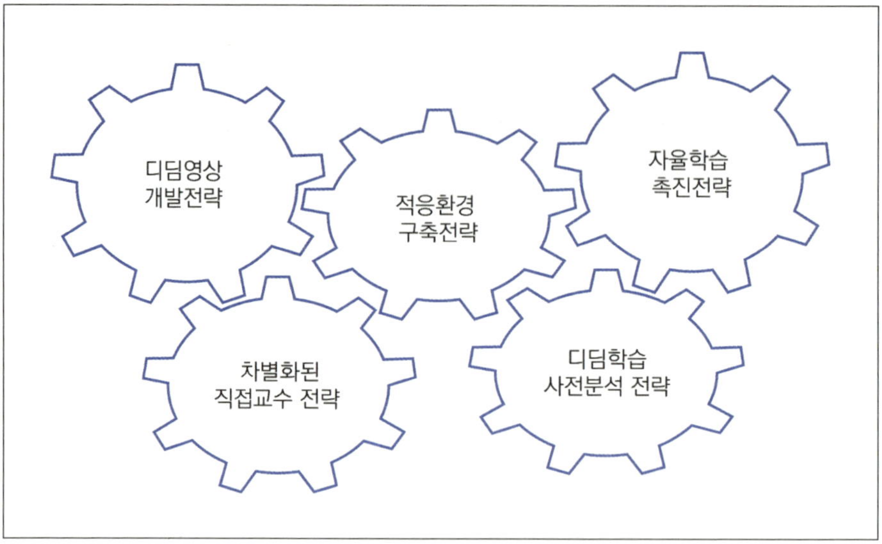

[그림 3-1] 디딤수업 교수설계 체제

Ⅰ. 디딤영상 개발전략

플립드러닝은 전통적인 강의 및 숙제의 개념에 변혁을 이룬 교수전략이다. 즉, 이 교육방법은 교실에서 교수자가 직접교수로 지식을 전달하는 행위가 가정에서의 '디딤수업'으로 변모했으며, 가정에서 학습자가 수행하는 전통적인 숙제가 '교실수업'으로 변환된 수업체제이다(Stein & Graham, 2014). 하지만, 여전히 많은 플립드러닝 사례를 보면, 교수자가 아닌 타인이 강의한 동영상만을 제시하거나, 교수자의 음성만을 녹음한 강의를 제공하거나, 심하게는 교재, 학술지 등의 학습자료만을 읽도록 요구하는 디딤수업 형식을 취하고 있다. 그러나 이러한 디딤수업 방식들은, 교수자가 어떤 전통적인 수업에서의 직접교수에서도 일반적으로 행하지 않는 강의 형태이다. 그러므로 디딤수업은 어떤 방식으로든, 예전의 교실에서 교수자가 행한 직접교수식 강의를 반드시 포함해야 한다. 즉, 디딤수업은 담당 교수자가 직접 출현하여 사실적 지식을 이해시키기 위해 제시, 설명하는 디딤영상이 주를 이루고, 부수적으로 필요하다면 타인의 동영상, 읽을 학습자료 등을 첨부하는 방식으로 접근돼야 한다. 이런 관점에서, 대학교 회계학에 거꾸로학습을 적용한 Eklund(2025)는 모든 디딤영상에 Youtube와 같은 타인의 영상을 사용하기보다는, 교수자가 직접 출현하여 강의하는 방식으로 개발했다고 밝혔다. 이는 교수자와 학습자와의 관계성을 공고히 하는(create a solid instructor-student connection) 계기가 되었다고 현장연구 결과에서 밝혔다.

한편, 디딤수업은 학습자에게 지식을 전달하기 위해 디딤영상을 주로 활용하기 때문에 동영상을 통한 수업 구현에 주로 매몰되어 학생에게 의미있는 경험을 제공하는 측면에서의 설계원리를 도외시하는 우를 범할 수 있다(Strayer, 2016). 이로 인하여 외견상으로는 성공적으로 구조화되고 개발된 동영상인데 학습 실패를 야기하는 수업상황으로 귀결되는 경우가 비일비재하다. 이를 극복하기 위해서는 동영상 개발에서의 기술중점(technology-driven) 설계전략과 함께 교수중점(instruction-driven) 설계전략도 균형감있게 반영하여 접근하는 전략이 요구된다. 또한 어떤 형태의 디딤수업이 학습 성취에 가장 효과적인가의 방향 설정도 고려되어야 한다.

1. 교수자가 직접 제작한 디딤수업 동영상 제공

Sauer(2016)는 플립드러닝 적용 초기에 디딤수업에서 자신이 대학교에서 강의한 영상 시청 또는 지정된 교재 읽기를 번갈아 학습자에게 부과했었다. 그런데 교재의 해당 내용을 읽어오는 것만 학습자에게 요구하는 사전학습은, 효과가 상당히 떨어진다는 사실을 인지했다. 즉, 정교한 읽기 안내서(reading guide)를 같이 제공했음에도 불구하고 교수자가 직접 강의하는 동영상에는 못 미친다는 결론을 내렸다. 거꾸로학습을 고등학교에 2~3년 동안 적용한 교사들에 대한 사례연구(Kelly & Denson, 2019)에 의하면, 타인의 디딤영상과 자신이 개발한 영상을 번갈아 활용한 결과, "교사들 모두 자신의 디딤영상이 훨씬 더 효과적(teacher-made videos are superior.)"이라고 결론 내렸다. 참고로, 플립드러닝을 자신들의 대부분의 수업에 직접 적용한 Bergmann과 Sams(2023), Kirch(2016), Costa(2020), Maris(2021), Østerlie, Killian, & Sargent(2022), Stapleton(2020), Talbert(2021), Thomas(2025) 등은 모두 직접 디딤영상을 제작하여 제공하였다.

학생들은 디딤수업에서 교수자가 직접 개발한 동영상으로 학습하는 것을 보편적으로 선호한다. 왜냐하면 학습자는 자신에게 익숙한 교수자의 수업방식에 더 호응하는 경향을 보이기 때문이다(Plunkett, 2014; Strayer, 2016). 이와 관련하여 Bergmann과 Sams(2016)에 의하면, 초・중등학교에서 실패한 거꾸로 교실 사례를 분석해 보면 상당수의 교사가, 시판되거나 유명 인터넷 사이트에서 구할 수 있는 타인의 동영상을 제공한 경우이다. 역으로 성공적인 거꾸로학습을 분석해 보면, 교수자가 수업영상 제작자인 경우이다. 즉, 거꾸로학습의 핵심 성공 비결 중의 하나는 해당 교사가 직접 개발한 동영상을 적용하는 것이다. 또한 교수자가 직접 개발한 디딤영상으로 배운 학습자가 더 나은 주의집중과 몰입도를 보여주었다(Bergmann, Sams, & Gudenrath, 2015; Bergmann, 2017). 같은 관점에서, 대학교의 심리학 개론 과목에 플립드러닝을 적용한 Thompson과 Martin(2016)이 종강 후 수업만족도를 조사하는 설문에서, 상당수 학생은 교수가 아닌 타인(someone else)이 강의한 외부 영상에 대해 불만을 토로했다. 많은 학습자는 교수가 직접 강의하는 디딤영상이 더 효과적이면서 교수와 직접 연결된다는 느낌(feel connected)을 받아서 훨씬 선호한다고 응답했다.

2. 초기 연착륙을 위한 동영상 개발전략

거꾸로학습을 통해 이전 수업보다 더 나은 교육효과를 누릴 수는 있다. 그러나 이전보다 수업을 쉽게 준비하고 실행할 수는 없다(Bergmann & Sams, 2016). 그래서 Tucker(2012b)는 처음 거꾸로학습을 적용할 교수자들이 동영상 개발에 대한 막연한 두려움을 떨쳐낼 필요가 있다고 조언하고 있다. 이와 관련하여 Bergmann과 Sams(2012)에 따르면, 처음에 디딤수업을 위한 동영상을 제작할 때 원하는 수준이 안 될 가능성이 크다. 이에 좌절하지 않고 여러 번에 걸친 시행착오와 연습이 필요하며, 그에 따라 점점 더 효율적이고 용이하게 동영상을 개발할 수 있다. 이를 위해 적용 초기부터 거꾸로학습에 해당하는 기존수업을 환골탈태 방식으로 변환할 필요는 없다. 그보다는 기존수업에서 활용했던 자료들을 그대로 또는 일부 발췌하여 동영상에 반영하는 것으로부터 시작해도 충분히 소기의 성과를 낼 수 있다(Bergmann & Sams, 2012; Tucker, 2012b).

이런 관점에서, Costa(2020)에 의하면, 플립드러닝에서 전문가 수준으로 제작된 영상(hyperproduced video)은 도리어 학습과정에서 장애요인으로 작용한다. 그는 "할리우드 작품은 할리우드의 전유물이다(Leave Hollywood to Hollywood)."라고 일갈하였다. 그 대신에 디딤영상에서 중요한 것은, 효과적인 교수전략을 설계하는 것이라고 역설하였다. 이와 관련하여, 학교 전체 교사들이 거꾸로학습을 적용한 뉴질랜드의 Ashhurst Primary School에서 교사들은, 디딤수업에 YouTube나 다른 사람의 영상을 제공하는 것보다, 자신들이 영상을 직접 개발하는 것이 중요하다는 교훈을 얻었다고 이구동성으로 주장하였다. 교사가 스스로 디딤영상을 제작하는 것이 중요한 가장 큰 이유는, 교사-학생 간의 관계를 향상할 수 있다는 사실이다. 왜냐하면 학생들은 영상에서 강의하는 교수자를 접하면서 교사와 좀 더 강한 관계성을 느끼게 된다. 또한 교사가 교육내용의 전문가임을 자각하면서 수업에 대한 신뢰성도 함께 상승한다. 그리고 교사가 직접 강의하는 영상은, 플립드러닝에서는 교사가 더 이상 가르치지 않는다는 잘못된 오해를 불식시킬 수 있다(Bergmann & Sams, 2023).

또한 수업을 녹화할 때도 한 번에 완성하려는 시도는 지양돼야 한다. 그보다는 수시로 멈추고 다음 녹화할 내용을 그사이에 준비하고 연습하면서 후속 부분에 지속적으로 반영하는 지혜를 발휘할 필요가 있다. 이런 방법은 추후에 특정 내용의 문제점을 개선하거나 기존보다 향상하는 작업을 용이하게 만든다. 그리고 해당 거꾸로학습을 실행한 후에 지속적인 형성평가 차원에서 학습자와 학부모의 제안사항을 수용하여 완전성을 기하는 노력이 필요하다(Bergmann & Sams, 2012; Bergmann & Sams, 2015b; Kirch, 2016). 예를 들어, Kirch(2016)는 거꾸로학습 적용 초기에는 실물화상기 위에 부착된 카메라로 기존수업과 유사하게 자신의 디딤수업 동영상을 녹화하였다. 그리고 중간 멈춤이나 편집 없이 한 번에 녹화(one-take video)를 완성했다. 그럼에도 불구하고 교수자가 처음으로 거꾸로학습을 적용하면서 동영상 개발에 어려움을 느낀다면 초반에 타인의 동영상을 일부 활용하고 어느 정도 익숙해진 후에 전적으로 자신의 동영상으로 대체해도 무방하다(Bergmann & Sams, 2014, 2016).

또한 매 학기 또는 매년 새로운 디딤영상을 설계, 개발하는 부담을 덜기 위해 해당 영상에 담긴 지식의 유효기간에 문제가 없다면 상당 기간 재사용할 수 있다. 이와 관련하여 Costa(2020)는 한번 개발된 영상을 새 학기나 학년도에 다시 개발할 필요는 없다고 주창하였다. 특히 그는 일단 개발된 디딤영상을 같은 수업에서 여러 번 반목, 활용하는 혜택을 누리라고 권고했다. 그런데 여기서 유의할 점은 그런 장기간의 재생을 염두에 두면서 영상을 녹화해야 한다는 사실이다. 이런 관점에서 Crawford와 Senecal(2017)은, 해당 영상의 순서와 학습 완수 날짜를 디딤영상에서 언급하지 말아야 한다고 권고하고 있다. 즉, 교수전략 측면에서 연계성을 확실히 밝혀야 하는 경우를 제외하고는, 특정 영상이 어떤 순서에 의한 학습 차례이거나, 또는 어느 영상의 앞이나 뒤에 연결된다는 설명은, 영상에서 하지 말고 별도의 학습 계획서나 소개(overview)에서 제시하는 것이 불필요한 혼돈을 방지하는 길이다. 또한 특정 영상에서 특정 완전학습 날짜를 명시하게 되면, 다음 학기나 다음 연도에 재사용했을 때 교수자의 신뢰성을 저하함과 동시에 학습자들에게 또 다른 혼란을 초래할 수 있으므로 지양해야 한다. 예를 들어 설명할 때도 현재 발생한 사회상황을 언급하면 다음 학기나 학년도에 부적합한 내용이 될 수도 있다(Roehling, 2018).

3. 시각자료 설계원리에 입각한 개발

그림, 사진, 그래프, 도표, 실물, 표본, 모형, 만화, 동영상 등과 같은 시각자료는 문자정보보다 학습에 훨씬 효과적이다. 그러므로 디딤영상에서 핵심내용을 설명할 때는 가능하다면 이러한 시각자료를 반드시 적극적으로 활용할 필요가 있다. 그러나 시각자료 설계원리를 무시하고 오용하게 되면 도리어 학습을 저해하는 요인이 된다. Clark과 Mayer(2016)에 의하면, 학습자는 시각자료와 청각자료를 동시에 처리가능하다. 그러나 학습자는 두 가지 시각자료를 동시에 처리하기는 어렵다. 예를 들어, 디딤영상의 한 슬라이드에 그림이나 사진자료를 설명하면서, 해당 시각자료와 직결된 문자정보(text)가 같이 표기되면, 인지부하(cognitive load)가 과도해지게 만드는, 시각자료의 과잉 제시에 해당한다. 그러므로 디딤영상에서 시각자료로 설명할 때는 장황한 문자정보를 동시에 한 화면에 제시하는 것은 금물이다. 그렇다고 시각자료와 관련 문자정보를 분리된 화면에 제시하는 것도 학습을 저해시키는 요인이 된다. 결론적으로, 해당 핵심내용을 포괄하고 대변하는 시각자료만을 화면에 보여주면서, 이 장의 뒤편에서 구체적으로 설명한 주석/발호기법을 필요시 구사하며, 교수자가 직접 설명하는 방법이 최선이다(Clark

& Mayer, 2016). 여기서 주석/Callous(발호: 發呼) 기법이란, 제시된 시각자료를 더욱 이해하기 쉽게 설명하기 위해, 교수자가 특정 부분에 부가적으로 적재적소에 사용하는 화살표, 동그라미, 별표, 확대 제시, 강조기법, 추가 문장(text) · 숫자 · 기호 등을 의미한다.

하지만, 문자정보를 시각자료에 반드시 제공할 필요가 있다면, 최대한 간결하게(simple and short) 핵심어(key words)만을 제시하거나 주석/발호기법으로 적으면서 교수자가 직접 설명하는 데 주안점을 두어야 한다(Roehling, 2018). 그리고 슬라이드에 문자정보(text)만을 제시, 설명할 때도 문장이 너무 장황하게 길면 학습자는 그것을 읽는 데 급급하여 교수자의 설명을 놓치게 된다. 그러므로 각 항목에서의 문장도 최소한의 분량으로 핵심어만 표기하고, 주석/발호기법이 수반된 설명으로 학습자를 이해시키려고 노력해야 한다. 또한 특정 슬라이드와 직결하여 상당 분량의 문자정보를 학습자가 습득할 필요가 있다면, 별도로 제공된 학습자료를 적시하여 읽도록 하는 것이 더 나은 방법이다. 이럼으로써 학습자는 교수자의 설명을 경청하며 핵심내용을 노트필기할 수 있다(Bergmann, 2017; Mazohl, 2025). 이와 관련하여, Ramlatchan과 Watson(2020)은 연구결과를 기반으로, 디딤영상의 파워포인트 슬라이드에서 문자, 숫자, 기호 등은 흰색 배경에 검은색으로 표현하는 것이 가장 적합하다고 결론 내렸다. 그리고 제목은 38포인트, 본문은 28포인트로의 표기가 가장 적합하다고 주장하였다. 또한 한 슬라이드별로 5~7개 항목(bullets)으로 국한하는 것이 인지부하이론에 부합한다고 권고했다.

한편, 디딤수업의 동영상도 시각자료에 해당하므로 학생이 다양한 시각자료를 효과적으로 학습하는 데 있어 상업 · 예술적 시각요소와는 차별화하여, 학습을 증진할 수 있는 설계원리에 중점을 두어야 한다. 이런 측면에서 빈번하게 발생하는 실수 중의 하나로, Clark과 Mayer(2016)에 의하면, 학습자를 주의집중 시킨다는 의도로, 핵심내용과 전혀 관련 없음에도 학생의 흥미만을 끄는 캐릭터, 애니메이션, 그림 등은 모두 학습을 방해하는 요소이다. 이러한 요소가 학습자의 주의집중을 유발하는 것처럼 보이지만 그것은 교수자의 착각이다. 즉, 학생은 제시된 캐릭터, 애니메이션, 그래픽 등의 시각요소들에만 주로 주의집중하게 되어, 결국은 학습해야 할 핵심내용에는 주의산만하고, 결국 비과제행동(off-task behaviors)을 보여주게 된다. 그러므로 모든 영상의 화면에는 교육내용과 직결되는 핵심 시각자료만 제시하면서, 무의미하게 학습자의 관심을 끄는 어떤 시각요소도 없어야 학습자의 불필요한 인지부하 및 비과제행동을 방지할 수 있다(Ramlatchan & Watson, 2020; Mazohl, 2025).

디딤영상 설계에서의 또 다른 실수는 배경 화면, 음향효과, 음악 등의 무분별한 사용이다(Smaldino, Lowther, & Russell, 2011). 예를 들어, '별자리' 수업을 위한 동영상의 모든 배경 화면에 많은 별이 빛나는 밤하늘 사진을 넣게 되면 흥미를 자아내어 학습을 촉진하리라는 기대는 잘못된 것이다. 그보다는 이런 배경화면의 구성요소들로 인해 실제로 교수자가 제시・설명하려는 시각자료의 주요 부분들이 가려서 안 보이는 방해기제(distracters)가 된다. 또한 배경음악도 예외가 될 수 없다. 즉, 배경음악 때문에 교수자의 설명이 정확하게 들리지 않는 부작용이 발생한다. 그러므로 감성적 호소(emotional touch)가 필요한 경우에만 설명이 묻히지 않는 수준의 낮은 음량으로, 적용 부분도 최소화하여 제시할 필요가 있다(Bergmann & Sams, 2012; Fleming & Levie, 1993).

4. 실외에서의 동영상 제작

디딤영상은 교실에서만의 강의에 국한될 필요는 없다. 해당 학습주제의 특성에 따라 지역 박물관, 자연, 문화유적지 등에서 짧은 영상을 제작할 수도 있다(Costa, 2020). 실제로 학교 수업이 실내에서만 이루어지는 것이 아니기 때문에, 때로는 실외에서의 수업자료, 교수자의 설명, 활동의 제공이 더 나은 효과를 낼 수가 있다. 이런 관점에서 Herreid와 Schiller(2013)에 의하면, 디딤수업은 교실 내의 자료 자체로 제작하는 동영상(content video)과 특정 상황을 설정하여 개발하는 것(scene-setting video)으로 대별된다. 예를 들어, 해양침식에 대한 학습의 경우 교실에서의 다양한 교수매체를 활용한 수업도 가능하지만, 바닷가에 교수자가 직접 나가 침식이 이루어진 지형을 현장에서 보여주면서 설명할 수 있다. 또 다른 예로서, 체육 시간에 또래 학생들이 특정 구기의 공을 다루는 모습, 게임이나 활동에 대한 분석・평가・설명 등을 촬영하여 다음 해 디딤수업에서 활용하는 기법도 가능하다.

이외에도 초등학교 5학년 교사인 Dulberger는 학습자들의 흥미를 높이기 위해 지역사회의 마트에 직접 가서 대용량 과자를 동영상으로 보여주면서 낱개를 동네 가게에서 구매할 때와 비교하여 어느 정도 저렴한지를 계산해 보라는 수학 문제를 해당 개념과 원리의 설명 후에 제시하였다. 또한 스노우보딩(snowboarding) 하는 장면을 보여주면서 운동에너지를 설명하는 동영상도 제공했다. 그는 디딤수업 동영상에 재미를 가미하는 방식(fun routine)을 권고하면서, 이는 학습자를 몰입하게 만드는 중요한 요소가 된다고 주장하였다(Bergmann & Sams, 2016).

5. 학습자가 개발한 영상 활용

플립드러닝에서 학습자는 교수자가 개발한 영상을 학습하는 '소비자'이기도 하지만 '개발자(producers)'가 될 수도 있다. 즉, 학습자가 디딤영상의 제작에 능동적으로 참여하는 활동을 통해 최고의 학습이 이루어질 수 있다(Molenda & Pershing, 2008). 이와 관련하여, Stapleton(2020)은 학생들에게, 학습한 디딤영상을 기반으로 교실활동에서 상호 공유할 '초간단' 영상을 제작하도록 과제를 부여했다. 예를 들어, 해당 수업에서 학습한 수학 원리를 일상생활에 적용하는 활동으로, 신문에서 제시된 그래프를 제시/설명하는 영상, 확률 차원에서 주사위를 던져 다양한 결과가 나오는 영상, 포물선을 보여주기 위해 공을 토스하는 영상 등을 학생들이 직접 개발하였다. 이렇게 제작된 짧은 영상들은 교실수업 하루 전에 제출되어, 교실수업에서 시청하게 되었다. 이로 말미암아 교실수업의 몰입도가 향상되는 효과를 거두게 되었다. 그러므로 학습자가 직접 촬영한 동영상은 플립드러닝에서 추가 또는 보완 자료로 고려될 가치가 충분히 있다(Bergmann & Sams, 2012). 이러한 방법은 수업이, 학습자들에게 익숙한 주변세계를 경험하는 방식으로 이루어지면 동기화가 높아진다는 Fleming과 Levie(1993)의 이론에 근거하고 있다. 즉, 학생들에게 친숙한 학습환경과 동년배 학습자들의 출연으로 말미암아 학습에 대한 자발적인 의지를 고취해 그 효과가 배가될 수 있다.

6. 보조 영상(assistant videos) 설계 및 개발

각 차시나 주제의 직접교수를 담은 본격 디딤영상(main videos)의 실행이 해당 학기나 과목에 원활하게 이루어지도록 지원, 조정, 또는 뒷받침하는 적시(just-in-time) 영상이 적재적소에 투입될 필요성이 대두된다. 왜냐하면 이미 개발된 디딤영상은 여러 학기나 학년도에 걸쳐 재사용된다는 전제하에, 크고 작은 수업 일정(course schedule)의 변경, 특정 수업상황의 변화 등에 따른 사항들을 별도로 학습자에게 공지하는 영상이 요구될 수 있다. 이런 측면에서 Crawford와 Senecal(2017)은 'microlectures'라는 개념을 제시하면서 이를, 교육내용을 전달하는 본격 영상들 간에 학습체계와 연결고리를 만들어 주는 '접착제(glue)'로 비유했다. 그러므로 이러한 영상은 본격 영상과 달리 분량도 보통 3분 이내이며, 통상 재사용되지 않고, 교육내용을 전달하는 데 목적을 두고 있지 않다. 대신에 이 영상은, 과목 전체에 대한 주요 정보를 신속하게 학생들에게 인식시킬(orient) 필요가 있을 때 쓰인다.

이러한 정보에는 다음과 같은 사항들이 포함될 수 있다(Costa, 2020; Crawford & Senecal, 2017).

① 과목 전체 구조 및 학생들에 대한 기대사항
② 현재 디딤영상의 전체 과목 또는 특정 영상과의 연계성을 알리는 내용
③ 추후 과제
④ 특정 활동(토론, 수행, 자료검색, 작성, 제출 등)에 대한 안내/설명
⑤ 디딤영상의 성공적인 운영을 위한 공지사항
⑥ 위의 "①~⑤" 항목들에 대해 자주, 많이 제기되는 공통 질문들에 대한 답변
⑦ 학생들의 질문 중 전체 학생들에게 답변해야 할 필요가 있는 사항
⑧ 특정 학생에 대한 피드백이지만 전체에게 알려야 할 필요가 있는 내용

이로써 이러한 다양한 용도의 짧은 영상들은 학생들의 학습 몰입도를 높이는 데 이바지하는 귀중한 수단이 될 수 있다. 참고로 보조영상의 질은 본격영상만큼 높은 수준을 보일 필요 없는 적절한 균형이 요구된다(Costa, 2020).

Ⅱ. 적응환경 구축전략

디딤수업에서 양질의 동영상을 개발하여 재택학습 방식을 부과하는 것만으로는 성공을 보장할 수 없다. 학생이 거꾸로학습에 적응하고 성공하여 연착륙할 수 있는 전방위적인 지원방안이 제공될 필요가 여기에 있다. 이런 측면에서 디딤영상을 단순히 시청하는 활동 이상의 학습전략을 학생들에게 제공하는 방법을 모색해야 한다. 즉, YouTube 등의 오락용 동영상 시청 방법을 답습하지 않도록 학습자들이 교육용 동영상을 어떻게 학습해야 하는

가에 대한 안내와 지도 차원에서 첫 번째 플립드러닝을 실행하기 직전 정규 교실수업 시간에 이 방법을 가르쳐야 한다(Bergmann, 2017; Bergmann & Sams, 2023; Kirch, 2016).

또한 디딤수업에 관해 대다수 연구자와 교수자들이 제기하는 문제는, 학생들이 디딤수업을 사전에 이수해 오지 않는 상황이 자주 발생하게 되고, 그런 경우 연계 교실수업의 파행을 어떻게 최소화할 수 있는가이다. 이는 충분히 예견될 수 있는 거꾸로학습의 핵심 실패요인이 될 수 있기 때문에 지혜로운 대처가 필요하다. 이를 위해 무엇보다 선행되어야 할 것은, 디딤수업의 특징, 이에 따른 교수자와 학생의 책무와 역할 등을 간명하게 설명하는 안내장이나 동영상을 제공하는 것이다. 이러한 안내체제는 학부모에게도 공히 제공되어 인식 전환과 협력관계 설정에 도움이 된다. 또한 플립드러닝을 대학교육에 적용한 Brown(2018)에 의하면, 이러한 새로운 수업방법에 관한 구체적인 안내 제공은 학습자가 변화에 적응하는 자발적 의지를 불러일으킬 수 있다. 이외에도 필요한 디딤수업의 적응환경을 학생들에게 제공, 안내하는 구체적인 전략들은 다음과 같다.

1. 디딤영상 시청방법 안내(How to watch instructional video)

무엇보다도 먼저, 교실에서의 시범과 훈련을 통해 디딤영상의 올바른 시청, 학습이 학생에게 내재화되도록 이끌어주는 방법이 필요하다. Bergmann (2017)은 교육용 동영상을 보는 것은 오락용 영상을 시청하는 것과 다르다고 역설했다. 학생은 오락용 영상을 보는 것에만 익숙해져 있으므로, 교육용 영상을 어떻게 시청해야 하는지 가르쳐주어야 한다. 교수자는 플립드러닝을 적용하기 바로 직전 정규 교실수업 시간에 이 방법을 가르쳐야 한다. 6학년 수학에 거꾸로학습을 적용한 Ross Nelson 교사는, 2~3주의 적응기간을 두고, 교실에서 디딤영상을 학생들과 같이 시청하며 교육했다. 마찬가지로,

화학 교사인 Bergmann은 교실수업에서 수시로 동영상을 멈추면서 구체적으로 어떻게 학습해야 하는가를 설명했다. 그런 후에 학습자들과의 질의응답과 전체 토론을 통해 개념을 더 명확화하는 시간을 가졌다. 그리고 자신의 학습자는 고등학생이라 이러한 적응기간이 며칠 정도만 필요했다(Bergmann, 2017). 그리고 Han(2018)과 Costa(2020)는 공히 디딤영상 학습에서 가장 중요한 것은 필기능력이라고 강조하며, 플립드러닝을 적용하는 학기나 학년 초에 필기능력 향상을 위한 교육을 우선 실시했다.

한편, 올바른 디딤영상 시청 방법이 포함된 디딤수업에 관한 포괄적 학습 안내 및 행동지침은 아래의 〈표 3-1〉과 같다(Bergmann, 2017; Bergmann & Sams, 2015c; Kirch, 2016; Roehling, 2018). 특히, 이 체크리스트를 서면으로 학생에게 배부해서 위에서 서술한 적응훈련 시에도 활용하고, 교실 밖에서의 개별학습 시에도 상시 참고하도록 권고할 필요가 있다(Bergmann, 2017). 그리고 이 안내와 지침이 학습자에게 체화(embodied)되기 위해서는 지속적인 반복활동이 부여돼야 한다. 즉, 디딤수업의 초기 몇 주 동안은 영상을 포함한 수업자료를 학습하기 직전에, 이 체크리스트를 먼저 정독하고 학습활동에 임하도록 요구해야 한다. 그리고 디딤수업의 학습 종료 직후, 자기성찰 차원에서 각 항목에 표기하도록 부과할 필요가 있다. 이와 더불어 학생이 직접 수기로 표기한 결과를 사진으로 찍거나 문서파일로 작성하여, 온라인 게시판에 탑재하는 것을 디딤수업마다 반복하게 되면, 시나브로 이 체크리스트 없이도 효과적이고 효율적으로 학습을 완수하는 습관이 내재화될 수 있다.

〈표 3-1〉 디딤영상의 올바른 시청 및 학습방법 체크리스트(Bergmann, 2017; Bergmann & Sams, 2015c; Kirch, 2016; Roehling, 2018)

범주	준수 사항	예/아니요
학습 환경	조용하면서도 방해받지 않는 곳인가?	
	휴대폰은 무음이나 '비행기 탑승모드'로 설정했는가?	

범주	준수 사항	예/아니요
	모니터 화면에 다른 사이트 연결 탭들(tabs)을 모두 제거했는가?	
	SNS 기기 등 주의 산만 될 모든 전자기기를 주변에서 치운 상태인가?	
	노트와 필기도구가 준비됐는가?	
	주변 소음을 완벽히 차단하도록 이어폰이 아니라 헤드폰이 준비됐는가?	
학습 및 활동	영상을 처음부터 끝까지 시청하면서 학습했는가?	
	영상을 보통 속도로 시청하면서 학습했는가?	
	교수자가 부과한, 읽을거리(교과서, 교재, 학술지 등)를 정독했는가?	
	주어진 과제를 제대로 수행하여, 온라인게시판에 올렸는가?	
	교수자의 게시판 피드백을 마지막 날까지 확인하여 필요한 교정을 수행했는가?	
	정해진 기한 내에 학습을 완수했는가?	
필기	핵심내용을 놓치지 않고 필기했는가?	
	필기할 여유를 위해 영상을 멈추었는가?	
	이해 안 될 때 그 부분을 다시 보기 위해 되돌렸는가?	
	교수자가 안내한 의문 또는 제안사항을 적었는가?	

2. 적응 지원전략

아래에서 열거, 논의된 적응 지원방안으로 디딤수업을 완수하고 이를 바탕으로 교실수업에서 학습 성공을 경험하게 되면, 학생은 교수자를 자신의 학업성취의 주요한 자원으로 활용가능하다는 인식이 강하게 든다. 이로써 대부분의 학생이 디딤수업을 적극적으로 이수하고, 후속 교실수업 시간을 가치 있게 여기며 교수자와의 상호작용에 능동적으로 참여하는 모습을 보여주게 된다(Plunkett, 2014). 그러므로 학습자는 디딤수업에서 보여줘야 할 자신의 불가역적인 역할과 책임을 깊이 인식하는 결과를 낳게 된다. 이는 곧 학습자 자신에게 자율적인 학습의지를 고취하는 높은 수준의 내적

동기화를 유발하여 지속적으로 거꾸로학습을 통한 학업성취에 매진하게 만드는 원동력이 될 수 있다. 이에 부응하여, 특히 거꾸로학습의 초기에 발생하는 특정 수업상황에 따라 적용가능한 구체적인 적응 지원전략은 다음과 같다.

1) 자기 평가 모델링(Self-evaluation modelling)

이 방법은 디딤영상의 주요 내용 노트필기와 간단 퀴즈 풀이 과제에 대한 모범과 기대사항을 교수자가 전체 학생들 앞에서 시범을 보이는 것이다. 먼저 한 학생의 노트필기와 퀴즈 풀이를 선정한다. 여기서 유의할 사항은 해당 학생의 이름을 비공개로 처리하는 것이다. 그리고 완전하지는 않고 교수자의 기대에 약간 못 미치면서 주요 정보가 누락된 것을 선택하여 전체 학생들 앞에서 확대, 제시한다. 또한 손으로 직접 필기한 것이면 실물화상기에서 보여준다. 이것을 학생들이 각자 읽고 어떻게 개선해야 하는지를 먼저 개별적으로 정리한 후에, 모둠토론을 통해 공유하면서 최종적인 모둠별 개선안을 도출한다. 그런 후에, 모둠별 개선안을 전체 토론으로 공유하면서 교수자도 모범과 기대사항을 피력한 후에, 직접 평점을 매긴다. 여기서 평점은 최종 점수화하는 데 목적을 두기보다는, 학생 자신이 노트필기를 성찰하고 스스로 평가해 보는 훈련의 일환이다. 그러므로 평점은 A, B, C로 평점을 매기지 않고, 탁월(great), 양호(good), 노력 필요(bad) 등으로 제시된다. 그리고 필요하다면 교수자는 두 번째로 선정된 노트필기로 지금까지의 활동을 반복할 수도 있다. 여기서 중요한 것은 후속활동인데, 개별 학생들에게 자신의 노트필기 평점을 매겨보는 시간을 가지게 한다. 그리고 지금까지 느끼고 배운 점을 바탕으로, 스스로 자신의 노트필기를 개별적으로 수정하게 한다. 그런 후에 학생들은 보완된 본인의 노트 필기를 모둠토론으로 공유함과 동시에 교수자는 순회지도로 모둠별로 질의응답을 실시한다(Kirch, 2016).

2) 협력적 노트필기(Collaborative summary)

이것은 모든 학생이 자신의 노트필기를 가지고 전체 토론을 통해 모범 노트필기를 작성하는 방법이다. 먼저 개별 학생들이 자원해서, 전체 학생들이 볼 수 있게 스크린에 확대된 랩톱 PC나 실물화상기에 한 문장이나 핵심 사항(key points)을 적는다. 그리고 이것이 계속 누적되어 모범 노트필기 주요 내용이 대부분 도출될 때까지 여러 학생이 자원해서 돌아가면서 작성하고 교수자도 내용을 추가한다. 그런 후에, 모범 노트필기를 기반으로 개별 학습자는 자신의 노트를 수정한다. 이때 모둠별 토론과 전체 질의응답도 병행하게 된다(Kirch, 2016).

3) 종이 형태의 안내서

Bergmann과 Sams(2016)는 거꾸로학습 실행 초반에는 학생들에게 이수할 디딤수업들에 대한 목록과 과제수행 안내서를 온라인이 아닌 종이 형태로 제공하였다. 이러한 방식은 기존수업에서 오프라인 형태의 과제 안내에 익숙한 학습자들에게 초반의 학습양식 급변으로 인해 어려움을 토로하는 학생에게 서서히 적응할 수 있는 변화관리 차원의 배려가 됐다. 같은 맥락으로, 적용 초기에는 동영상 학습을 선호하지 않는 학생을 위한 대체적 학습자료도 준비할 필요가 있다. 즉, 디딤수업에서 동영상보다는 교과서, 문헌, 인터넷 자료 등이 학습자에게 대안이 될 수 있다. 이런 경우 다른 학습자들의 디딤수업 동영상에서 부과한 활동이나 과제를 동일하게 완수한다는 조건으로 자유선택권을 부여해도 무방하다(Bergmann & Sams, 2012; Fulton, 2014).

4) SNS를 통한 적응지원

Carter(2013)는 자신의 중등학교 영어교과에서 디딤수업이 정착되는 데 3주의 적응 여유를 두고 실시했다. 이 기간에 학습자가 적응하도록 지속적으로 지도했는데, 특히 방과 후 오후 5시 30분에 SNS를 통해 디딤학습을 독려하는 방법이 효과적이라고 밝혔다. 또한 이 적응기간 동안 학생들이 디딤수업에서 작성한 질문을 사전에 수합하고, 모둠별 최고의 질문을 선정하여 온라인과 교실에 게시하였다. 그리고 교실수업 초입 5~10분 동안 교사가 응답을 제공하면서 디딤수업의 개념을 정립하는 계기도 마련했다. 그런데도 디딤수업을 미이수한 학생을 위해 교실 뒤편에 두 대의 컴퓨터를 마련하여, 언제든지 이어폰으로 학습할 수 있는 환경도 조성했다. 이외에도 자율적인 학습관리를 위해, 학년말에 디딤수업을 1년 동안 경험한 학생들이 내년에 디딤수업을 시작할 학습자들에게 주고 싶은 조언과 학습 노하우를 도출하는 활동을 실시하였다. 여기서 수합된 내용들을 학년 초 디딤수업을 처음 접하는 학생들이 참고할 수 있게 하는 적응지원 방법도 제공하였다 (Bergmann & Sams, 2014).

5) 믿고 기다려주는 학습환경

어떤 학생들은 전통적인 수업방식에서 플립드러닝의 디딤수업으로의 적극적이고 신속한 전환을 수용한다. 하지만 또 다른 상당수 학생은 교수자가 모든 것을 가르쳐주는 기존의 직접교수를 선호한다는 사실에 주목해야 한다. 이런 학생들이, 디딤수업의 이수가 예전과는 다른 학습혜택을 자신에게 부여한다는 인식이 들어 우호적인 지지자가 될 때까지 긍정적인 자세로 기다려주어야 한다(Adams & Gingras, 2017). 이런 관점에서, 디딤수업에서는 실패에 관대한(failure-tolerant) 환경이 조성돼야 한다. 그리고 디딤수업 학습에서 나타난 실패는, 이를 교실수업에서 만회할 수 있는 건설적인 형성평가 자료로 고려돼야 한다(Talbert, 2017). 또한, 디딤수업에서 적정 학습 활동 및 과제의 양과 함께 고려해야 하는 것은, 학생이 디딤수업 이수에 동원하는 적정 수준의 정서적 노력(emotional endeavor)이다. 특히 거꾸로학습을 처음 접하는 학생들이 새로운 변화를 받아들이는 과정에서 겪게 되는 학습 스트레스를 최소화해야 한다. 그런 차원에서, 전통적인 수업과는 사뭇 다른 자기주도성이 요구되는 디딤수업에 학습자가 적응할 때까지의 과정에서 보여주는 미숙함과 실수를 용납하고, 정서적 회복탄력성(emotional resilience)을 격려하는 교수전략이 구사돼야 한다. 그리고 디딤수업이 교실수업 성공에 진정한 가교가 되도록, 우열을 가리는 데 치중하는 교수전략을 지양하고, 모든 학생이 성공적으로 학습을 성취하게 도와주면서 믿고 기다려주는 차원에서 긍정적인 심리를 지속적으로 고취하는 교수전략의 설계, 개발, 실행, 평가에 주안점을 두어야 한다.

Ⅲ. 자율학습 촉진전략

디딤수업 성공의 전제 조건이자 관건은 디딤수업에 대한 개별 학습자의 자기주도 학습 태도와 능력이다. 그런데 디딤영상과 함께 읽을 학습자료를 온라인에 탑재한 후에 학생들이 알아서 자기주도적으로 학습을 성취하리라는 기대는 금물이라고 Bergmann과 Sams(2015a)는 직접 경험을 통해 권고했다. 그러므로 디딤수업은 학습자가 교수자와 분리되어 독자적으로 학습하는 체제가 아니라, 동영상에 내포된 자율 학습지원 체제를 기반으로 원재감(tele-presence) 차원에서 교수자와 학생이 부단히 상호작용하게 만드는 교수전략이다(Strayer, 2016). 여기에서 원재감이란, 학습자가 자기주도적으로 디딤수업 학습에 임하더라도 교수자와 완벽히 격리되어 있다는 생각이 들지 않고, 멀리서도 함께하며 상호작용하고 있다는 느낌과 인식이 드는 것을 의미한다. 여러 연구에 의하면, 자기주도 학습 촉진전략이 포함된 디딤수업이 그렇지 않은 디딤수업보다 더 나은 효과를 보여주었다(van Alten, Phielix, Janssen, & Kester, 2020). 또한 디딤수업을 통한 자율학습 촉진전략의 지속적 제공은 학습자의 자기주도 학습 능력이 내재화되고 신장하는 효과도 가져왔다(Greene, Bolick, Caprino, Deekens, McVea, S., & Jackson, 2015). 이런 관점에서, 학습자가 자율적인 학습관리를 통해 디딤수업에 대해 성공적인 개별학습을 수행해 나갈 수 있도록 체계적인 지원전략이 제공돼야 한다.

1. 교수자가 화면에 직접 등장

위에서 언급된 원재감을 학습자가 디딤영상에서 느끼기 위해서는 영상 첫 화면에서 학습자가 직접 출현할 필요가 있다. 또한 이 전략은 학습효과, 동기, 긍정적 인식 등의 효과까지 거두게 된다(Ramlatchan & Watson, 2020). 이는 곧 교수자와 학습자 간의 확실한 심리적 연결고리를 만드는 데 탁월한 효과를 낸다(Costa, 2020; Thomas, 2025). 그러므로 시종일관 영상에서 교수자의 목소리만 나오는 것은 반드시 지양되어야 한다. 그러나 여기서 유의해야 할 것은 교수자의 모습이 전체 화면이 아닌 일부 화면에-특히, 화면 가장자리 작은 화면-시종일관 출현하는 것은 오히려 주의산만을 일으킬 수 있다. 그러므로 영상의 첫 화면(간략한 소개) 및 끝의 마무리 화면에 등장하는 것이 가장 적합하다(Meij & Hopfner, 2022).

2. 디딤영상에서 자기주도학습 촉진전략 내포

Zimmerman과 Moylan(2009)이 주창한 사전숙고(forethought), 학습수행(performance), 그리고 자기성찰(self-reflection) 등으로 구성된 세 국면의 자기주도학습 과정을 기반으로, 디딤영상을 위한 온라인 자율학습 촉진 체계와 전략은 다음과 같이 접근할 수 있다(van Alten, Phielix, Janssen, & Kester, 2020). 다음의 전략들은 디딤영상의 수업양상에 따라 선택적으로 활용될 수 있다.

1) 사전숙고(forethought): 학습 시작 전에 상기(想起)시키는 방식(prompts)으로 제공

① 디딤영상의 주요 내용을 확실하게 습득하기 위해 무엇을 해야 할 것인지 생각해 보았나요?

①-1) 실천방안(Hint): 핵심 내용을 놓치지 않도록 필요시 언제든 영상을 멈추고 노트 필기로 요점 정리해 보세요.

② 이 내용을 성공적으로 학습할 수 있는 최고의 방법을 생각해 보았나요?

②-1) 실천방안(Hints):

- 영상에서 주어진 문제의 정답과 맞추면서, 핵심 내용에 집중해 보세요.
- 내가 그 부분을 제대로 이해하고 있는가를 자신에게 계속 질문을 던져보세요.

③ 영상 시청 중 주의산만하지 않고 어떻게 집중해 볼까 생각해 보았나요?

③-1) 실천방안(Hints): 컴퓨터 화면의 다른 사이트 tabs(인스타그램, 페이스북 등) 모두 제거, 주의산만을 일으킬 모든 전자기기 치우기, 핸드폰은 끄거나 '비행기 탑승모드'로 해놓기, 외부 소음 제대로 차단하기 위해 이어폰보다는 헤드폰을 끼고 시청하기 등을 실천해 보세요(Kirch, 2016).

④ 디딤영상을 학습하기 위해 자신의 학습목표를 수립했나요?

④-1) 실천방안(Hints): 다음과 같은 목표를 스스로 세워보세요.

- "디딤영상의 핵심 내용을 요약해서 친구들에게 설명할 수 있다."
- "디딤영상에서 나오는 문제(quizzes)를 모두 풀 것이다."
- "디딤영상을 최소한 15분 이상 학습할 것이다"

⑤ 디딤영상의 학습내용에 대해 무엇을 알고 싶은지 생각해 봤나요?

⑤-1) 실천방안(Hint):

- 영상을 학습하기 전에 궁금한 점 2~3가지를 질문으로 노트에 적어보세요.
- 예를 들어, 이 영상은 도시화(urbanization)에 관해 배우는 것입니다. 도시는 점점 더 커지고 있어요. 이런 현상이 공장지대와 어떤 관계가 있는지 혹시 알고 있나요?

2) 학습수행(performance): 시청 중에 주요 부분에서 수시로 상기(想起)시키는 형식(prompts)으로 제공

① 지금까지 시청한 내용을 모두 이해했나요? 이해 못한 부분이 있다면 어떻게 해결해야 하나요?

② 지금까지 이 영상의 주요 내용 중에 어떤 것을 제대로 알게 됐나요?

③ 아직도 확실하게 이해하지 못하는 부분이 있나요?

③-1) 실천방안(Hints):

- 그러면 이해하기 어려운 부분으로 돌아가서(rewind) 다시 시청하거나, 교과서 (몇)쪽을 읽어보세요.
- 같은 반 친구들이나 선생님에게 물어보았나요?

④ 이 영상을 효과적으로 학습하고 있나요?

④-1) 실천방안(Hints): 집중에 방해되는 행동을 하고 있지 않나요? 조용한 장소에서 학습하고 있나요? 그렇지 않다면 어떻게 바꿔야 하나요?

⑤ 이 영상에서 다음에 선생님이 설명할 내용은, 세 가지의 다른 정치성향(three different political views)에 관해 배우는 것입니다. 특히 그들의 차이점과 유사점을 아는 것이 중요하지요. 이를 이해하고 제대로 습득하기 위해서 어떻게 해야 할까요?

3) 자기성찰(self-reflection): 영상 끝부분(the end)에서 상기(想起) 시키는 방식(prompts)으로 제공

① 영상 시작할 때 생각한 학습목표를 달성했나요? 그렇지 않다면 그 목표 달성을 위해 무엇을 해야 할까요?

② 자신이 세운 목표를 확실하게 달성하기 위해 지금까지의 학습방법과는 다르게 무엇을 해야 할까요?

③ 이 영상의 주요 내용을 확실하게 습득했나요?

③-1) 실천방안(Hints):

- 주어진 문제(quizzes)에 정답을 모두 제시했나요?
- 주요 내용을 모두 노트 필기로 정리했나요?

위에서 열거한 자기주도학습 촉진전략들을 효과적이고 효율적으로 학습자에게 내재화시키기 위해, Kirch(2016)는 교수자가 직접 역할모형(modelling)이 되는 전략을 교실에서 직접 실행하였다. 즉, 이 교사는 초기 1~2주 동안 몇 개의 디딤영상을 학습자와 같이 교실에서 시청하였다. 그러면서 Kirch는 사전숙고, 학습수행, 자기성찰에서 권고된 자기주도학습 전략이 무엇을 의미하는지 직접 시범을 보였다. 예를 들어, 시청 중 주의산만하지 않게 컴퓨터 화면에서 다른 사이트의 tabs를 제거하고, 핸드폰도 꺼놓으며, 외부 소음 차단을 위해 헤드폰을 끼는 모습을 직접 시연해 보였다. 그리고 필요시 언제든 멈추고(pausing), 되돌아가고(rewinding), 다시 보고(re-watching), 노트 필기하는 시범을 직접 보여주었다. 여기에 더해 자원하는 학생이 전체 학생들 앞에서 직접 그런 시범을 보이며 디딤영상을 시청하는 모습을 시연하게 하였다. 그런 후에 교수자의 지도(supervision)하에 학생 전체가 개별적으로 디딤영상을 시청하는 시간이 제공되었다. 이럼으로써 온라인 자기주도 학습능력이 향상되어 디딤영상의 학습완수율이 상당히 제고되는 성과를 가져와서, 그러한 활동에 소요된 교실수업 시간이 유의미하고 가치 있었다는 사실을 입증해 주었다. 한편, 대학교 수학에서 플립드러닝을 적용한 Talbert(2017)는 학생이 목표의식 속에서 자기주도적으로 디딤수업을 이수하도록 디딤수업의 학습목표뿐만 아니라 후속 교실수업 학습목표를 간략하게 소개했다. 이와 더불어, 연계될 교실수업의 학습활동도 소개하여 학생에게 디딤수업을 왜 학습해야 하는지에 대한 가치도 인식하도록 유도했다.

3. 학습전략 제공

후속 교실수업의 성공을 위해, 학습자는 디딤수업의 해당 교과내용을 확실히 숙지해야 한다. 이러한 디딤수업 완수의 비결은, 교수자가 영상에서 설명(telling)을 잘하는 것이 아니라 학습자가 무엇인가를 하도록(doing) 유도하는 것이다(Herreid & Schiller, 2013). 이를 위해 교수자는 학습자가 디딤영상의 핵심 주제와 내용에 대해 적극적으로 상호작용하게 만드는 전략을 구사해야 한다(Strayer, 2016). 이런 관점에서, 디딤수업에서 적용가능한 체계적인 학습전략들은 다음과 같다.

1) W-S-Q('Wisk')

고교 수학에 거꾸로학습을 적용해 온 Kirch(2016)는 학생들이 오락으로 동영상을 보는 데 매우 익숙한 반면, 학습용 시청에는 상당히 미숙하다고 결론을 내렸다. 이에 학생들이 디딤수업 동영상에 자기주도적으로 몰입하도록 보기, 요약하기, 질문 만들기(Watch-Summary-Question) 절차에 근거하여 체계적으로 학습하는 W-S-Q 전략을 제시하였다. 여기서 요약하기(S) 전략은, 앞의 보기(W) 활동을 통해, 학습자가 적극적으로 동영상의 핵심 요약내용을 배움노트에 필기하면서 시청하게 요구하는 방법이다. 여기서 학생들이 어떻게 요약하는지에 대해 구조화된 사고를 못 하는 경우가 많으므로, 요약에 관해 구체적인 길잡이가 될 수 있는 안내 질문(guiding questions)이나 이끎 문장(sentence starters)을 제공할 필요가 있다. 그 예시는 〈표 3-2〉와 같다.

〈표 3-2〉 안내 질문과 이끎 문장 예시(Kirch, 2016)

안내 질문	이끎 문장
다항식의 표준양식은 어떤 모습인가?	곱하기할 때, 계수는 .... 해야 하고, 지수는 .... 해야 한다.
직접 치환(direct substitution)을 통해 얻을 수 있는 답의 네 가지 유형은 무엇이며, 각각 무엇을 의미하는가?	이 수업에서 선생님이 잘못 설명한 것은 ....이다.

그리고 W-S 활동을 통해 시청을 완료한 직후에 학습자는 질문만들기(Q) 전략을 통해, 후속 교실수업의 활동에서 사용할 문제나 의문사항을 작성하게 된다. 즉, 동영상을 시청하면서 이해 안 되는 부분에 관한 질문, 모둠토론을 위한 고차원 목표 관련 문제나 토의주제 등이 이에 해당한다. 이러한 질문이나 의문사항은 교수자가 Q 단계에서 제시한 유형을 참고하도록 안내할 필요가 있다. 그리고 이러한 자율학습 성공의 또 하나의 관건은 S-Q에서 작성한 것을 반드시 교실수업 전에 제출하도록 요구하는 것이다(Bergmann & Sams, 2014; Kirch, 2016). 이와 관련하여 중등학교 영어교사인 Carter (2013)와 초등학교 5학년 교사인 Nesloney(2013)는 공히 자기 학생들에게 동영상을 단순히 시청하라고 부과하는 대신에, 모든 디딤수업에서 WSQ 전략을 활용하여 학습하도록 지원하였다. 또 다른 초등 5학년 교사인 Bush도 모든 디딤수업에 Bloom's Taxonomy의 상위목표에 해당하는 안내질문들을 항상 제시했다(Bergmann & Sams, 2012). 그리고 이러한 학습결과를 후속 교실수업 전에 온라인이나 오프라인을 통해 제출하도록 학생들에게 요구했다(Fulton, 2014). 또한 대학원 박사과정 과목에 플립드러닝을 적용한 사례(Chen, Hwang, & Chang, 2019)에서도 동일한 W-S-Q 전략을, 디딤수업부터 교실수업까지 학습자의 적극적인 참여를 촉진하면서 디딤수업 이수를

점검하는 교수전략의 일환으로 활용했다.

더 나아가, Kuo와 Chang(2024)은 WSQ 전략을 확대, 발전시켜 WPACQ 전략을 개발, 적용하였다. 이 전략은 기존의 WSQ 전략보다 학습 시간이 더 많이 소요되므로, 중요도 및 난이도가 상당히 높은 특정 학습주제 또는 그 일부분의 교육내용에 국한해서 적용할 것을 권고하고 있다. WPACQ 전략의 구체적인 절차는 다음과 같다.

① W(Watch): WSQ의 'W'와 동일

② P(Peer-Summary): 온라인 활동으로 위의 'W(Watch)'를 통해 디딤영상을 학습하고 필기한 또래의 노트를 상호 검토하고 피드백 제공

③ A(Assessment): 온라인 활동으로 디딤영상에 대한 간단 퀴즈로 학습평가

④ C(Correction): 온라인 활동으로 위의 "A(Assessment)"에서 나타난 오답에 대한 교정(error correction)

⑤ Q(Question): WSQ의 'Q'와 동일

2) S-S-Q

Samaila와 동료연구자들(2025)은, 각 디딤영상의 학습 완수 여부를 평가하는 데 주안점을 둔 학습전략으로 SSQ 전략을 주창하였다. 여기서 'S'는 'Study', 즉 학습자가 디딤영상을 시청하며 학습하는 것을 의미한다. 그리고 다음 'S'는 영상 학습을 자신의 의미로 정리하는 '요약(Summary)'을 지칭한다. 마지막 부분인 'Q'에서는 'Question'을 의미하면서, 교수자가 제시한 5문제의 시험을 학습자가 치러, 해당 디딤영상 완수 여부를 평가받게 된다. 이러한 평가 결과는 LMS에 기록되고, 교수자가 사전에 분석하여 후속 교실수업 설계에 반영하게 된다. 이런 관점에서, 대학교 회계학 수업에서 Eklund (2025)는 '요약(summary)'의 일환으로, 각 디딤영상마다의 핵심 지식이 모두 포함된 사지선다형 문제 하나를, 학습자가 직접 작성하여 제출하도록 요구

했다. 이에 더해 그는 'Question' 차원에서 각 디딤영상의 완수 여부를 점검하기 위해 사지선다형 문제를 부과했고, 즉각적인 피드백도 제시해 주었다.

3) 서열 매기기 활동(Rank order exercise)

이 활동은 학습자가 디딤수업의 핵심 내용을 정확히 파악할 수 있도록 요점들을 도출하고 중요도 또는 흥미도에 따라 각 요점의 순위를 매기는 것을 의미한다. 이러한 예시는 아래의 〈표 3-3〉에서 제시되고 있다. 그리고 학습자는 이렇게 도출된 결과물을 온라인 게시판, 또는 교실수업 도입부의 디딤수업 점검 시에 모둠별로 공유하게 된다. 이럼으로써 학습자에게 디딤수업의 주요내용을 확실하게 파악, 습득하도록 도와주는 길잡이가 된다. 한편, 학습자의 흥미도에 따른 순위는, 주요내용의 파악, 습득뿐만 아니라, 교실수업에서 교수자가 중점을 두어야 할 학습내용과 활동을 선정하는 기준이 될 수도 있다(Dixon, Shewell, & Crandell, 2020).

〈표 3-3〉 서열매기기 활동 예시(Dixon et al., 2020)

서열 매기기 활동(Rank order exercise)

안내(Directions): 디딤영상에서 중요하다고(또는 흥미롭다고) 생각하는 요점을 먼저 노트에 필기하세요. 그리고 시청과 필기를 끝낸 후, 필기한 요점들을 보면서 어느 요점이 가장 중요한지(또는 흥미로운지) 정해보세요. 그리고 각 요점의 중요도(또는 흥미도)에 따라 순위를 매겨보세요. 그리고 아래의 표에 본인이 정한 중요도(또는 흥미도) 순위대로 요점을 써넣으세요.

요점	중요도(또는 흥미도) 순위
	1
	2
	3
	4
	5

4) 학습자료를 위한 읽기 안내(reading guide)

대학에서의 상당수 거꾸로학습 사례에서는, 불가피하게 디딤영상과 함께 추가로 읽어야 하는 학습자료를 제공하게 된다. 이런 수업상황에서 학습동기화를 촉진하면서도 읽을거리에 대한 적확한 길잡이(navigational orientation)가 될 수 있는 안내서를 첨부하여, 학습자에게 제공할 필요가 있다. 이와 관련된 사례연구(Brown, Danvers, & Doran, 2016)에서, 읽을 학습자료의 핵심내용과 직결된 서술형 해답을 요구하는 구체적인 읽기 안내 질문들(guided reading questions)을 제공했다. 그 결과, 학습자는 읽을 동기화가 촉진됐으며, 해당 학습자료를 이해하는 데 도움이 되었고, 결국 교실수업에서 몰입도가 높아졌다고 응답했다. 이외에도 읽기 안내에는 서술형 응답을 요구하는 질문뿐만 아니라, 서술형 또는 단답형 괄호 넣기 문제, 그래프 작성하기, 계산 문제, 간단한 실제상황을 바탕으로 응답을 서술하거나 문제 풀기 등을 학습내용의 특성에 따라 혼합해서 제공했다(Sauer, 2016).

그런데 사전학습으로 읽을 추가 학습자료를 과도하게 부과하면 학생의 자기주도학습에 과부하가 걸리고, 결국 거꾸로학습의 시작인 디딤수업에서부터 학습동기화를 저하할 수 있으므로, 교수자는 기존의 수업과는 달리 상당한 수정을 가해야 한다(Roehling, 2018). 참고로 대학원 박사과정의 논문작성을 위한 과목 사례(Chen, Hwang, & Chang, 2019)에서는, 매주 3시간 교실수업에 대한 디딤수업에서 대부분 10분 내외의 디딤영상 하나와 함께, 핵심 학습내용과 직결된 학술지(journal paper) 하나씩이 부과됐을 뿐이다.

5) 기타 학습전략

① 초등학교 4~5학년 교사들은 학생에게 배움노트를 제공하여, 매 디딤영상 학습을 수행하면서 ㉠ 무엇을 습득하였는가, ㉡ 학습한 내용이 이전 학습과 어떻게 연계되는가? 등을 포함한 다양하게 제기된 질문에

응답을 작성하게 했다. 또한 이 노트에는 학습한 결과를 그림을 포함한 다양한 형태로 요약, 표현하도록 요구했다(Bergmann & Sams, 2016).

② Kirch(2016)는 학습자가 WSQ 활동에 익숙해지면 더욱 고난도의 학습 결과물인 풀이과정이나 정답을 설명한 짧은 동영상을 만들게 했다.

③ Honeycutt과 Glova(2013)도 이와 유사한 교수전략을 제시함과 동시에, 학생으로 하여금 또래에게 제공할 학습전략들이 포함된 거꾸로학습 안내서(study guide)를 작성하는 방법도 제안했다.

④ Fulton(2014)은 디딤수업 동영상을 학습하는 방법으로 2단계 반복 시청전략을 권유했다. 즉, 첫 번째는 중단 없이 개괄적인 습득 차원에서 보고, 두 번째는 배움노트에 필요한 필기를 하면서 본격적으로 학습을 진행하도록 지도하였다. 이 배움노트는 후속 교실수업 시작 전에 제출하도록 의무화했다.

4. 디딤수업 이수에 책임감 부과

교실수업에서 학습자가 의미 있는 참여활동을 영위하여 거꾸로학습에서 소기의 성과를 얻기 위해서는, 디딤수업을 제대로 이수하고 교실에 들어서야 한다(Roehling, 2018). 그런데 단순히 디딤영상을 시청하고 관련자료를 학습한 것으로 디딤수업을 성공적으로 이수했다고 인정할 수는 없다. 그러므로 디딤수업의 핵심내용을 완전학습했는지를 디딤영상 내에서 최종 가늠하면서 책임감을 부과하는 전략이 필요하다. 실제로 여러 사례들(McGiveney-Burelle & Xue, 2013; McLaughlin, Griffin, Esserman, Davidson, Glatt, & Roth, 2013; O'Bannon, Lubke, Beard, Britt, 2011)에서, 이러한 책임의식을 부여하는 전략을 구사하면 플립드러닝 적용 초기부터 많게는 약 75%의 학습자가 대부분의 디딤수업을 이수해 오는 효과가 나타난다는 연구결과를 내놓고 있다. 이에 반해, 만약 교수자가 학습자에게 디딤수업 완수에 대한 책임의식을 부여하지 않으면, 대부분의 학생은 교실수업에 필수불가결한 준비를 해오지 않게 된다(Enfield, 2013). 이와 직결된 사례연구(Sahin, Cavlazoglu, & Zeytuncu, 2015)에서는, 학습자에게 디딤수업 완수에 책임의식을 부과하는 전략을 반영하지 않아서, 대부분의 학생이 디딤수업을 거의 학습해 오지 않게 되는 파행에 직면했었다. 이러한 논의에 부합하여 상당수 사례에서 가장 많이 쓰이는 방법들은 다음과 같다.

1) 내재한 퀴즈풀기

이 교수전략은, 디딤영상 끝부분에 내재한 퀴즈를 치르게 하고, 그 결과에 상응한 처치를 학습자에게 제시, 안내하여 디딤수업 완수를 촉진하는 것이다. 일례로 Bergmann(2017)이 소개한 사례에 의하면, 6학년 수학에서 거꾸로학습을 적용한 Ross Nelson 교사는, 모든 디딤영상마다 마지막 부분에 5개의 문제를 제시하면서 80%의 완전학습 수준을 부과했다. 학생은 자신의 노트에 해답을 적고, 교실수업에서의 점검활동으로 개별 정답을 확인 후, 이 기준에 도달한 학생은 본격 교실수업 활동에 참여할 수 있는 기회가 부여된다. 하지만 그렇지 못한 평가 결과가 나온 학생은, 다른 학생들이 교실수업 활동을 하는 동안 디딤영상을 재학습해야 한다(Roehling, 2018).

같은 관점에서, 대학교 재무회계에 거꾸로학습을 적용한 Diri(2025)는 디딤영상마다 완수 점검전략의 일환으로 다양한 형태의 문제(사지선다형, 괄호넣기, 오엑스(true-false), 짝맞추기(matching questions))를 풀도록 부과하였다. 마찬가지로 Manno(2025)도 대학교 인사관리 수업에서 디딤영상 완수 점검을 위해 영상 뒷부분에 내재한 퀴즈를 제시하였다. 그리고 수의과대학 박사과정에 적용한 Zhitnitskiy(2020)는, 디딤영상과 함께 교수자가 개발해 제공한 전자교과서(eBook) 끝부분에 학습완수를 가늠하는 퀴즈를 내포, 제시했다. 이러한 대학교의 다양한 학과들에서 적용한 여러 사례들을 분석한 Han과 Klein(2019)은, 거꾸로학습 성공의 관건은 완전학습을 위한 책임감을 부과하는 것이라는 결론을 내렸다. 실제로 대부분의 사례에서 공통적으로 모든 디딤영상마다, 이수 여부를 측정하는 시험을 치르거나 과제물을 제출하는 활동이 내포되어 있었다.

2) 교실수업에서 이수 부과

고등학교 수학교사인 Kirch(2016)는 교실에 세 대의 컴퓨터를 마련하여, 전날 디딤수업 동영상을 미학습한 학생들이 하루 수업 시작 전 오전 시간, homeroom(자율학습) 시간, 점심 등에 학습에 임하도록 지속적으로 강조하고 요구하였다. 이러한 시간들 중에도 학습하지 않은 학생들은 거꾸로학습의 교실수업 시간의 첫 15~20분 동안 개별적으로 사전학습을 이행해야만 본격 교실수업 활동이 가능하도록 조치했다. 이런 지원전략 덕분에 또래 학생들의 사전학습 결과를 베껴오거나, 미학습 상태로 교실활동에 임하는 경우가 매우 드물어졌다. 그런데도 사전학습을 계속 이행하지 않은 학생들에게 교사의 개별 면담과 병행하여, 이 학교에서는 학교 전체 학습진도 훈육제도(school-wide progressive discipline policy)를 시행하여, 교장 면담, 학부모 면담 등을 실시하였다(Carstens & Sheehan, 2014). 또한, 체육 교과의 플립드러닝에서는 지정된 수업 전 30분이나 homeroom 시간을 학습자가 선택해서 이수하기도 했다. 여기에는 모든 교사가 함께 대동하여 필요한 지도를 제공하였다(Østerlie, Killian, & Sargent, 2022).

3) 엄정한 관리

디딤수업에 대한 완전학습을 반복적으로 해오지 않은 학생을 용인하는 학습환경은 해당 교실수업 효과성을 저하할 뿐만 아니라 또래학습자들에게 무학습 연쇄반응을 일으키는 파행적 학습문화를 초래하게 된다. 이와 관련하여, Bergmann(2017)은 디딤수업 학습을 지속적으로 하지 않은 학생을 방치하지 말고 적극적인 자구책을 체계적으로 강구해야 한다고 주장하였다.

우선 이 교사는 모든 디딤수업 학습 결과에 대해 각각 10점을 부여하여 실제 평가에 반영하면서 책임감을 불러일으켰다. 같은 맥락에서, Honeycutt(2016)도 디딤수업의 완수를 학습참여 차원의 주요 요소로 평가하여 기말 성적에 반영해야 한다고 주장했다. 이에 덧붙여, Adams와 Gingras(2017)에 의하면, 디딤수업을 미이수하게 되면 감수해야 할 불이익 두 가지를 명확하게 설명해 주어야 한다. 즉, 학습자는 디딤수업을 완수하지 못하면 해당 차시의 참여도 점수가 0점으로 처리되고, 후속 교실수업에서 또래들과의 활동에서 배제된다는 사실을 직시해야 한다. 실제로 이 책에서 소개한 많은 사례들에서 디딤수업의 완전학습 여부를 평가에 반영했다. 물론 적용 초기에는 평가에 반영하지 않고, 한두 개의 면제권(free pass)을 부여하며 적응기간을 두는 운영의 묘를 발휘할 필요가 있다.

그래도 무학습이 발생하면 개인 면담을 통해 디딤수업 학습이 또래를 위해서도 필요하며 교실수업의 학습 성취에 필수적이라는 점을 재강조했다. 여기에서 면담은 또래들이 지켜보는 공개적인 장소가 아닌 곳에서, '믿고 기다려주는' 차원의 우호적인 분위기를 견지하며 대화를 이어가야 한다(Adams & Gingras, 2017). 같은 맥락에서, Bergmann(2017)도 디딤수업을 지속적으로 미완수한 학생과 온라인 채팅을 통해 현재 학습상황에 대해 논의하면서 개인 지도를 제공할 필요가 있다고 주장했다. 마지막 방법으로 가정의 보호자와 의사소통을 통해 디딤수업 학습에 대한 협조를 구해야 한다. 물론 피치 못할 개인 사정은 고려하는 배려도 함께 필요하다(Honeycutt, 2016). 특히, 지속적으로 미학습해 오는 학생에게는 무관용의 원칙("Don't rescue the kids")을 반드시 적용해야 한다고 Bergmann(2017)은 강조한다. 그는 실제로 많은 교수자들이 디딤수업을 무학습한 학생들에게 교실수업에서 직접 가르치는 실수를 범한다고 경계하고 있다. 이런 처치는 제대로 디딤수업을 학습한 학생들에게 자신들의 원칙 준수가 가치롭지 못하다는 잘못된 메시지를 줄 수 있으므로 절대 금물이다(Bergmann, 2017).

이 원칙은 복합학습 모형에서도 예외가 될 수 없다. 즉, 거꾸로 프로젝트 학습을 중학교에 적용한 Jones(2018)도 과제 수행에 필수불가결한 디딤수업의 지식을 습득해 오지 않은 학습자들은, 이를 이수한 다른 학생들이 과제 수행하는 중에 별도로 디딤영상 학습에 임하게 했다. 그리고 이를 완전학습했다고 인정받은 학습자만 과제를 수행하도록 허용됐다. 동일한 전략으로 대학교 사례에서, Swart와 MacLeod(2020)도 자신의 교실수업 시작 시점에 디딤수업 이수 점검 퀴즈를 시행하여, 기준 점수를 넘은 학습자들만 본격 교실수업의 과제 수행에 참여할 수 있도록 관리했다.

4) 미이수 유형에 따른 대처방안

한편, Talbert(2017)는, 디딤수업 차원의 준비가 미흡한 전형적인 현상들을 네 가지 유형으로 분류하면서 다음과 같이 구체적으로 대처할 것을 제안했다. 그는 의도적으로 아예 디딤수업을 완수해 오지 않는 학생은 이 유형에서 논외로 하였다. 그리고 이런 학생들은 위에서 논의된 별도의 상담 및 외부 관계자들이 개입된 조치로 해결할 문제라고 주장했다. 반면에, 아래 유형 차원의 미흡성은 적합한 대처방안에 따라 교수자가 얼마든지 통제, 해결할 수 있는 현상이라고 역설했다.

(1) 소수의 학생들이면서, 미미한 수준으로 미흡한 경우

예를 들어, 2~3명 정도가 디딤영상에 내포된 퀴즈에서 1~2문제 정도로 완전학습 수준 미달일 때는 별도의 교수전략을 동원할 필요는 없다. 대신에 다른 학생들이 교실수업 활동 중에, 이 학생들과 따로 짧은 대화의 장을 마련하여 지금부터의 교실수업에 적극적으로 참여하면 충분히 만회가능하다고 격려할 필요가 있다. 실제로 이런 학생들은 교실수업에서 수시로 행해지는 또래 협력활동, 또래 교수, 교수자의 면대면 도움 등을 통해 자연스럽게 디딤수업에서의 작은 결함을 극복해 나갈 수 있다.

(2) 소수의 학생들이지만, 상당한 수준으로 미흡한 경우

이런 상황에서는, 디딤수업 이수가 확인된 학생들은 심화활동에 임하게 하지만, 해당 학생들은 교실 별도의 장소에 분리해 디딤수업 이수를 위한 별도의 상응한 전략을 적용해야 한다. 예를 들어, 교실에 따로 학습마당(station)을 마련하여 진단 결과에 따라 디딤수업의 일부 또는 전체를 학습하게 한다. 여기서 학습자는 또래와 교수자의 도움을 받게 된다. 그러나 이는 혜택이 아니라 디딤수업을 미이수한 대가를 치르는 것이다. 왜냐하면 그 시간 동안 다른 학생들이 하고 있는 교실수업의 심화학습 기회가 박탈되기 때문이다.

(3) 상당수 학생들이 공히 미미한 수준으로 미흡한 경우

이런 국면에서는, 교실수업 도입부에서 5~10분 동안, 해당 학습내용이나 문제에만 국한하여 모둠 토론, 또래 교수, 전체 질의응답, 또는 전체 핵심내용 요약 활동, 짧은 강의(mini-lecture) 등을 활용하는 교수전략을 설계, 개발, 실행, 평가해야 한다. 여기서 짧은 강의는 불가피한 가장 마지막 조치로 고려하면서, 실행할 때 유의할 점 두 가지를 염두에 두어야 한다. 첫째, 소수라도 디딤수업 학습을 완수한 학생은, 그 시간에 본격적인 교실수업의 심화학습에 임하게 하여 비효율적이고 지루한 중복수업이 되지 않도록 해야 한다. 또 하나, 짧은 강의 자체는 상당수 학생들이 미흡한 극히 일부분 학습내용에 국한하여 최대한 간결하게 실행돼야 한다.

(4) 상당수 학생들이 공히 심각한 수준으로 미흡한 경우

이런 수업상황은 '파국의 시나리오(doomsday scenario)'이므로, 다음과 같은 세 단계의 정교하고 밀도 높은 처방이 적합하다.

- 단계 1. 일단 교실수업에서 계획한 심화학습활동을 뒤로 차치하고, 대부분 학생들이 난해하다고 생각한 부분을 정확하게 찾아내야 한다. 이

는 학생들이 교수자에게 묻고 싶은 구체적인 질문을 도출하는 방법으로 가능하다. 예를 들어, 3~4인이 한 모둠이 되어 학생 수에 따라 모둠별로 1~3개의 질문을 도출한다. 이를 칠판이나 실물화상기에 제시하여 전체 토론으로 우선순위를 정한다. 여기서 유의할 점은, 디딤수업 일부분을 재강의하는 것은 디딤수업을 플립드러닝 체제에서 배제하고 결국 거꾸로학습을 부정하는 메시지를 학습자에게 전달하는 형국이 되므로 그런 질문은 금물이다. 그러므로 '대부분 이해 못 한다'거나 '특정 부분을 다시 가르쳐달라' 등의 구체성이 부족한 질문은 배제한다고 모둠별 도출 직전에 공지하고, 그 원칙을 계속 고수해야 한다. 대신에 구체적이고 표적을 정확하게 겨냥한(targeted) 질문만을 수용한다.

- 단계 2. 교수자의 재량과 주어진 시간에 따라, 우선순위로 몇 개의 질문들에 대해 간결하고 명료하게 응답을 제공한다.
- 단계 3. 마지막 몇 분의 시간을 들여 두 가지를 확실히 짚고 넘어가야 한다. 먼저 이런 현상이 또 발생하면 다음에는 평가에 반영한다고 공지하여 책임감을 학생에게 인식시킨다. 그런 후에, 학생 스스로 다음과 같은 질문을 제기하고 모둠토론을 통해, 자기주도 학습활동을 성찰하면서 교수자에 관한 제안사항도 병행해서 도출하도록 한다. "스스로 나태한 점은 없었는가?", "또래나 교수자에게 도움을 청했는가?", "다음부터는 이런 일이 생기지 않도록 본인과 교수자는 어떻게 해야 하는가?" 등이다.

이렇게 '상당수 학생들이 공히 심각한 수준으로 미흡한 경우'에 Fredrikson (2020)은 자신의 거꾸로학습에서 적응적(adaptive)으로 대처했다. 즉, 대부분 학생이 디딤수업을 사전에 성공적으로 이수하였을 때, 10분의 질의응답 시간을 운영했다. 그러나 상당수가 제대로 이수하지 못한 상황에서는 30분의 시간을 디딤수업 점검에 할애했다.

5) 예방 조치

그런데 지금까지 논의된 '2), 3), 4)'뿐만 아니라 사전학습의 책임감 부과를 위해 전체적으로 제시된 강제성 조치들을 정당화하기 위해서는, 디딤수업 완수에 대한 지원방안이 다각도로 제공되는 예방적 조치가 우선적으로 취해져야 한다. 이와 관련된 사례연구(Lo & Hew, 2017)에서, 실제로 플립드러닝을 처음 경험하는 학습자들이 가장 많이 우려하는 점은, 또래와 교수자의 도움을 상시 받게 되는 교실수업과는 달리 디딤수업에서는 또래나 교수자의 도움이 거의 전무하다는 것이다. 이런 측면에서 이들이 원하는 것은, 디딤수업에서 학습하는 동안 문의할 수 있는 곳이 제공되어야 한다는 점이다. 그러므로 교실수업만큼은 아니더라도 디딤수업의 자기주도적 학습을 도울 수 있는 최소한의 지원책이 요구된다. 예를 들어, 온라인 게시판이 상시 운영되어 학습자가 무기명으로 활동하면서 또래 및 교수자로부터 자유롭게 도움을 받는 방법이 있다. 또한 학습모둠(study group)의 활용도 고려할 필요가 있다. 이와 더불어, 대학교의 경우 온라인 및 오프라인으로 교수의 개인면담시간(office hour)을 통해 도움을 받는 체제도 효과적이다. 이와 관련된 대학의 사례에서, Swart와 MacLeod(2020)는 자신의 온라인 거꾸로학습을 위한 가상 개별면담 시간(virtual office hour)을 설정했다. 그래서 이 시간 동안 학생들은 자유롭게 이메일 및 온라인 게시판을 통해 질문을 제기하고 개별 맞춤형 지원과 안내를 받았다. 당연히 학생들이 이러한 다각도의 지원책을 십분 활용하도록 독려해야 한다(Talbert, 2017).

Ⅳ. 차별화된 직접교수 전략

디딤수업은 기존의 직접교수를 온라인 동영상 및 관련 학습자료로 그대로 변환한 것이 아니다(Adams & Gingras, 2017). 그러므로 새로운 패러다임의 직접교수인 플립드러닝의 디딤수업 취지와 구조에 최적화되도록, 예전 직접교수의 주요 구성요소를 평가하면서 많은 수정, 보완을 가해야 한다. 특히 아래에서 논의된 원칙들에 입각해서, 상당 부분을 덜어내면서도 새로운 틀의 교수전략을 적용하는 체계적인 작업이 요구된다. 한편, 디딤수업의 동영상은 기존수업과는 다른 형태의 직접교수법이 주요 부분을 차지한다. 즉 이 교육용 영상에서는 교수자가 직접 학습내용을 가르치는 형태를 견지하면서도, 일반수업과는 달리, 학습자를 직접 대면하면서 질의응답을 포함한 상호작용이 불가능하고, 수시로 학습상황을 점검(monitoring)하면서 융통성 있게 수업을 진행할 수 없으므로 소기의 효과를 기대하기 어려운 경우가 허다하다. 그러므로 전통적인 수업과는 다른 패러다임의 직접교수법을 통해 학생의 개별학습이 성취되는 방법을 모색해야 한다.

1. 디딤영상 분량의 적정화

디딤영상 분량이 너무 적으면 후속 교실수업에 부실한 기반이 되어 결국 효과성을 저해하지만, 반대로 과도한 분량이 부과되면 학습 몰입도 및 동기화 저하를 초래하여 또 다른 차원에서 후속 교실수업 파행의 요인이 될 수 있다(Talbert, 2017). 또한 교수자의 강의내용에서 학습자는 일부만을 습득하는 경향을 보인다. 대학생을 대상으로 수행한 연구에 의하면, 학습자들은 한 시간 강의내용에서 보통 10~20분 정도의 부분만 기억하게 된다(Crawford & Senecal, 2017; McLaughlin et al., 2014; Medina, 2008). 또한 뇌과학 연구에 의하면, 성인을 포함한 인간의 주의집중 시간은 제한적이어서 완전히 새로운 자극이 주어지지 않으면 대략 10분 후에 주의산만해지기 시작한다(Medina, 2010; Zull, 2002). 같은 관점에서, 영상의 길이가 실제 시청하는 양에 영향을 미치는 정도에 관한 Fishman(2016)의 분석에 의하면, 동영상이 길면 길수록 끝까지 시청하는 비율이 현저히 줄어드는 경향을 보였다. 특히 성인도 영상길이가 12분이 넘어가면서 끝까지 시청하는 비율이 급락하기 시작했다. 같은 맥락에서 Ruedlinger(2012)에 의하면, 영상길이가 10분까지는 시청 완수율에 차이가 없다가 그 이상의 분량인 경우에 급격히 감소하는 경향을 보인다.

그러므로 디딤영상 분량은 10분 내외로 국한되어야 한다. 만약 불가피하게 하나의 학습주제에 10분이 초과할 수밖에 없는 경우에는, 하위 주제로 구분하여 별개의 영상을 개발하는 것이 바람직하다. 이렇게 영상을 분리하게 되면, 학습자에게 시청하기에 편리함과 동시에 보통 학습자들의 평균 주의집중 기간에 부합하게 된다(Costa, 2020). 이에 Bergmann(2017)은 우리가 교육하는 학생들은, 짧은 영상 시청에 익숙한 '유튜브 세대(YouTube generation)'이므로 영상이 간명하기를 원한다고 주장했다. 즉, 개별적으로 디딤수업 동영상의 학습을 스스로 수행해야 하는 대부분의 학생은 오랜 시간 집중하기 어렵기 때문에 짧은 동영상을 더 선호하는 경향을 보인다(Maher et al., 2013). 이에 부응하여 다량의 사례연구들을 분석한 결과, 각급 학교별 디딤영상의 적정 분량은 다음과 같다.

1) 대학교

① 총 33분 분량의 영상을 분할원리(Mayer, 2022)에 근거하여 3개의 주제별 영상으로 제공(Clark, Kaw, Scott, Kumar, & Yalcin, 2025). 또한 Eklund(2025)는 매주 3일 수업(각 55분)에 대해 20분 분량의 영상을 두 개로 분할하여 개발.

② 디딤수업별로 5~10분의 짧은 수업영상(short instructional video). 이에 더해 해당 디딤수업에 관한 교재내용을 교수자가 간결하게 축약한 1-2쪽의 읽을거리(brief targeted readings)(Correia, 2025).

③ 15주의 모든 디딤영상의 분량이 평균 10분(Thomas, 2025). 그리고 영

상별 10분 내외(Thompson & Martin, 2016), 또는 10~15분(Crawford & Senecal, 2017).

④ 학기 전체의 총 35개 디딤영상이 모두 각각 10분 내외(Henderson, Hobbs, & Gwynllyw, 2018).

⑤ 학기 전체에 적용한 거꾸로학습의 모든 디딤영상의 분량이 매주 최대 두 개이면서 각각 5~10분(Clark & Kaw, 2020) 또는 10분 내외(Costa, 2020).

⑥ 대학원 박사과정의 논문작성을 위한 과목 사례(Chen, Hwang, & Chang, 2019)에서는, 매주 3시간 수업에 대해 한 개의 디딤영상을 제공했는데, 그 분량은 7분에서 10분 내외가 대부분을 이루고 14~16분이 극히 소수에 해당한다. 그리고 이 영상과 함께 매주 학술지(journal paper) 하나씩이 사전학습으로 같이 부과됐다.

2) 초 · 중등학교

① Bergmann(2015)은 학년 수 곱하기 1.5배의 분(minutes), 즉 예를 들어 초등 5학년인 경우 1.5×5=7.5분 내외가 적절하다는 경험칙(rule of thumb)을 제시하였다. 또 다른 면에서 Bergmann과 Sams(2016)는 초등학생에게는 학년 당 1~2분 정도를 곱하는 분량이 적절하며 총 10분을 넘기지 않도록 권고하고 있다.

② 초등학생의 경우에는 10분 내외, 그리고 중등학생은 최대 15분 이하의 분량이 가장 적정하다(Bergmann, 2017; Bergmann & Sams, 2014; Carstens & Sheehan, 2014).

③ 중학교에 해당되는 8학년 사회과 '산업혁명' 단원의 10차시 수업에서, 8개의 영상을 평균 7분의 분량으로 개발하였다(van Alten, Phielix, Janssen & Kester, 2021).

④ 자신의 고교 수학 디딤수업에 반영한 Kirch(2016)는 난이도에 따라 전

체적으로 9~13.5분 정도의 분량을 유지하였다. 고교 생물교사인 Durley도 자신의 모든 디딤수업 동영상을 10~12분(Bergmann & Sams, 2014)으로 제한했다.

⑤ 중등학교 영어 교사인 Carter(2013)는 대부분 10분 정도, 아주 드물게 15분 정도로 구성하고 개인차에 따라 실제로 20~30분 정도에 학습할 수 있게 표준화했다.

⑥ 고등학교에서는 최다 15분, 초등학교 4~5학년 사례들에서는 12분을 초과하지 않고 있다(Fulton, 2014). 이를 위해 해당 차시의 핵심 주제의 내용만을 반영함과 동시에 수업과 직결되지 않는 불필요한 언급, 자료 제시 등이 배제된 간결한 내용(lean contents)으로 구조화돼야 한다(Bergmann & Sams, 2015a, 2015c).

⑦ 중학교 체육 교과에서는 시범, 규칙 설명 및 예시 등을 포함하여 12분 내외(Østerlie, Killian, & Sargent, 2022).

3) 학습주제별로 세분화

디딤영상의 총 분량이 지금까지 논의한 기준에 부합하더라도, 한 영상에는 하나의 학습주제만을 다루는 것이 더 효과적이다. 또한 후속 연계되는 교실수업의 특성으로 인해 여러 주제를 한꺼번에 학습해야 하는 경우에도, 주제별로 짧은 영상을 여러 개 제공해서 학습자로 하여금 각각 별도로 학습에 임하도록 설계돼야 한다(Bergmann, 2017). 이러한 설계는 후속 교실수업에서 학습자가 필요할 때 수시로 해당 디딤영상만을 즉각적으로 적시에 열람, 참고하고 다시 교실수업으로 복귀할 수 있게도 해준다. 이는 곧 교실수업의 효과성과 효율성을 동시에 높이는 계기가 된다.

이에 부합하여 대학교 수학에서 Talbert(2017)는, 매주 한 번의 디딤수업을 제시하고, 총 약 18분의 디딤영상을 개념이나 원리별로 약 2분에서 7분 정도로 나눠서 네 개의 영상으로 제공했다. 마찬가지로 학습자의 몰입도를 높이기 위한 일환으로 모든 디딤영상을 세부 학습주제별로 3~5분짜리 동영상으로 제시한 사례도 있다(Andujar, Salaberri-Ramiro, & Martinez, 2020). 또 다른 대학의 사례(Tomas, Evans, Doyle, & Skamp, 2019)에서도, 학기 전체의 모든 디딤영상이 학습주제별로 5~10분 분량으로 제공됐다.

예외적으로 학습내용의 특성에 따라 동영상의 분량을 주제별로 더욱 세분화하여 제시할 수 있다. 예를 들어, 인터넷, 도서관의 자료수집 방법 교육에서 각 기법별로 2~4분 정도의 동영상을 여러 개 제공하여 학습자들이 필요에 따라 언제든 참고하고 활용할 수 있다. 이렇게 되면 자료수집과 관련 학습상황마다 예전에는 교수자가 매번 반복해서 수업하고 안내하며 시간을 허비하는 문제를 최소화할 수 있다. 이럼으로써 교수자가 개별적으로 도움을 주면서 학습자들이 심도 있게 활동하는 시간을 더 확보할 수 있다. 이에 더해 학생에게는 특정 영상이 활동 중에 언제든 즉각적이고 적시의 참고자료가 되기 때문에 해당 학습의 효과와 효율을 훨씬 높이게 된다(Fulton, 2014).

4) 대안적인 디딤영상 제공

그러나 동영상이 10분 정도로 짧은 내용이지만 이마저도 선행학습이 이루어진 학생에게는 지루한 강의가 될 수 있으므로 대안적인 방법이 수업상황에 따라 모색될 필요가 있다. 이에 관해 Fulton(2014)은 디딤수업에 내장된 상호작용형 완전학습 방법을 제안하였다. 이 동영상에서는 몇 분 정도의 핵심내용 설명 후에 3개 정도의 문제를 제시하고, 여기서 70%의 완전학습 수준을 보여준 학생은 더 이상 학습할 필요가 없음을 통보한다. 그러나 완전학습 수준에 도달하지 못한 학습자에게는 친절하게 추가 학습이 필요함을 알린다. 이럼으로써 몇몇 학생들은 5분 또는 10분 정도에 학습을 완수하거나 20분 정도가 소요되는 학습자도 생기게 된다. 물론 이 방법은 기존 디딤수업 동영상보다 4배의 개발 시간이 소요되지만, 기존의 디딤수업 동영상을 활용한 거꾸로학습보다 더 나은 학습효과를 낼 수 있었다. 특히 이 방법은 학생들 간의 개인차가 심하면서도 주요 내용에 대한 학습이 대부분의 학생에게 담보돼야 하는 수학교과에 상당한 성취가 나타났다.

5) 복합학습(complex learning)을 위한 디딤영상 분량

어떤 학습 대상자라도 일반적으로 10분 내외의 영상이 가장 적정하나 불가피한 경우도 있다. 특히 두 차시 이상의 연차시 수업, 프로젝트 학습 등의 수십 차시의 복합학습 방법을 구안할 때는 상당량의 동영상을 사전 학습하는 것이 필요하게 된다. 이와 관련하여, Honeycutt과 Glova(2013)는 불가피한 장시간의 디딤영상을 학습주제별로 작은 단위화할 것을 권고하고 있다. 이렇게 학습주제별로 영상을 분류해서 제시할 때, 각 영상의 학습 여부를 측정하는 퀴즈 문제를 최소한 하나 이상 제시하여, 이 시험 결과에서 학습자가 이수 기준에 도달해야 다음 영상의 학습으로 넘어가도록 안내할 필요가 있다(Roehling, 2018). 이에 부응한 다양한 사례들은 다음과 같다.

① 문제중심학습을 접목하게 시킨 약학대학의 6학점짜리 과목에서 Woodruff와 동료(2014)의 한 사례에서, 한 주에 총 8시간의 교실수업에 상응하는 디딤영상 분량이 모두 76분이었다. 이를 각각 11분, 20분, 45분으로 분할해서 제공됐다. 그런데 이에 대한 수업평가에서 학생들은 더 짧은 영상으로 분류되기를 희망했다.

② 공과대학의 사례(Fredriksen, 2020)에 의하면, 매주 90분의 교실수업 과제 수행을 위한 디딤영상은 학습주제별로 세분화되어 각각 5~15분짜리 분량이었으며, 매주 3~5개를 제공했다.

③ 수의과대학의 박사과정 과목에 거꾸로학습을 적용한 Zhitnitskiy(2020)는, 동물 질병별로 각각 4분 이내의 디딤영상을 개발하여, 전자교과서 및 학습에 참고할 관련 학술지들과 함께 디딤수업에 제공했다.

④ 자신의 교육에 플립드러닝을 적용한 Thompson과 Martin(2016)은 불가피한 장시간 동영상에 대해서는 '작은 단위화(break into smaller chunks)'

를 권고했다. 이 복합학습 사례에서도, 자신들도 20분 이상의 영상을 만들어 학생에게 학습을 요구했더니, 종강 후 만족도 설문조사에서 84%의 학생들이 20분짜리 영상에 문제를 제기했고, 10분 이내의 영상을 훨씬 더 선호한다고 응답했다. 즉, 20분이 넘어가는 동영상을 한꺼번에 학습하기를 요구하기보다는, 2~3개의 학습주제별 영상으로 분리하여 별도의 시간대에 학습에 임하도록 요구하는 지혜가 필요하다고 역설했다.

⑤ 토목공학 과목의 복합학습에 적용한 사례에서 McCabe(2019)는, 거꾸로학습을 적용한 8주 동안에 15개의 디딤영상을 제공했고, 각 영상은 학습주제별로 개발되어 평균 7.4분이며, 총 110분 분량이었다. 그래서 학습자는 매주 1~2개의 디딤영상을 바탕으로, 3시간의 교실수업 동안 고차원사고능력과 직결된 다양한 문제해결 과제를 수행했다.

6) 주별 적정 분량 및 준비시간

한편 Nesloney(2013)는 디딤수업 학습에 보통 2주의 여유를 주고 있으며, 주별로 최대한 2~3개의 디딤수업을 제공하는 것이 적정하다고 주장하였다. 중학교 영어교사인 Bowers는 디딤수업 학습에서 1주일의 여유를 제공하였다(Bergmann, Sams, & Gudenrath, 2015). 그리고 고등학교 교사인 Brown도 디딤영상 탑재와 교실수업과의 기간 차이를 1주일로 설정했다(Moran & Young, 2014). 또한 대학교 회계학 수업에서 Eklund(2025)는 다음 주 월요일에 시작하는 주별 수업(총 3일, 각 55분)을 위해 그 전 주 수요일에 디딤영상을 LMS에 탑재하였다. 마찬가지로 Diri(2025)는 대학교 재무회계에 플립드러닝을 적용하면서, 교실수업 3일 전에 디딤영상을 LMS에 제공하였다. 이와 함께, Manno(2025)는 인사관리 수업에서 디딤영상을 학습하는 준비시간으로 교실수업 전 1주일을 제공하였다.

지금까지 논의된 다양한 사례들을 분석해 보면, 매 차시마다 디딤영상을 포함한 디딤수업을 제공할 필요는 없다. 특히 교실수업의 활동이나 과제수행이 주가 되는 연차시인 경우에는 하나의 디딤수업이 상당수 차시를 포괄할 수 있기 때문이다. 그러므로 수업상황에 따라 특정 교과에서는, 주어진 수업시간에 따라 1주일에 보통 1~2개의 디딤영상만으로도 충분한 거꾸로교실이 설계, 개발, 실행, 평가될 수도 있다.

7) 추가 활동과 과제의 적정 분량

이와 더불어, 디딤영상과 함께 부과되는 추가 활동과 과제가 적정 수준일 때는, 디딤수업의 역동성 및 학습동기를 높이는 긍정적인 기제로 작용한다. 그러나 플립드러닝을 직접 적용해 본 Talbert(2017)에 의하면, 디딤수업에서의 활동 및 과제수행의 분량이 과도하거나, 학습목표와 직결되지 않은 활동이 부과되거나, 또는 개별 학습자가 감당하기 어려운 너무 높은 수준의 결과물을 요구하게 되면, 학습자의 좌절로 이어져 학습포기 현상이 속출한다. 이는 곧 교실수업의 또 다른 파국의 서곡이 될 수 있다.

2. 동영상수업에 적합한 직접교수법

1) 원재감(telepresence)

학생이, 교수자가 멀리 있어도 자신의 옆에 존재한다는 느낌이 들게 하는 원격현존감을 위한 교수전략이 필요하다. Bergmann과 Sams(2012, 2014)는, 동영상 시작 화면에서부터 교수자가 직접 등장하여 간단한 인사와 함께 수업을 소개하는 것이 학생에게 존재감을 알리는 데 유용한 방법이 된다고 제안했다. 또한 마지막 부분에서도 학습의 완수를 다시 독려하는 차원에서 등장하면 효과적이다. Roehling(2018)도 자신의 사례에서 이 방법의 효과성을 높이 평가하고 적용하기를 권하고 있다. 그러나 교수자가 화면의 한쪽 면에 내재한 영상(embedded video)으로 계속 모습을 보이는 것은 학습을 저해한다고 Johnston과 Karafotias(2016)는 사례연구에서 밝히고 있다. 즉, 학습자는 교수자가 화면 한쪽 면에서 계속 나오면 주의집중에 방해된다고 응답했다. 그러므로 교수자의 모습이 내재한 영상 없이, 강의 슬라이드에 주석/발호를 달며 교수자가 음성으로만 설명하는 방법을 선호했다. 물론, 교수자가 교실에서 학생 앞에서 직접 강의하거나 설명하는 것을 녹화하여, 모습이 화면 전체에 나오는 것은 문제가 없다.

2) 역동적인 교수자의 모습

학습 동기화와 효과를 함께 높이는 디딤영상이 되기 위해, 교수자가 역동적으로 수업을 진행한다는 분위기를 느낄 수 있는 전략이 적용돼야 한다. 그런 면에서, 디딤영상 녹화 시 교수자의 전형적인 실수는 TV의 동영상 해설이나 내레이션(narration) 형식으로 무미건조하게 설명하는 것이다. 이는 학습자의 주의집중을 지속화하기 상당히 어려운 수업상황을 만들게 된다. 설명하는 목소리도 교수자가 실제로 학생들 바로 앞에서 수업한다고 생각하면서, 일반수업보다도 조금 더 열정적이고 흥미로운 어조로 진행해야 한다. 또한 진중한 교실 강의 방식보다는, 학생과 면대면으로 이야기를 나누듯이 친밀하고 유머러스한 대화체의 형태로 설명해야 한다(Bergmann, 2017; Clark & Mayer, 2016).

3) 간결한 설명 및 명확한 발음

Tucker(2012a)는 디딤영상에서 교수자는 명료한 설명과 명확한 발음으로 녹화해야 한다고 주장하였다. 왜냐하면 전통적인 수업에서 교수자가 불명확하게 설명하거나 발음했을 경우에는, 학생들이 즉석에서 질의응답을 통해 교정하거나 이해할 수 있는 방식이, 디딤수업에서는 불가능하기 때문이다. 한편, 학습자가 디딤수업에서 언제든 반복 시청이 가능하므로 장황한 설명보다는 핵심내용만 가지고 간결하고 짧게 명확한 발음으로 설명해야 한다.

이와 함께, 녹음된 교수자의 음성의 질도 어느 설명도 불명확하지 않도록, 매번의 영상 개발 때마다 사전에 시험적으로 녹화하며 점검해야 한다. 그러므로 소음이 최소화된 곳에서 영상을 녹화해야 한다(Bergmann, 2017; Bergmann, Sams, & Gudenrath, 2015).

4) 추가 학습자료

초등교육에서 인재개발까지, 디딤수업에 대한 또 하나의 잘못된 인식 중의 하나는 동영상만이 유일무이한 학습수단이라는 것이다. 동영상은 학습자가 필수적으로 읽어야만 이해할 수 있는 교재의 내용을 대체할 수는 없다. 그러므로 필요하다고 여겨질 때는, 동영상과 함께 교재의 특정 부분을 정독하도록 요구하고 WSQ와 같은 활동도 필요하면 요구해야 한다. 때로는 교과서 외에 생성형 AI 자료, 학술지, 저서, 특정 문학 작품, 신문, 정기간행물, 또는 인터넷 자료 등을 함께 학습하는 전략도 적재적소에 활용할 필요가 있다(Bergmann, Sams, & Gudenrath, 2015; Hyttinen & Isomöttönen, 2025; Mazohl, 2025; Sams & Bergrmann, 2014).

3. 학습자 참여를 유도하는 상호작용전략

대학교에 플립드러닝을 적용한 Brown(2018)에 의하면, 많은 경우 능동적 학습(active learning)을 교실수업(In-class instruction)에서만 적용하는 것으로 오인하고 있는데, 거꾸로학습에서 능동적 학습의 출발점은 디딤수업이어야 한다. 특히, 디딤영상은 수동적 시청(passive watching)을 지양하고, 생성적 학습(generative learning)을 지향해야 한다(Fiorella, 2022; Thomas, 2025). 여러 연구들에 의하면, 능동적 학습을 유도하는 디딤영상은 학습자의 주의 집중도를 높이고, 인지적 피로(cognitive fatigue)를 감소시키며, 종국적으로 다양한 학습효과를 높이게 된다(Mazohl, 2025). 이런 관점에서, Mayer(2022)

는 '분할원리(segmenting principle)'에 따라, 긴 학습영상을 한꺼번에 보여주기보다는 단위별로 나누어서 분할 단위별로 간단한 활동, 질의응답 등을 함께 제공하면 더 나은 학습효과를 낼 수 있다고 여러 연구들을 바탕으로 주장하고 있다.

그러므로 디딤영상을 통해 주로 학습하기 자체가 수동적인 활동이기 때문에, 학습자가 단순히 시청만 하지 않고, 무엇인가를 적극적으로 할 수 있도록 유도하는 설계전략이 필요하다. 즉, 해당 디딤수업에 적극적으로 참여하고 몰입하게 만드는 상호작용성(interactivity)이 디딤영상에 내포될 필요가 있다(Bergmann & Sams, 2015c; Mazohl, 2025). 이러한 디딤수업에서의 상호작용 기법의 중요성은 Hwang과 Lai(2017)의 연구에서 검증되었다. 즉, 같은 거꾸로학습의 디딤수업에서 일방향적인 시청방법을 택한 동영상보다, 전자책(e-Book) 형태로 학습자의 다양한 참여전략과 응답 제공에 따른 적응적 제시 기법을 활용한 동영상이 학업성취도와 자기효능감도 공히 향상시켰다. 특히 이러한 교수전략은 학습능력과 자아존중감이 낮은 학생들에게 더 탁월한 효과를 보여주었다.

위의 논의에 부응하여, 디딤영상에서 상호작용성을 촉진하기 위한 전략은 크게 두 가지로 크게 나눌 수 있다. 첫째, 학습자와 영상 간의 상호작용을 위한 방법, 그리고 둘째로 학습자끼리의 온라인과 오프라인 상호작용 독려 전략이 이에 해당한다. 먼저 학습자와 동영상 간의 상호작용 전략에 관한 구체적인 방법들은 다음과 같다(최욱, 2016; Bergmann, 2017; Bergmann & Sams, 2015b; Bergmann & Sams, 2015c; Brown, 2018; Buitrago & Diaz, 2018; Jones, 2018; Moran & Young, 2014; Thomas, 2025).

1) 학습자와 디딤영상 간의 상호작용

① 선 질문, 후 설명/강의: 처음부터 시종일관 직접교수법(direct instruction)의 방식으로 제시, 설명하지 않는다. 즉, 영상강의 전/중/후의 주요

부분에서, 학습자에게 특정한 하나의 질문을 제기한다. 비록 학습자가 정답을 제시하지 못해도, 질문에 응답하는 것 자체가 학습자의 사전지식을 상기시키고 주의집중을 유발하게 한다. 그리고 이러한 학습자의 응답 유도 후에 그에 대한 설명이나 강의를 진행한다(Fiorella, 2022).

② 노트 필기: 다중지능 차원에서 학습자가 선호하는 방법으로 표현하기, 즉 주요 내용 요약해서 쓰기, 그리기, 노래로 만들기, 몸으로 표현하기, 영상이나 음성으로 녹화하면서 말로 설명하기, 조형물로 표현하기, 그리고 다양하게 혼합된 방법으로 표현하기 등.

③ 수업 전 또는 시청 중 제시된 특정 질문에 답 작성하기. 예를 들어, 교수자가 학급 블로그(blog)에 올린 핵심질문에 대해 서술형으로 답, 의견을 작성(Shaffer, 2017), 또는 괄호넣기형 문제 풀기(Speaks, 2017).

④ 시청 중 제시된 질문에 대해 영상 화면에서 직접 응답하기. 예를 들어, 작문 수업 디딤영상에서 문법이 틀린 문장들을 제시한 후, 틀린 부분을 찾아내 올바른 문장으로 수정하도록 요구한다(Bergmann, Sams, & Gudenrath, 2015).

⑤ 사전 배포된 활동지(workbook) 작성(Burkhart & Craven, 2020).

⑥ 예체능, 작문, 과학실험, 기술, 공학 등에서 제시된 절차적 지식을 직접 연습하기.

⑦ 복합학습을 위한 디딤영상에서 제시된 자료 탐색, 결과물 작성 등 과제의 특정 절차 수행. 예를 들어, 호주의 5학년 교사 Matt Burns는 역사교과에서, 골드러시(gold rush)의 주요 영향 10가지를 디딤영상에서 간단하게 소개한 후, 학생으로 하여금 본인이 흥미롭다고 생각하는 영향 하나를 선택하고 그에 대한 구체적인 지식, 정보를 탐색하여, 그 결과를 가지고 교실수업의 프로젝트에 참여하게 했다(Bergmann & Sams, 2016).

⑧ 디딤수업의 완수를 점검하는 퀴즈 풀기.

⑨ 교실수업에 제기할 질문 만들기(Chen, Hwang, & Chang, 2019).

⑩ 3-2-1 전략: 디딤수업을 이수하면서 학습자는, 배운 점 세 가지, 모둠 또래들에게 물어볼 질문 두 개, 교수자에게 물어볼 질문 한 개를 작성한다. 그런 후에, 교실수업에서 모둠별로 배운 점 세 가지를 공유하고 두 개의 질문을 제기하면서 또래들과 응답을 주고받는다. 이와 더불어 교수자에게 물어볼 질문 하나로 전체 질의응답 활동에 참여한다(Bergmann, 2017).

⑪ 후속 교실수업에서 다루게 될 연습 문제들 중 가장 쉽거나 낮은 단계의 문제(때로는 간단한 스토리텔링 형태로 제시) 하나 풀어보기.

⑫ 수학이나 과학에서 교수자가 개발한 종이 연습장(workbook)에 명시된 주요 문제에 QR 코드를 내장시킨다. 이 코드에는 해당 문제 풀이에 도움이 되는 교수자의 수업영상이 탑재되어 있다. 이를 바탕으로 학습자는 교수자가 제공한 연습장에 풀이과정과 정답을 기재하는 활동에 적극적으로 임하게 된다(Bergmann & Sams, 2016).

⑬ Carter(2013)는 교수자가 사전에 지정한 모양의 연필(clipart picture of pencil)이 화면의 특정 부분의 자료에 나타나면 학습자는 영상을 멈추고 연필이 지적한 내용을 필기하게 요구하였다. 이럼으로써 디딤수업의 주요내용을 누락하지 않고 학습자가 습득하는 효과를 내게 된다.

2) 학습자들끼리의 상호작용

또 다른 상호작용 전략인 학습자들 간에 이루어지는 방식에는, 우선 온라인 게시판에 관련 글 탑재, 온라인 토론 수행 등이 있다(Gasmi & Thomas, 2017; Levy & Cohen, 2017). 또한 협력적 시청(cooperative watching)이 있는데, 이는 자신의 짝이나 모둠의 학습자들끼리 자율적으로 온라인과 오프라인 소통을 통해, 서로 격려 · 점검하고 도와주면서 동영상 시청을 완수하게 만드는 방법을 의미한다(Bergmann & Sams, 2014). 또한 중등학교 영어교사인 Carter(2013)는 학생들이 방과 후에 교실이나 학교 컴퓨터실에 모여 서로 동참하고 협동하는 분위기 속에서 디딤수업 동영상을 학습하는 '시청 파티(viewing party)'를 실시하였다. 여기에는 보통 15~20명의 학생들이 정기적으로 참여했으며 때로는 교사가 간단한 간식을 제공하여 학습의 즐거움을 높이는 계기가 되었다.

4. 주석기법(annotation)/Callouts(발호: 發呼) 활용

또 다른 차원에서 디딤수업 동영상에서 나타나는 문제점은 제시・설명하는 자료를 일반 TV의 내레이션처럼 핵심 내용에 대한 적확한 지적 설명이 미흡한 것이다. 이에 따라 일부 학습자들은 설명에 해당하는 자료의 부분을 움직이는 영상 속에서 인지해내기 힘든 문제가 발생한다. 이와 관련하여 Rueda와 동료연구자들(2004)은 뇌과학 차원에서 초등학생과 성인의 주의집중 네트워크 시험(ANT: Attention Network Test)을 통한 비교연구를 시행했다. 그 결과, 대부분의 주의집중 능력에서 초등학생들은 성인과 큰 차이를 보이지 않았다. 그러나 화면에 새로이 나타난 자극에 대해서 경고신호(warning)를 포함한 정확한 지적이 이루어지지 않으면, 초등학습자가 성인과 비교하면 주의집중하고 인지하는 능력이 현저히 저하된다는 결론에 도달하였다. 이와 관련하여 Posner와 Rothbart(2007)는 초등학습자인 경우에는 화면에 새로운 자극을 제시할 때 화살표를 포함한 구체적인 신호(cue)를 병행해서 적극적으로 제공해야 주의집중을 시킬 수 있다고 제안하였다(Posner, 2004). 또 다른 연구에서, 화면에서 나타난 새로운 자극을 명시적으로 지적해 주지 않으면, 초등학습자는 대부분 주의집중을 하지 않고 다른 곳으로 주의산만해지는 경향을 보인다는 Corbetta와 Shulman(2002)의 연구결과가 그 중요성을 뒷받침하고 있다.

이런 관점에서 주석/Callouts(발호: 發呼)기법이란, 제시된 시각자료를 더욱 이해하기 쉽게 설명하기 위해, 교수자가 특정 부분에 부가적으로 적재적소에 사용하는 화살표, 동그라미, 별표, 확대 제시, 강조기법, 추가 문장(text) · 숫자 · 기호 등을 의미한다(Fiorella, 2022). Pardo와 동료연구자들(2015)의 연구에 의하면, 동영상에 교수자가 제공하는 다양한 주석/발호 달기는 학업성취도를 향상하는 데 기여할 수 있다. 같은 맥락에서 Bergmann(2017)에 의하면, 이러한 기법은 학생의 주의집중도를 높여 학습 효과를 향상한다. 또한 학습자는 영상에서 교수자의 설명 음성보다, 화면의 핵심어, 강조표시로부터 더 나은 학습을 이루게 된다(Fiorella, 2022). 그러므로 주석/발호기법을 적극적으로 활용하고 적재적소에 제공할 필요성이 대두된다(Bergmann과 Sams, 2014). 이렇게 디딤영상에서 단순한 설명 방식에서 탈피하여 이러한 기법을 적극적으로 활용하게 되면, 학습자들이 다량의 학습내용이 내포된 영상 중에 핵심 내용을 선별하고 습득하는 데 상당한 도움이 된다(Lohr, 2008). 또한 주석/발호기법이 적용된 주요 내용은 학습자에게 강조가 되고 반복 시청하게 만듦으로써 동영상의 실제 분량 이상을 학습시키는 효과도 거둘 수 있다.

이와 관련된 연구에서, Van der Meij와 Hopfner(2022)는 영상의 특정 중요 부분에 학습자가 주의집중하도록 시각적 강조(visual highlighting)를 주창하였다. 이는 제시, 설명할 주요 부분에 대해 전체를 감싸는 적색 원(red circle)으로 표기하면서 강의하는 기법을 의미한다. 이에 덧붙여, La Torre와 Desiron(2024)에 의하면, 영상의 시각요소에 대한 이해를 돕기 위해 제시되는 핵심어(key words) 형식의 문장(text)은, 학습자의 시선 처리가 최소화되도록(as short as possible) 제시되어야 한다. 그러므로 해당 문장은 화면의 하단 또는 상단(bottom/top)에 제시되어서는 안 된다. 그보다는 해당 시각요소 바로 옆에 표기되는 것이 최선이다. 그러나 핵심어로 강조한다고 지나치게 큰 문장, 숫자, 기호를 표기하는 것은 오히려 다른 시각요소들에 대한 집중에 방해가 된다(Taylor, 2024). 또한, 학습자들의 주의집중을 위한다는 무지의 소치로 제시된, 학습내용과 무관한 캐릭터, 불필요한 그래픽(애니메이션 포함) 등은 도리어 주의산만 기제가 될 수 있으므로 유의해야 한다. 왜냐하면 학습자는 무관한 캐릭터나 불필요한 그래픽에만 과도하게 집중할 뿐이고, 해당 핵심내용에는 '완벽하게' 주의산만되고(disengaged) 비과제행동을 유발할 뿐이다(Mayer, 2022).

5. 설명 일변도 직접교수(direct instruction)를 보완

수년간 고등학교 화학교과에 플립드러닝을 적용한 Musallam(2016)은, 기존 거꾸로학습은 개혁적이지 않고 학생들에게 지루한 수업 과정을 강요하고 있다고 비판하며, 수정된 교수전략인 탐색-거꾸로-적용(Explore-Flip-Apply) 교수전략을 주창했다. 특히 그는 거꾸로학습에서 '호기심이 우선(curiosity come first)'이라고 주장하며, 학생들에게 디딤수업에서 지식을 직접 교수하기 전에 학습자의 진정한 호기심을 자극해야 한다고 역설했다. 즉, 이렇게 학생이 구체적인 학습내용을 접하기 전에 그와 직결된 지적 호기심을 유발하면, 해당 학습내용이 더욱 의미 있게 다가와서 동기화를 한층 높일 수 있다. 이러한 호기심 자극은 아래와 같은 세 가지 방법들 중에 하나로 제시될 수 있다. 이러한 방법들은 30초 정도의 간단 활동으로 제시될 수도 있다(Musallam, 2016; Costa, 2020).

① 누락된 정보(지식)(Missing information): 핵심 지식이 빠지도록 하거나, 잘못된 지식을 제시하고, 그 누락되거나 잘못된 부분에 대해 학습자가 스스로 사고해 보거나, 찾아내도록 요구하는 방법이다.

② 예상되는 해결방안(Anticipated solution): 지식/정보에서 중요한 부분을 제거하고, 해결책을 학습자 스스로 탐색하도록 요구하는 것이다.

③ 놀라운 결과(Surprising results): 이 방법에서는, 우선 놀라움, 당황,

충격 등이 담긴 사건 또는 현상을 제시한다. 그리고 이에 대한 사진, 영상, 읽을거리 등을 본 학습자 스스로, 그런 현상 또는 사건을 설명하는 구체적인 지식/정보를 탐색하도록 요구한다.

이러한 호기심 자극 방법은 기존의 디딤영상 설계, 개발에 중요한 시사점을 던져준다. 왜냐하면 기존의 디딤영상에서 해당 차시의 핵심내용을 직접 교수법으로 제시하는 것 자체가, 실제로 많은 경우 기존 교실 강의의 단순 축소판으로 접근하는 문제점을 내포하고 있기 때문이다. 그러나 Musallam이 제안한 세 가지 전략들을 해당 디딤영상의 교과와 수업 특성에 따라 적용하면, 학습 초기 단계부터 학생의 지적 호기심을 자극하여 기존의 디딤영상보다 더 나은 동기화를 지속시키면서 학습에 임하게 할 수 있다. 이는 곧 더 나은 교실수업 활동으로 확대, 발전될 가능성을 보여주고 있다. 예를 들어, 디딤영상 시작 부분부터 교수자가 위의 '누락된 정보(지식)' 차원에서 강의를 진행하겠다고 설명하고, 실제로 중요 부분을 누락하고 해당 영상강의를 마친 후 강의에서 빠진 지식, 정보를 다음 교실수업까지 스스로 탐색해오도록 요구할 수 있다. 또한 '예상되는 해결방안'에서도 마찬가지로, 교육내용의 중요한 부분을 빼고 강의한 후, 누락된 부분을 학생 스스로 찾아서 제시된 문제를 풀거나 주어진 상황에 대한 해결책을 도출해 오는 활동이 주어질 수 있다. 또한 '놀라운 결과' 차원의 호기심 자극을 위해서, 학생이 보고 놀랄만한 현상, 사건을 제시하면서 이에 관해 디딤영상에서는 일부 내용만을 강의하고 나머지 내용은 스스로 탐색, 학습해서 왜 그런 현상, 사건이 일어났는지를 도출하는 활동을 요구할 수 있다.

이와 관련하여 중학교 문법교육에 적용한 사례에서, Danesa Menge 교사는 교실수업 말미에 문법이 여러 군데 틀린 문장들을 학생들에게 제시했다. 그리고 여기서 어떤 부분이 잘못됐는지 개별적으로 찾아보도록 요구했다. 얼마 후 학습자들이 충분히 어려움을 겪었다고 판단된 시점에서, 교사는 그 답을 가정에서 학습할 디딤수업에서 찾아보도록 권유했다. 그리고 각자 디딤수업을 통해 도출한 결과물을 교실수업에 가져와서 모둠별 협업을 통해 상호 피드백해 주며 정답을 찾아 나갔다(Bergmann, Sams, & Gudenrath, 2015). 또 다른 사례에서 이 교수전략을 영어교육(ESL)에 적용한 Lockwood (2018)는 다음과 같이 설계했다.

① Explore(탐색): 교육내용을 직접교수하는 기존의 디딤영상이 아닌, 주로 동영상이나 학습자료로 학생이 응답해야 할 문제나 질문이 제기된다. 학생이 답을 찾는 활동은 다양하게 나타나는데, 중요한 것은 이에 대한 지식이 담긴 디딤영상이 주어지지 않고 학습자 스스로 답을 찾게 된다.

② Flip(거꾸로): 기존의 거꾸로학습 디딤영상을 제공한다. 이 영상에는, 위의 '탐색'에서 주어진 문제/질문에 관한 답을 학습자가 스스로 찾으면서 습득한 지식의 격차(gaps)를 메꿔줄 수 있는 모든 주요 지식, 정보가 담겨있다.

③ Apply(적용): 마지막 단계로, 교실수업을 통해 학습자는 Bloom의 고차원 학습목표 달성을 위한 과제를 수행한다. 즉, 기존 플립드러닝의 교실수업에서 행해지는 활동, 교수전략, 평가 등이 동일하게 제시된다.

한편, 지금까지 논의한 특정 차시(들)의 일반적인 교수전략 관련 사례들과 달리, 독해와 작문 과목에서 Jen Ward 교사는 탐구기반학습에 이 방법을 적용했다. 즉, 탐구기반학습 시작 첫머리에 수행할 과제와 직결되면서 지적 호기심을 자극하는 핵심 질문 하나를 제기하고, 이에 대한 지식, 정보를 먼저 탐색해 보도록 했다(Bergmann, Sams, & Gudenrath, 2015). 이 사례에서 얻을 수 있는 시사점은, '탐색-거꾸로-적용(Explore-Flip-Apply)' 전략을 거꾸로학습을 위한 일반적인 교수전략뿐만 아니라 복합학습, 즉 프로젝트 학습, 문제중심학습, 탐구기반학습, 사례기반학습, 과제중심학습, 메이커교육 등에도 적용가능하다는 것이다. 특히 이러한 복합학습은 일반적인 교수전략보다 학습자의 흥미유발과 자기주도적 탐색활동이 주축이 되는 교수전략이므로 태생적으로 Musallam의 교수전략과 불가분의 상호부합성을 지니고 있다고 평할 수 있다. 그러므로 복합학습을 플립드러닝과 접목하여 첫 수업을 설계할 때, 디딤영상을 먼저 제시하는(flip) 전형에서 탈피하여, 해당 과제와 직결되면서 지적 호기심을 자극하는 탐색 질문 부여(explore)를 선행시키는 시도가 요구된다.

V. 디딤학습 사전분석 전략

플립드러닝의 성공적인 실행을 위해 교수자에게 요구되는 디딤수업에서의 또 하나의 역할은 디딤학습의 사전분석이다. 즉, 디딤학습 결과의 검토, 분석에 따라, 교수자는 계획된 교실수업에서 보완할 점을 도출할 수 있다(Kwan, Kadel, Memon, & Hashmi, 2024). 이렇게 학습자들이 디딤수업을 통해 학습한 결과를 교실수업 전에 교수자가 사전에 인지할 수 있다면, 학생들의 전체적인 현재 학습상황을 정확하게 파악할 수 있다(Talbert, 2021). 더불어, 디딤영상의 학습 결과를 교수자가 사전분석하게 되면, 교실수업에서의 새로운 중점 사항이 도출되어 기존의 수업계획보다 더 나은 학습효과를 높일 수 있다(Costa, 2020; Fornari & Poznanski, 2021). 즉, 학습자의 이해도에 관한 정확한 문제 파악을 통해, 더 적응적이고 적확한 교실수업 처치를 설계할 수 있다(Mazohl, 2025). 이렇게 디딤수업의 학습결과를 사전분석하는 방법에는 배움노트 및 온라인 게시물 분석, 온라인 평가 분석, 적응적 학습(adaptive learning) 등이 있으며 각각의 구체적인 교수전략은 다음과 같다.

1. 배움노트 및 온라인 게시물 분석

교실 수업의 성공 여부를 가늠하는 중요한 척도는 디딤수업의 핵심 내용에 대한 학습자의 이해수준이다. 이를 용이하게 만드는 방법은, 각 학습자의 동영상에 대한 배움노트의 점검을 통해, 교실수업의 기반 지식에 대한 증거 및 수준을 판별하는 것이다. 이와 더불어 각 학습자별 배움노트의 축적인 포트폴리오에 대한 측정도 과정 중심 평가 원칙에 부합한다(최욱, 2018a). 또한 교수자는 가능하면 디딤수업 완전학습 여부를 점검할 수 있게 핵심 내용에 관한 질문을 제시하여 이에 대한 답, 의견 등을 온라인 게시판에 탑재하도록 지도할 수도 있다. 특히 각 단원에서 핵심 차시에 대해서는 이를 필수 과제로 부과할 필요가 있다. 배움노트의 점검과 함께 이를 바탕으로 교수자는 특정 단원 학습의 근간이 되는 주요 내용에 대한 학생의 선수학습 여부 및 수준을 사전에 평가하여, 그 결과를 연계된 교실 수업 설계에 반영할 수도 있다(Bergmann, 2017; Pacansky-Brock, 2013). 이와 관련하여, 모든 학습자들로 하여금 디딤영상 학습 후 최소한 하나의 질문, 의견 등을 온라인 게시판에 올리게 해서, 이에 대한 분석을 바탕으로 교실 수업을 적정화할 수 있다(Bergmann & Sams, 2014).

이런 관점에서, Maris(2021)는 수업상황에 따라 아래의 두 가지 방법 중에 취사선택하도록 학습자에게 부과한 후, 디딤영상 학습 결과의 사전분석을 실시하였다.

① off-line: 해당 교실수업 하루 전에 배움공책(퀴즈, S-Q 포함) 제출
② on-line: 해당 교실수업 하루 전에 온라인 게시판에 의견(교실토론 의제), 과제 탑재, 질문(질문방, 이메일 등) 등 제기

이를 바탕으로 특정 학습상황에 최대한 부합하는 적시의 교수・학습(Just-in-time teaching & learning)을 가능케 하였다. 즉, 디딤학습의 결과에 따라

오답, 오류, 실수, 누락 등이 많은 교육내용과 직결하여 기존의 교실수업 계획을 수정, 보완하게 되었다(Maris, 2021). 이와 관련하여, Østerlie와 동료 연구자들(2022)은 체육수업에서 사전분석을 실시하였다. 즉, 학습자가 최소한 해당 교실수업 하루 전에 디딤영상 학습을 완료하고, LMS에서 퀴즈를 풀도록 부과하였다. 이에 대한 결과를 미리 분석한 후, 퀴즈에서 오답이 많이 생성된 교육내용에 중점을 두도록 기존 수업계획서를 보완하여 학습효과를 향상시켰다.

2. 온라인 평가 분석

한편, 고등학교 문학교과에 플립드러닝을 적용한 Brown(2017) 교사는, Edpuzzle(http://edpuzzle.com)을 활용하여 디딤영상을 학습자에게 제공했다. 이 교사는 이 책의 '3장'에서 구체적으로 설명한 Kirch(2016)의 'W-S-Q' 전략에 입각해서, 디딤영상의 주요 부분마다 이 사이트를 통해 퀴즈를 삽입시켰다(embed). 그리고 학생이 해당 퀴즈를 치르면 영상 시청 중에 즉시 그 결과가 피드백과 함께 통보되어, 자신의 학습과정을 스스로 평가하고 후속 학습처치를 취할 수 있게 해준다. 또한 학습자가 디딤영상을 통해 치른 모든 시험 결과는 'Edpuzzle'에서 기록되어, 언제든 교수자가 열람이 가능했다. 이로써 개별 학생의 디딤수업 완수 여부를 파악할 수 있었으며, 그에 따른 교실수업에서의 학습처치를 맞춤형으로 설계, 실행할 수 있었다. 그리고 교수자는 전체적으로 학습자들에게 공통적으로 나타난 '난해의 대상'도 도출할 수 있어, 디딤수업의 문제점을 형성평가하여 후속 개선사항에 반영할 수 있게 된다. 이와 함께 후속 교실수업의 디딤수업 점검전략을 포함한 전체적인 교수설계의 수정, 보완에도 반영시킬 수 있어 다각도의 형성평가가 가능해진다. 이러한 'Edpuzzle'은 Sanchez-Gil-Machín과 동료연구자들(2025)이 수행한 대학교육에서의 플립드러닝 현장연구에도 같은 전략과 효과로 적용, 실행되었다.

3. 적응적 학습(Adaptive learning)

이와 관련하여, 학습분석(learning analytics) 기반 적응적 학습(adaptive learning)을 거꾸로학습에 적용한 Clark와 Kaw(2020)는, 디딤수업에 이 시스템을 도입했다. 즉, 학생은 개별화 학습경로로 디딤영상을 학습한다. 그리고 디딤영상을 학습하면서 수시로 또는 영상 끝부분에 제시된 퀴즈의 개별 결과에 따라, 형성평가 차원의 즉각적이고 적시의 피드백이 주어진다. 그리고 필요시 이 피드백에 수반된 추가 학습 여부가 결정되어 해당 학습자료가 적시에 즉각적으로 제공된다. 이렇게 실시간으로 측정된 학습과 수행은 형성평가 차원에서, 교수자에게도 통보되어 후속 교실수업 설계에 반영된다.

한편, 이를 확대, 발전시켜 미국 3개 대학(University of South Florida, Alabama A&M University, Arizona State University)의 STEM 과목들에 대단위로 적용한 사례(Clark, Kaw, Scott, Kumar, & Yalcin, 2025)에서는, 디딤수업의 완수 수준을 높여 교실수업의 효과성 제고로 연계시키는 일환으로 플립드러닝에 적응적 학습을 접목했다. 여기서는 해당 과목 전체에 적응적 학습형 플립드러닝을 적용하였다. 즉, 과목당 8개의 학습주제로 대별하여 실행된 수업에서 기계학습 알고리즘(machine learning algorithm)을 기반으로, 학습자의 디딤수업 완수 정도에 따라 과목당 121개의 맞춤형 개별 수업(nodes)이 제공된다. 그리고 각 주제별 디딤학습 분석 결과는 교수자의 adaptive platform dashboard에 실시간으로 제공된다. 교수자는 이러한 dashboard를 활용하여, 학습자의 교실수업에서의 준비 수준을 가늠하게 된다. 그리고 이는 교실수업에서의 보완 및 중점 사항, 학습활동을 결정짓게 된다.

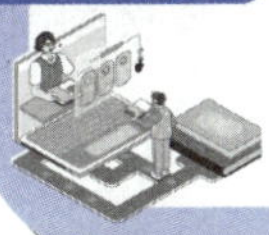

04 CHAPTER 단계 3. 교실수업(In-Class Instruction) 교수설계

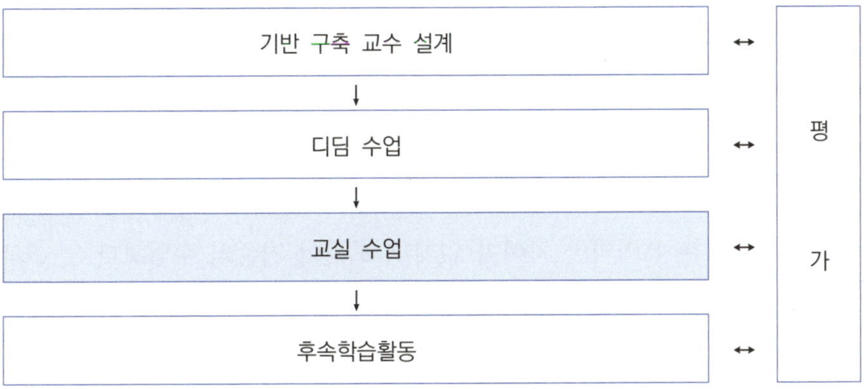

이 장에서는 거꾸로학습의 디딤수업(Out-of-class Instruction)에 이어 연계된, 교실수업(In-class Instruction)에 관한 새로운 체제의 교수설계 모형과 실천적 교수전략을 탐색하는 목적을 지향하고 있다. 플립드러닝에서는, 교수자의 직접교수를 동영상으로 사전에 선수 학습하는 디딤수업에 대한 연계, 후속활동으로 교실수업이 설계, 실행된다. 특히, 거꾸로학습의 교실수업에서는 전통적인 교실수업과는 달리 교수자의 직접교수(강의)는 완전히 배제되면서 디딤학습 결과를 기반으로, 학습자는 심도 있는 능동학습에 해당되는 활동에만 오롯이 전념하게 된다(Kwan et al., 2025). 특히 이 교실수업은, Bloom의 목표 위계(Anderson & Krathwohl, 2001)의 하위사고능력(이해 및

지식습득) 차원의 학습을 완수한 디딤수업을 기반으로, 적용에서 창의성까지 아우르는 고차원사고와 직결된 학습목표 달성을 가능하게 만든다. 이러한 교실수업에서는, 디딤수업에서의 동영상 개발 및 해당 동영상의 완전학습을 위한 제반 학습환경 조성만큼이나 체계적이고 면밀한 교수설계가 반영되어야 비로소 거꾸로학습의 완성도를 높일 수 있다. 거꾸로학습에서 교실수업 설계가 성공할 수 있는 관건은, 전통적인 교수상황의 교실수업과 완전히 다른 패러다임으로 접근하는 것이다. 특히 초등학교에서 대학교, 그리고 인재개발까지의 교수자 역할은, "강단의 주연에서 학습자 옆에서 안내자(Sage on the stage to Guide on the side)"(King, 1993)라는 패러다임 전환을 기해야 한다.

그런데, 플립드러닝의 효과성에 관한 메타 연구(Karabulut-Ilgu, Cherrez, & Jahren, 2018)는 최근에 게재된 62개 양적 연구 학술지들을 분석했다. 그 결과, 많은 연구에서 거꾸로학습이 전통적인 교수에 비해 다방면에서 더 나은 학습 효과를 보여주었다. 반면에, 소기의 성과를 거둔 연구들만큼의 다수 연구에서는 유의미한 차이가 없거나 도리어 기존의 수업보다 덜 효과적인 결과가 도출되었다. 이를 분석한 결과, 특히 거꾸로학습의 교실수업 실패를 초래할 수 있는 요인들은 다음과 같다. ① 기존수업과 차별화된 교수전략에 대한 교수자의 전문성 부족, ② 디딤수업 완전학습에 미달된 학생 예방책 미흡, ③ 새로운 학습방식에 대한 학습자의 부적응 및 거부감, ④ 학생들의 자기주도학습 능력 부족, ⑤ 협력적 학습환경 결핍.

이러한 문제점을 극복하기 위해 교실수업을 위한 설계전략들이 다양한 문헌에서 백가쟁명으로 제시되고 있다. 하지만 이 중에서 어떤 단일의 교수설계 모형이나 교수전략 체제도, 교수자가 플립드러닝의 교실수업을 통해 원하는 학습목표를 달성할 수 있도록, 총체적이고 체계적인 교수설계 요소(instructional components)를 구비하지 못하고 있다. 일례로, Jones(2018)는 심화학습과의 연계 차원에서 프로젝트 학습을 교실수업에 접목하는 면에서 의미 있는 설계 요소를 수립했지만, 이와 관련된 후속 온라인 토론전략,

적응 전략 등의 요소들이 여전히 미흡하다. 그리고 Kirch(2016)는 교실수업에 유용한 교수전략을 실제로 적용하고 논의하고 있지만, 여타 주요 교수요소들 상당수가 여전히 보완돼야 할 정도로 체계성이 부족하다. 이렇게 위에서 논의된 메타분석에서 지적된 교실수업 실패 요인을 극복하는 방안 차원에서의 교수설계 요소를 총체적으로 반영하지 못하고 있다. 또한 대부분의 교수설계 모형들이 플립드러닝 전체 과정에 대한 교수설계 전략을 파편적으로 제시하는 데 방점을 두고 있다. 이에 따라, 교실수업을 거꾸로교실에서 실제로 적용하는 데 특화된 교수설계모형 및 전략으로 교수자나 교수설계자에게 안내, 지원하는 데는 태부족한 면을 보여주고 있다.

또한, 거꾸로학습의 교실수업의 기반 이론 중의 하나인 Mitra(2016)의 자기구조화 학습환경론(SOLE: Self-Organized Learning Environment)을 잘못 이해하여, 교수자가 기존의 교실수업에서 활용했던 단편적인 교수전략을 기반으로 활동을 부과하면서 어느 정도 시간이 지나면 학습자들이 알아서 자기주도학습 환경을 스스로 만들어 나갈 것이라는 섣부른 기대는 금물이다. 이러한 기대로 인해 교실수업의 파행이 장기화하면서 거꾸로 교실의 무용론까지 대두되는 교육현장의 모습이 다반사로 발생하고 있다. 그러므로 거꾸로 교실수업의 성공적인 실행과 정착을 담보할 수 있도록 기존의 교실수업에서의 단순한 '자기주도학습 활동' 이상의 교수설계 요소가 반영된 차별화되고 정밀한 교수설계가 필요하다. 이와 더불어 디딤수업과의 상호보완성 및 통일성을 갖추면서도, 교실수업 특유의 목적과 취지에 부합한 교수전략이 총체적이고 체제적으로 반영된 교실수업 설계모형이 모색돼야 한다.

그러므로 이 장에서는 교실수업에 방점을 두면서 이에 특화되어 구체성과 면밀성이 갖춰진 교수설계 모형과 교수전략을, 초·중등학교뿐만 아니라 대학교, 인재개발의 교육현장에 제시하는 데 목적을 두고 있다. 이를 위해 기존의 체계성이 부족한 파편적인 교실수업 설계전략을 평가, 재구성, 집대성하여 종합적인 체제로서의 교수설계모형과 교수전략을 수립하고자 한다.

이로써 교수자 및 교수설계자가 플립드러닝의 교실수업을 성공적으로 설계, 실행할 수 있도록 유용한 지원과 안내가 되는 업무지침서(job-aids) 차원의 지식기반을 제공하는 데 또 다른 목적을 두고 있다.

이런 관점에서 이 장에서는 [그림 4-1]과 같이 거꾸로학습을 위한 교실수업 설계모형과 함께 교육현장에 구현가능한 구체적인 교수전략을 개발하였다. 여기에 제시된 설계모형은 교실수업의 효과성 및 효율성 제고를 위해 필수불가결한 교수설계 요소로써 학습환경 설계전략, 디딤수업 완수 점검전략, 일반적 교수전략, 모든 학습자를 위한 능동학습 전략, 개별화 및 수준별 교수전략 등의 5개 국면으로 구성되었다. 이와 더불어 각 교수설계 요소의 유용성을 위해 구체적이고 실천적인 교수·학습 방법 및 성공사례가 교수전략으로 뒷받침되어 제시됐다. 그리고 이러한 교수설계 요소와 실제 교육방법들은 [그림 4-1]에서의 톱니바퀴처럼 유기적인 관계 속에서 상호작용하여, 교실수업을 성공 궤도에 안착시키는 데 시너지 효과를 내게 된다. 이렇게 플립드러닝을 실제로 설계, 실행하는 교수설계자나 교수자에게 업무매뉴얼(job-aids) 차원의 안내가 될 수 있는 교실수업 모형의 구체적인 교수전략은 아래와 같이 상술되어 있다.

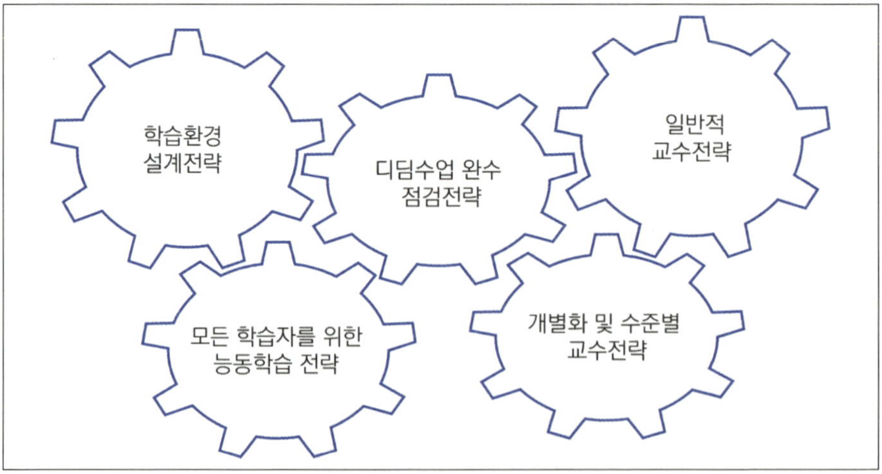

[그림 4-1] 교실수업 교수설계 체제

Ⅰ. 학습환경 설계전략

플립드러닝에서 교실 수업의 성공적 실행을 전체적으로 떠받치며 반석의 역할을 하는 교수설계 전략이 요구된다. 특히 어떤 형태의 교실 수업에서도 각각의 교수전략을 공통적으로 실행할 수 있도록 일반화된 구체적 방법이 선제적으로 모색되는 것이 성공의 관건이 된다. 이런 측면에서, 모든 형태의 교수전략이 수용가능한 교실 공간구성에 대한 물리적 환경의 조성, 교실수업 구성의 체계화 등이 반영될 필요가 있다(최욱, 2018a). 이런 관점에서, 바람직한 물리적 학습환경이 플립드러닝을 위해 구조화, 조직화되지 못하면, 학생의 부정적 정서를 야기하게 되면서 학습의 파행으로 이어진다(Honeycutt, 2018).

1. 물리적 교실 환경

교수자는 거꾸로 교실에서 학습활동과 더불어 학생들 간의 원활한 의사소통도 촉진하는 데 필요한 물리적 학습환경을 고안하여 제공해야 한다(Strayer, 2017). 또한, 플립드러닝의 교실활동을 위한 물리적 학습공간은 다양한 개별활동, 협력활동, 면대면 코칭, 평가, 디지털 기기 활용 등이 교수자와 학습자에게 원활하게 이루어지도록 효율적인 동선으로 설계되어야 한다. 이와 더불어 각 활동을 위한 명확한 공간(clear zone)이 지정될 필요가 있다(Mazohl, 2025). 이에 관해 Kirch(2016)는 성공적인 교실 수업에서 우선적으로 설정되어야 할 학습환경은, 전통적인 교실과는 다른 형태로 교실 공간을 구성하는 것이라고 주장하였다. 이 교사는 35~40명의 고등학생을 대상으로 매일의 수학수업에 플립드러닝을 직접 적용한 공간 설정에서 고려해야 할 네 가지 요소를 제시했다. 여기에는 협력 학습, 개별 평가, 모바일 학습(mobile learning),

소규모 수업(small teaching) 등이 동시다발적으로 이루어질 수 있는 물리적 환경이 [그림 4-2]와 같이 설계됐다. 이러한 교실의 주요 구성 요소별 용도와 활동 내역은 다음과 같다.

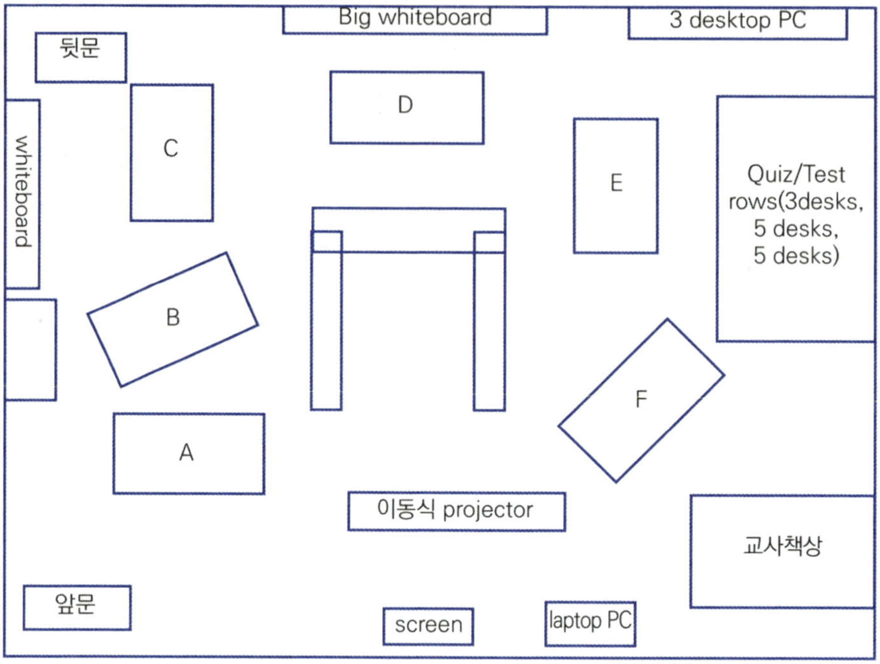

[그림 4-2] 플립드러닝의 물리적 학습환경(Kirch, 2016)

① 책상('A~F'): 여기서 협력 학습을 위해 각 책상에서 6명 정도가 앉아 한 모둠이 될 수 있도록 책상 여섯 개가 배치되며, 학생들이 대부분의 교실수업 시간을 보내는 공간이다. 학생들은 이곳에서 다양한 모둠별 활동을 영위하는 동시에 자유롭게 다른 모둠과 이동, 교류, 토론 등을 수행하게 된다.

② Quiz/Test rows: 개별 평가를 위해 학습자가 퀴즈나 시험을 치르는 공간(Quiz/Test Area)이다.

③ 3 desktop PCs, 2 laptops: 학생들이 필요할 때 언제든지 미진한 부분의 디딤영상 학습을 보완하거나, 인터넷에서 필요한 자료, 정보를 검색한다. 이와 함께, 온라인상의 토론, 또래 교수 등을 수행하는 수시 온라인 개별학습 공간이 PC와 함께 제공된다. 같은 용도의 laptop 컴퓨터는 필요시 여러 책상으로 이동, 활용된다.

④ 'U'자형 책상과 이동식 화이트보드(white board): 소규모 직접 교수, 교정, 학습 지원 등이 용이하게 이루어지도록 구성된 환경도 병행 설정된다.

⑤ 교수자는 교실 중간쯤에 바퀴 달린 의자에 앉은 상태에서 필요한 장소로 이동하면서, 추가 도움과 부분적인 재수업(re-teaching)을 학생들과 눈높이를 맞추며 실시했다.

이러한 교실의 물리적 환경 덕분에, 더욱더 효과적이고 효율적이면서도 협력적인 학습활동이 이루어질 수 있었다(Kirch, 2016). 이러한 학습환경은, 교실수업의 주요 활동인 면대면 도움 및 다양한 참여형 학습 등이 원활하도록 거꾸로교실 공간이 구조화돼야 한다는 Talbert(2017)의 주장과도 부합한다. 또한 Kirch(2016)의 물리적 학습환경은 플립드 완전학습(Flipped mastery learning)(Bergmann & Sams, 2012, 2016; Johnson & Bergmann, 2018) 실행에 적합한 교수전략들 중의 하나인 교실 내 거꾸로(In-class flip) 수업모형의 구현에도 부합된다. 교실 내 거꾸로 수업모형은, 디딤수업 이수마당(station)을 상설해서 사전학습을 하지 않은 학생들이 언제든 교실수업에서 완전학습할 수 있는 환경을 제공한다. 이로써 전체 학생들을 위한 별도의 디딤수업 완전학습 점검전략을 활용할 필요도 없을 뿐만 아니라 미학습으로 인하여 교수자와 학생 간의 갈등도 야기될 소지가 없어진다(Ramirez, 2018; Ramirez & Rodriguez, 2018). 즉, Kirch의 교실 물리적 학습환경(2016)에서 '3 desktop PCs, 2 laptops' 부분이 이러한 마당을 대체할 수 있다. 특히 여기에서 ICT 환경은 교실수업 중에도 교정적 학습이 필요한 학생들이 해당 동영상의 특정 부분을 수시로 학습할 수 있는 기회도 제공해 준다.

2. 교실수업의 구성

성공적인 거꾸로학습을 위해 교실수업은, 지식의 적용, 문제 해결 또는 고차원 사고력 등을 다양하게 발휘할 수 있는 장을 마련해야 한다고 Strayer(2017)는 역설했다. 그는 이러한 관점을 Kim과 동료들(2014)의 연구를 기반으로 구체화하여, 교실수업을 위한 필수 교수설계 요소를 다음과 같이 제안했다.

① 디딤수업과의 명확한 연결 고리를 제공한다.

② 명료하고 구조화된 학습 안내와 지원을 제시한다.

③ 교수자와 또래학습자가 함께 협력하는 학습사회를 조성하고 촉진한다.

④ 문제중심학습과 같은 복합학습, 토론 수업, 메이커 교육 등과 연계하여 상응한 교수설계를 모색한다.

⑤ 학습자의 이해 수준을 지속적으로 평가하는 체제를 구축한다.

또한 플립드러닝의 교수설계를 '5E Learning Cycle'(Bybee, Taylor, Gardner, Van Scotter, Powell, Westbrook, & Landes, 2006)을 바탕으로 접근한, Jensen, Kummer와 Godoy(2015)는 교실수업의 설계 요소 및 원칙을 아래와 같이 제시했다.

① Engage(몰입): 학습과정에 학생이 몰입하도록 유도하기 위해, 적극적인 참여학습 방법과 활동 제공

② Explore(탐구): 스스로 자신의 지식을 구성, 탐색하기 위해, 학생은 협력학습을 통해 문제 해결, 자료 분석, 가설 설정, 형태 발견 등의 활동 영위

③ Explain(설명): 학습의 도움을 제공하기 위해, 교수자는 필요시 안내와 지원을 면대면 또는 온라인을 통해 제공

④ Elaborate(정교화): 새로운 개념 이해를 바탕으로 이해의 폭을 넓히고 개념체계를 공고화하기 위해, 학습자가 스스로 구조화한 지식을 적용하여 고차원 사고능력과 직결된 문제들을 해결하는 활동 부과

⑤ Evaluate(평가): 학습에 대한 형성 및 총괄 평가를 위해, 온라인과 오프라인을 통한 다각도의 평가 방식 반영

한편, 대학교육에 거꾸로학습을 적용한 Talbert(2017)는 Fink(2013)의 유의미 학습(significant learning) 이론에 입각하여, 12단계의 교수설계 요소를 제시했다. 그중에서 교실수업 설계 특유의 요소들을 종합, 정리하면 다음과 같다.

① 주요 상황 변수를 파악: 학습자 특성, 교실환경의 적합화 여부, 수업에 영향을 미치는 특정 요인 등을 면밀히 분석한 대응방안을 교실수업 설계에 반영

② 적합한 피드백 및 평가 체제 수립

③ 효과적인 교수·학습 활동 설계

④ 의미 있는 주제로 한 학기 수업내용을 재구성: 논리적인 계열화 및 효율성을 기반으로 주제중심 및 묶음 운영 차원의 4~7개로 영역화

⑤ 디딤수업과 교실수업과의 효과적인 연계: 이와 더불어 Talbert(2017)는 플립드러닝의 교실 수업에서 매 차시 또는 연차시마다 적용가능한 구성체제를 제시했다. 이 체제는 도입(opening minutes), 중앙부(middle part), 마무리(closing minutes)의 세 국면(stages)으로 구조화되어 다음과 같이 구체적으로 설계, 개발, 실행, 평가되었다.

1) 도입

교실 수업의 출발점인 도입은, 디딤수업과의 연결 고리를 제공하여 교실 수업을 정상 궤도에 안착시키는 데 관건이 되는 중요한 요소이다. 그러므로 이 수업 국면에서는 교실수업 심화학습의 밑바탕이 되는, 개별 학습자의 디딤수업 핵심 지식에 관한 이해와 습득을 점검하는 활동이 주를 이루게 된다. 보통 5~10분의 시간을 들여, 교수자는 학생이 디딤수업에서 학습한 것을 표현, 검토 또는 연계하는 아래와 같은 활동을 교수설계에 반영한다.

① 디딤수업에서 학습한 것을 검토, 연계, 표현: 예를 들어, '입장권(entrance ticket)' 방법을 통해, 핵심내용의 사전학습 여부를 확인하는 모둠별 질의응답이나 토론 활동이 제시된다(Sauer, 2016). 이와 관련한 대학교 플립드러닝에서 Talbert(2017)는, 강의실에 입장하는 학생에게 "디딤영상 및 관련 자료에서 습득한 세 가지 핵심 내용은 무엇인가요?"와 같은 질문이 적힌 카드를 제시하고, 그 응답을 적어서 제출하도록 요구했다. 이외에도 디딤영상을 요약한 노트, 디딤수업에서 부과된 퀴즈의 정답, 안내형 질문의 과제수행 결과, 수집된 자료, 간단한 실험결과 등 디딤수업을 이수했다는 증빙이 되는 다양한 결과물을 제시하도록 요구할 수도 있다(Adams & Gingras, 2017)

② 몰입 질문(compelling question) 제기: 후속 교실수업 활동에 전체적인 방향성을 설정하여 부과하는 안내 질문을 던진다. 모든 학생은 이 질문을 기반으로 답을 탐색해 나가는 활동 또는 과제수행을 영위하게 된다.

③ 디딤수업 이수의 책임감을 고취: 교실수업에서 무엇보다 중요한 것은, 사전학습에 해당되는 디딤수업을 개별 학생이 자기주도적으로 이수해야 한다는 점이다. 그러므로 어떤 경우에도 개별 학습자에게 디딤수업 이수에 관한 책임감을 부과하는 것은 타협의 여지가 없다. 일례로, 도

입부에서 핵심내용 습득을 점검하는 개별 퀴즈 풀이 활동을 부과한다. 그 결과에 따라 후속 교실활동의 수준이 결정되어 심화학습에 임하거나 교정학습을 하도록 피드백이 주어진다. 또 다른 전략으로, 디딤수업의 주요내용 요약을 노트필기해 와서 모둠 또래들 앞에서 발표하는 방법이다. 이는 교실수업마다 모둠 내에서 돌아가면서 한 학생이 하거나, 무작위로 선정되어 실시되는데, 결국 여러 교실수업이 실행되면 모둠의 모든 학생이 이 책임의무를 수행하도록 요구된다. 한편, 디딤수업 내에 제시된 이해습득 점검 문제들에 관한 정답을, 교실수업 시작하면서 바로 교수자가 제공하고, 그에 대한 의문 사항을 모둠끼리 질의응답하는 방법도 가능하다.

2) 중앙부

이 부분은 교실 수업의 시간 대부분을 차지하며 본격 심화활동이 이루어지는 단계이다. 여기에서는 문제 풀이, 연습, 적용활동, 심동적 기술 훈련, 글쓰기, 실험, 토론, 또는 복합학습의 과제수행 등과 관련된 대부분의 다양한 교수전략들이 설계, 개발, 실행, 평가된다.

3) 마무리

이 수업 국면에서는 약 5~10분 동안 종합, 정리, 요약, 의문 사항 제기, 후속학습과의 연계 등의 방법이 적용된다. 이와 더불어 자신의 학습과정을 되돌아보며 개선점을 도출하는 성찰, 학습에서 경험한 난관을 피드백, 후속 심화학습과의 연계 등에 관한 교수전략도 활용된다(Correia, 2025; Singh, Mahajan, Gupta, & Singh, 2018; Talbert, 2017). 이와 더불어 필요시 후속 디딤수업 또는 교실수업과의 연계활동이 제공되기도 한다(Kasevich, 2025).

3. 긍정적인 학습환경 견지

플립러닝의 교실수업은 전통적인 수업과는 사뭇 다르게 강의가 완벽히 배제되고, 학습자의 자기주도적 활동이 시종일관 실행되는 학습환경을 지향한다. 그러므로 교수자가 보여주는 태도와 모습에 전적으로 좌우되는 교실수업의 분위기를 긍정적인 환경으로 견지할 필요가 있다. 이를 위해 교수자는 지적 호기심을 자극하고, 공감을 표현해 주며, 참고 기다려 주는 학습촉진자임을 자임할 필요가 있다. 구체적으로는, 교실수업 전에 학습자들에게 온화한 인사를 건네고, 수시로 학습자의 공헌에 진정한 관심을 표명하고, 작은 학습 결과에 대해서도 칭찬을 아끼지 않는 교수자의 행동이 큰 차이를 보여줄 수 있다(Mazohl, 2025).

이와 함께 중요한 것은, 정서적 안정과 학습의 즐거움이다. 즉, 모든 교실활동에서 학습자가 두려움이나 압박감 없이 탐색하고 창조할 수 있는 학습환경을 조성해 줄 필요가 있다. 특히 실패 또는 실수로 인한 차질이나 좌절이 생기면, 즉각 이를 건설적으로 승화시켜 이는 학습의 일부분일 뿐이며 학습을 위한 귀중한 경험이라고 독려해 주어야 한다(Mazhol, 2025).

Ⅱ. 디딤수업 완수 점검전략

거꾸로학습에서 가장 빈번하게 제기되는 문제점이자 회의론의 출발점은, 교실수업 성공의 기반인 디딤수업에 대한 완전학습을 어떻게 보장하는가이다. 이와 관련하여, 우선적으로 디딤수업 체제에서 다각도의 적응환경 구축전략을 체계적으로 제공할 필요가 있다. 그런데도 디딤수업을 완전학습하지 않고 교실수업에 임하는 학습자들이 허다한 경우가 플립드러닝 적용 초기에 비일비재하다. 또한 고등학교에 플립드러닝을 적용한 Carstens와 Sheehan (2014)에 의하면, 디딤수업 이수가 진정한 학습문화로 정착되기 전에는, 상당수 학생이 디딤영상 학습과 함께 부과된 시험문제 풀이나 노트필기를 서로 복제해 오는 경우가 비일비재했다. 이와 유사한 사례 연구들(Guerrero, Beal, Lamb, Sonderegger, & Baumgartel, 2015; O'Bannon et al., 2011)에서도 같은 문제점을 제기하고 있다. 그러므로 단순히 디딤영상에 대한 완전학습 수준의 정답률과 노트필기를 점검하는 것만으로 디딤수업을 성공적으로 이수했다고 인정하기 어렵다. 그래서 특히 거꾸로학습 적용 초기에는, 이에 대한 방지책으로 교실수업의 도입 부분에서 디딤수업 완전학습을 제고하는 교수전략이 필수적으로 설계되어야 한다.

디딤수업과 관련하여 교실수업 실행 초기에 고려해야 할 또 다른 측면에서의 전략은, 디딤수업에서의 학습이 교실수업에 '연착륙'하여 효과적으로 연계되도록 가교 역할을 할 수 있는 교수설계이다. 이러한 전략들은 거꾸로학습 시행 초기에 필수적으로 반영되어야 플립드러닝의 파행을 예방할 수 있다. 이런 관점에서, 교수자는 교실수업 전에 개개인의 학습자들이 디딤학습을 완수했는가의 여부를 반드시 점검해야 한다. 그리고 미이수한 학생들은 교실수업에서 활동에 참여할 수 없게 조치하고, 우선적으로 디딤학습을 완수하도록 부과해야 한다(Winter, 2018). 이렇게 실행된 디딤수업 점검전략은, 학생들에게 디딤수업 학습을 자기주도적으로 완수하는 문화를 조성하는 계기와 기반을 마련해 주게 된다. 이에 관해 Bergmann과 Sams(2014)에 의하면, 학생 대부분은 디딤수업에서 동영상 학습을 잘해오면 교수자와 또래로부터 도움을 받으며 즐거운 학습활동 속에서 완전학습을 이룬다는 것을 인식하게 된다. 이로 말미암아 점차 점검전략의 필요성이 사라지면서 더 이상 수업 시간에 활용할 필요가 없어지게 된다(Tucker, 2012). 디딤수업의 학습 여부 점검을 위한 구체적인 실천적 방법들은 다음과 같다.

1. 배움노트 검사

디딤수업 학습 수준과 완전학습 여부를 점검, 확인할 수 있는 가장 유용한 방법들 중의 하나는, 각 학습자가 디딤수업에서 필기한 배움노트를 검사하는 것이다. 교실수업의 성공을 위한 필수 요건은, 디딤수업 동영상을 단순히 시청하지 말고, 노트필기를 부과하는 것이다(Bergmann, 2017). 이런 관점에서 Sauer(2016)는 디딤수업에서 제시된 문제 풀이보다는, 동영상 핵심 내용을 일목요연하게 정리한 노트필기를 교실수업의 필수 사전 준비 사항으로 학생에게 부과한다고 역설했다. 그런데 Mueller와 Oppenheimer(2014)의 연구에 의하면, 배움노트를 PC로 작성하기보다는 실제 공책에 직접 필기하는 것이, 개념 적용 측면에서 더 나은 학업성취를 가져왔다. Sauer(2016)는 더 나아가 노트필기를 단순히 해오는 것에서 그치지 않고, 필기 내용을 사전 습득하도록 요구하는 것이 효과적인 교실수업을 위해 필수적이라고 역설했다. 한편, 이 방법은 Carstens와 Sheehan(2014)의 연구에 의하면, 또래의 것을 복제해 오는 현상이 비일비재하므로 다른 점검전략과 병행할 필요가 있다.

2. 협력해서 문제 풀기

교실수업의 본격활동 직전에 5~10분 정도의 시간을 할애하여, 디딤수업 동영상에서 제공된 핵심 학습내용과 직결된 안내 질문(guiding questions)('3장'의 'WSQ' 참조)을 다시 제기한다. 그리고 이에 관한 정답, 견해 등에 대한 문제 풀이 또는 토의를 모둠별로 협력하면서 실시한다(Bergmann & Sams, 2012, 2015b, 2015c, 2016; Nesloney, 2013). 마찬가지로, Eklund(2025)는 대학교 회계학 과목의 디딤수업 완수 점검전략의 일환으로 모둠별로 퀴즈를 푸는 활동을 부과했다.

또는 디딤수업을 바탕으로 작성한 작문, 실험 등의 결과물을 교실수업에서 모둠 학습자들이 서로 검토하고 피드백을 제공하는 활동도 가능하다(Bergmann, Sams, & Gudenrath, 2015). 이러한 토론을 통해 학생들은 디딤수업 동영상의 완전학습을 위해 상호 점검하고 도움을 주는 협력적 학습사회를 만들어 나가며, 자기구조화 학습환경 조성에 박차를 가하는 효과도 거두게 된다.

3. 모두 함께 요약, 완전학습

모든 학생이 디딤수업에서 필기한 것을 바탕으로 디딤수업 학습내용의 요점을 한 문장(one sentence)이나 몇몇 핵심 단어들(key words)로 표현한다. 학생은 각자 그것을 교수자가 켜 놓은 실물화상기, 또는 화이트보드, 또는 laptop 컴퓨터 등에 표기한다. 이와 동시에 완성한 학생들은 다른 학생의 것들을 공유하게 된다. 그리고 필요하다면 활동 말미에 전체적으로 학생들이 빠뜨리거나 잘못 이해한 핵심 내용에 대해 교수자가 간명하게 짧은 수업(mini-lecture)으로 설명해 준다. 여기서 학생들의 질의에 대한 응답도 같이 이루어진다.

여기서 거꾸로학습 교수자라고 교실수업에서 직접교수(direct instruction)를 전혀 하지 말아야 한다는 주장에는 동의하지 않는다. 즉, 교수자가 필요하다고 느끼거나 학생들의 합리적인 요구가 제기되면, 개별, 모둠 또는 전체 학생들에게 총 2~10분 정도의 적시(just-in-time) 짧은 강의를 실행할 수도 있다(Kirch, 2016). 이러한 방법은 앞서 '2장'의 'III. 자율학습 촉진전략'에서 제기된 Bergmann(2017)의 지론뿐만 아니라 Talbert(2021)의 주장과도 배치된다. 즉, '3. 디딤수업 이수에 책임감 부과'에서 그는, 교실수업에서 디딤수업에 관한 짧은 강의를 제공하는 것조차도, 이를 미리 성실히 이수해 온 학습자들에게 디딤수업이 의미 없다는 잘못된 메시지를 전달한다고 역설했다. 이는 곧 거꾸로학습 자체를 부정하는 논리의 모순에 직면할 수도 있다는 점에서 주목해야 할 Bergmann의 직접 경험이자 주장이다. 이러한 상반되면서도 일면 합리적인 두 입장에서 균형을 이루는 측면에서, 위의 '3. 디딤수업 이수에 책임감 부과'의 세부 교수전략으로 소개된 Talbert(2017)의 '4) 미이수 유형에 따른 대처방안'에 입각한 지혜로운 대처가 교수자에게 필요하다.

한편, 다중지능 차원에서 학생들을 배려하고 개발시키기 위해 이 활동에서, 단순히 '쓰기'(언어지능)보다는 다양한 표현 방법을 인정하고, 격려할 필요가 있다. 즉, 만화나 그림으로 표현하기(공간지능), laptop 컴퓨터의 카메라로 요점을 말하기로 녹화(대인관계지능) 또는 춤이나 몸동작으로 표현해서 녹화(운동지능), 노래나 랩(rap)으로 짓기(음악지능) 등의 선택권을 학생에게 부여할 수 있다. 이러한 방법에서 교실수업 시간의 효율적 관리를 위해, 가정에서 디딤수업에 관해 필기할 때 과제로 부여할 필요가 있다. 이렇게 개별 학습자의 특성과 능력을 다각도로 반영시키는 방법은, 플립드러닝을 적용하는 초기에 더 많은 학생이 디딤수업을 사전학습하도록 동기 부여하여, 더 빨리 연착륙으로 이끄는 첩경이 될 수 있다.

4. 디딤학습 상기 활동(retrieval activities)

van Alten과 동료연구자들(2021)은, 65분의 교실수업에서 약 10분을 할애하여 영상수업에 관해 상기하는 활동을 제공하였다. 물론 질의응답도 이에 포함되었다. 이렇게 교실수업에서의 디딤수업 점검전략의 일환으로, 도입부에서 먼저 시험 및 질의응답 활동을 병행 시행한 사례들은 아래와 같다.

1) The 'Best' Question

교실수업 도입 부분에서 중등학교 영어교사인 Carter(2013)는, 모둠별 토의를 통해 교사에게 제기할 질문 하나(The best question)를 각각 선정하여 칠판에 부착하도록 학습자들에게 요구했다. 그리고 전체 질문 중 교수자가 선택하여 응답을 제공하는 소규모 직접교수법 형태의 수업을 총 5~10분에 걸쳐 실시했다. 이와 마찬가지로 대학의 화학과 사례에서 Broman과 Johnels(2019)는, 교실수업 시작과 함께 모둠별로 디딤수업에 관해 문의할 질문을 도출하는 활동을 부과했으며, 그 직후 이에 관한 응답을 교수자가 직접 제공했다. 이러한 점검활동에, 2시간의 연차시 교실수업에서 15~20분의 시간이 할애됐다. 한편, 대학교 공중보건학에 적용한 Galway와 동료(2014)의 사례 연구에 의하면, 2시간의 연차시 교실수업의 시작은, 약 10분 동안 학생들의 질문에 교수자가 응답을 제공하는 교수전략으로 설계, 실행되었다.

2) 퀴즈쇼 및 게임

고등학교 영어교사인 Brown(2017)은 TV에서 방영된 퀴즈쇼, 게임 등의 재미를 가미한 방식으로 디딤수업 이수를 점검하면서 완수율도 높이는 전략을 구사했다. 여기서 퀴즈쇼나 게임은 3~4인의 모둠별로 진행되는데, 모둠원이 협력해서 도출한 정답을 한 사람이 독점하지 않고 모둠 내에서 돌아가면서 한 사람씩 답을 제시하도록 했다. 한편, 고등학교 수학교사인 Kirch(2016)는 디딤수업의 주요 내용의 습득을 돕기 위해, 전체 학생들에게 질문을 하나씩 제기한다. 각 질문에는 정답 도출까지 30~60초 정도의 시간제한을 둔다. 그러면 자신의 짝이나 모둠 학습자들과 주어진 시간 내에 토론을 통해 정답을 도출한다. 그리고 교사가 '그만(stop)'이라고 외치며 다음 질문으로 넘어가고, 모든 질문이 제기될 때까지 같은 절차가 반복된다.

3) 또래끼리 가르쳐주기

Fiorella(2023)는 자신의 플립드러닝의 디딤완수 점검전략으로, 학생들이 먼저 2인 1조로 짝이 되게 하였다. 그리고 각 조의 학생들은 학습한 디딤영상의 내용을 반씩 분할, 담당하였다. 이렇게 나눈 내용을 서로에게 다양한 방법으로 설명하도록 했다. 이를 위해 각 학습자는 서로 설명하기 전에, 어떻게 또래에게 제시할 것인가를 스스로 정리하는 시간을 1~2분 정도 가지게 된다. 그런 후에, 각 1인은 1~2분 speech의 형태로, 간략하게 말로 설명하거나 간단 그림, mapping 등의 시각자료를 곁들여 제시하는 방식을 취했다.

4) 모두 함께 퀴즈 풀이

① 대학교 수학에 거꾸로학습을 적용한 Talbert(2016)는, 교실수업 도입부에서 5~10분 동안 디딤수업 점검 활동을 실행했다. 여기서 전체 토론을 통해, 학생들의 오류, 오개념 등을 점검, 교정하기 위해 교수자가 해당 질문을 직접 제기하고 정답을 확인하는 과정을 거쳤다.

② 또 다른 대학의 사례(Andujar, Salaberri-Ramiro, & Martinez, 2020)에서도, 매 교실수업 시작부터 항상 디딤수업 이수 여부를 확실하게 짚고 넘어가기 위한 퀴즈 풀이 활동을 실시했다. 이와 병행하여 학생들이 제기한 질문에 대해 간단한 응답을 제시했다.

③ 의과대학의 사례(Lee & Choi, 2019)에서도, 교실수업의 도입부에서 디딤수업 이수를 점검하는 퀴즈를 시행하고, 그 직후 해당 문제풀이 및 질의응답을 포함 점검전략을 약 10분간 실행했다.

④ 수의과대학 박사과정의 사례에서 Zhitnitskiy(2020)는, 100분의 연차시 교실수업에서 처음 10분 동안 디딤수업의 동영상과 전자교과서 주요 지식 습득 여부를 측정하는 시험을 시행했다. 그 후 5분간 이 퀴즈에 관한 풀이와 질의응답 시간을 가졌다.

⑤ 초등학교 4학년 수학 사례에서도 D'addato와 Miller(2016)는, 2시간의 연차시 교실수업을 시작하면서, 먼저 디딤수업의 주요 학습내용에 관한 '책임감 퀴즈(accountability quiz)'를 실시했다. 그리고 이 시험 직후 문제풀이와 함께 학생들의 질의에 응답하는 시간을 포함하여 디딤수업 점검에 총 10~15분을 배정했다.

5. 교실에서 디딤수업 이수하기

특히 거꾸로학습 초기에는 많은 학생이 디딤수업을 완전학습하지 않고 교실수업에 임하는 경우가 허다하다. 그러므로 디딤수업 동영상을 제대로 학습해 오지 않은 학생들에게는 교실 내의 특정 장소에 PC와 이어폰(earphone)을 제공하여 언제든 완전학습할 수 있는 기회를 제공한다(Bergmann & Sams, 2014; Honeycutt, 2016; Nesloney, 2013; Tucker, 2012; Ramirez, 2018; Ramirez & Rodriguez, 2018). 이 방법은, 디딤수업을 완수해야 또래와 함께하는 교실수업 활동에 참여할 수 있다는 엄격한 원칙에 따라 실행된다. 그러므로 디딤수업을 이수해 오지 않은 학생들은 일시적이라도 또래와 함께하는 자격이 박탈된다는 인식이 강하게 작용하여, 그 후 실제로 디딤수업을 완수해 오는 데 상당히 효과적인 유인책이 되었다(Speaks, 2017). 한편, 이러한 학습환경은 교실수업 중에도 교정적 학습이 필요한 학생들이 해당 동영상의 특정 부분을 수시로 학습할 수 있는 기회도 제공해 준다.

여기서 특히 유의해야 할 사안은, 학습자가 반드시 디딤학습에서 이수해야 할 교육내용을 교수자가 교실수업에서 직접 강의하는 것은 금물이다. 즉, 플립드러닝의 교실수업이 효과적이기 위해서 지켜야 할 금도는, 디딤영상에서 교육한 내용을 교실수업에서 '다시 강의하지 않는 것(No reteaching rule)'이다. 이 규칙은 예외 없이 적용되어야 하며, 플립드러닝의 중요한 교수요소로 자리매김해야 한다(Fornari & Poznanski, 2021; Talbert, 2021).

6. 부적응 학생을 위한 배려

디딤수업 완전학습 여부에 대한 점검활동을 거치고도 여전히 어려움을 토로하는 학생들에게는 '도움세션 동영상(help session video)'을 준비할 필요가 있다. 이는 디딤수업 동영상을 특정 개념, 원리, 절차 학습 등으로 세분화하고 이해가 더 용이하게 제시, 설명하는 것이다. 이렇게 특별한 도움이 더 필요한 학생이 언제든 난관에 봉착할 때 특정 부분과 직결된 해당 동영상을 수시로 시청하도록 권유할 수 있다(Bergmann & Sams, 2016). 특히, 학생이 처음 접하는 플립드러닝에서 부과되는 디딤수업의 학습방식에 습관이 되어 내재화될 때까지 참고 기다려 주는 배려도 필요하다. 이런 관점에서 Roehling(2018)은, 사전학습을 해오지 않아도 평가에 반영되지 않거나 벌을 받지 않는 면제권(free pass) 한 장을 학생에게 부여할 것을 제안했다. 이는 학생에게 올바른 학습의 길을 택하는 데 자극제이자 촉진제가 될 수도 있다.

디딤수업 학습의 점검전략을 실행할 때 교실수업의 효율성을 위해 주요 활동마다 제한 시간을 두는 것이 필요하다. 또한 이러한 점검전략을 매 차시마다 지속적으로 할애하는 것은 교실수업 효율성 저하를 초래할 수도 있으므로 발상의 전환이 필요하다. 즉, 플립드러닝 적용 초기에 학생에게 적응 기회를 제공하는 측면에서는 점검전략을 반영한다. 그러나 학생들이 디딤수업을 대부분 완전학습해 오는 학습문화가 정착되면 수업 시간 이외에 아침 자습, 쉬는 시간, 점심시간 등에 미진한 학생들이 완전학습하도록 독려하는 방법을 고려해야 한다. 여기서 교수자와 함께 같은 모둠의 학생들이 또래 압력(peer pressure) 차원에서 학습을 격려, 고취하는 방법을 모색할 수 있다.

Ⅲ. 일반적 교수전략

위에서 논의된 디딤수업 점검이 완료되면, 디딤수업의 지식을 기반으로 한 심도 있는 학습을 영위하는 데 필요한 본격적인 교실수업 전략이 적용될 수 있다. 플립드러닝의 특성으로 인해, 교실활동에서 안내형 상호작용 활동,

토론, 실습, 프로젝트학습, 탐구기반학습 등의 완성도를 높일 수 있는 능동 학습 및 심화학습 시간을 전통적인 수업보다 더 많이 확보할 수 있다(Peacock, FitzPatrick, & Finn, 2024; van Alten, Phielix, Janssen, & Kester, 2021). 이와 관련하여, 대부분의 교과와 수업상황에서 범용으로 활용가능한 교수전략, 즉 이해 그 이상 수준의 고차원 학습목표 달성을 위한 다양한 교실수업 방법들은 아래와 같다.

1. 자기주도학습 촉진전략

플립드러닝의 교실 수업에서 개별화 및 수준별 교수전략을 기반으로 한 자기주도학습 능력은, 초반에 대부분의 학습자에게 쉽게 갖춰질 수 없다. 그러므로 플립드러닝 시행 초기에는 학생이 교실에서 자기주도 학습능력을 점진적으로 개발해 나가도록 지원, 촉진해 주는 활동을 설계, 실행해야 한다(최욱, 2018a). 이와 함께, 평생학습자이자 독자적인 학습자가 되기 위한 시간관리 및 구조화 능력(organization skills)도 개발되도록 교육하고 안내할 필요가 있다. 특히 매일의 수업에서 학습자에게 활동과 평가에 관해 선택할 자유를 부여하되, 학습진도를 상시 제대로 진단, 점검하면서, 필요시 학생과 의사소통하는 체제도 병행 구축하고 실시해야 한다(Bergmann & Johnson, 2018).

이런 관점에서, 플립드러닝의 교실수업에서는, 학생이 능동적으로 자기주도학습을 스스로 이끌어가는 학습문화 조성이 필요하다. 이를 위한 수업설계 요소를 위해서 필요한 학습자 행동으로 Bergmann과 Sams(2014)는 TWIRLS 모형을 고안했다. 이는 생각하기(Thinking), 서술하기(Writing), 상호작용하기(Interacting), 읽기(Reading), 경청하기(Listening), 말하기(Speaking)의 약어를 의미한다. 이러한 교실수업에서 자기주도학습은, 개별 학생이 혼자서 자신의 학습을 자체적으로 영위하는 것이 아니라, TWIRLS 모형에서 제기된 적극적인 자기 의사 표현과 학습사회에서의 협력이 서로 어우러져야 함을 표명하고 있다. 이 교수전략을 기반으로, Bush는 문제풀이, 해당 차시 학습에 대한 종합 차원의 큰 질문(Big question) 만들기, 다른 학생이 만든 문제의 실수 찾아내기, 토론 수업, 수학에서 실제상황과 연계 학습 등을 고안하여 실시하였다(Fulton, 2014).

Talbert(2016, 2017)는 플립드러닝의 학습목표에 따라 학습자의 자기주도성과 자율성을 점진적으로 부여하는 전략을 모색했다. 즉, 먼저 교실수업의 전체 학습목표를 '기초목표(Basic objectives)'와 '상위목표(Advanced objectives)'로 분류했다. 그래서 사전학습에 해당되는 디딤수업 점검이 종료된 직후, 후속 교실수업에서 약 5~10분 동안 기초목표에 직결된 3개 정도의 문제를 제시하여, 학습자가 문제 풀이에서 각자 해답을 도출할 시간을 먼저 준다. 그런 연후에 각 문제에 대한 정답을 교수자가 간단한 설명과 함께 제시한다. 이렇게 대부분의 학생이 자기주도로 개별화 및 수준별 학습을 영위할 수 있는 기본 지식을 갖추고 나서, 상위목표에 대해 '본격적으로(in earnest)' 교실 수업을 실행해 나간다.

이와 관련된 또 다른 교수전략으로, ① 또래가 제시한 문제 또는 의제를 바탕으로 문제 풀이나 토론 진행, ② 짧은 작문 또는 성취 평가 등의 개별적인 자기주도학습 활동으로 수업을 마무리(Bergmann & Sams, 2014), ③ 자신의 자기주도적 학습 능력 및 6메타인지에 대해 스스로 되돌아보며 개선하는 성찰의 시간을 제공(Correia, 2025; Nilson, 2013) 등이 있다. 또한 이러한 개별 성찰에 그치지 않고, 또래학습자들과 상호 의사소통 과정, 지식 및 아이디어 공유 방법 등에 관한 자기 성찰 내용을 공유하면서 학습사회의 유대감을 높일 수 있다(Strayer, 2017).

2. Think-Pair-Share(혼자 생각하기-짝끼리 협의-모둠 공유)

Hsieh(2017)는 본인의 많은 교실수업 상황에 가장 간편하게 적용가능한 이 기법을 수시로 활용했다. 먼저 주어진 문제를 학생 개개인이 혼자 해법이나 의견을 생각하고 정리하는 시간을 갖는다(Think). 이때 개별 학습자에게 머릿속에서 단순히 생각하고 마는 것이 아니라, 몇 분 동안 여유를 주면서 생각한 해법을 반드시 쓰거나 그리도록 한다. 특히 해결해야 할 과제의 범위가 큰 경우에는 더 많은 시간을 부여할 필요가 있다(Honeycutt & Warren, 2016). 그리고 모둠 전체 학습자와 난상토론으로 공유하기 전에, 옆의 짝과 같이 나누면서 미흡하고 부족한 부분을 채워 자신의 것을 수정, 보완한다(Pair). 그리고 모둠 토론을 통해 해법을 도출하고 완전학습에 이르게 된다(Share). 이 외에도 이 교수자는 일반적인 모둠 토론, 전체 토론, 직소(jigsaw) 토론, 시나리오 기반 교수(Scenario-based instruction) 등을 적재적소에 활용했다(Hsieh, 2017).

마찬가지로, Thompson과 Martin(2016)은 400여 명이 수강하는 대학교 심리학개론 과목에 수시로 이 방법을 활용했다. 즉, 이 교수전략은 대형강의나 학습자가 많은 수업에서 쉽게 활용할 수 있어, 효과성과 효율성을 겸비한 접근 방식이다. 이 교수전략의 장점은 짧은 시간에 모든 학습자가 또래에게 피드백을 받아서 자신의 해법, 지식, 또는 의견 등을 향상할 수 있는 기회를 가진다는 것이다. 또한 이로 말미암아 자기 결과물에 자신감을 가지고 전체 토론에 임할 수 있다는 장점도 있다(Roehling, 2018).

3. Send a problem(문제 보내기)

대학교의 중급 미시경제학(Intermediate microeconomics)에 플립드러닝을 적용한 교실수업에서 Sauer(2016)는, 15분이 소요되는 다음과 같은 절차의 방법을 실행했다. 이 교수전략은 대학교 심리학 과목에도 적용됐는데, 이 사례 연구자이자 교수자인 Roehling(2018)은 이 방법으로 학생의 고차원 사고능력 모두(적용, 분석, 평가 창조)를 개발 가능하다고 주장했다.

- 단계 1. 세 개의 문제를 준비한다. 각 문제지에는 한 문제만 제시된다.
- 단계 2. 3~4인의 모둠을 구성한다. 모둠 수는 3, 6, 9, 12 등 3배수가 되어야 한다.
- 단계 3. 모둠 수만큼의 봉투에 각각 같은 문제가 써진 문제지 세 장을 넣는다. 만약 12 모둠이면, 1번 문제지 세 장이 담긴 봉투가 네 개, 2번 문제지 세 장이 담긴 봉투가 역시 네 개, 3번 문제지 세 장 담긴 봉투도 네 개를 준비한다.
- 단계 4. 세 모둠을 한 집단(squad)으로 묶는다. 만약 12모둠이면 네 집단이 된다.
- 단계 5. 각 모둠에게는 위에서 준비된 같은 문제지 세 장을 넣은 봉투 하나를 준다. 집단(squad) 내에서 각 모둠은 각각 다른 문제지의 봉투를 가져야 한다. 예를 들어, 집단 내의 모둠 1은 1번 문제만 세 장 담긴 봉투, 모둠 2는 2번 문제만, 그리고 모둠 3은 3번 문제 세 장만 담긴 봉투를 갖게 된다.
- 단계 6. 각 모둠은 자신의 봉투에서 문제지 하나만 꺼내 같이 문제를 풀면서, 풀기 과정과 답을 해당 문제지에 적는다. 다 풀은 문제는 반드시 접어서 봉투에 넣는다. 세 모둠이 문제를 다 풀면, 가지고 있던 봉투를 서로 교환한다. 이때 상대편이 이미 풀은 문제지는 절대로 열어보지 않는다.
- 단계 7. 다른 모둠으로부터 건네받은 봉투에서 아직 풀지 않은 문제지 하나를 꺼내, 모둠 협력으로 풀기 과정과 답을 문제지에 적으며 문제를 푼다. 그리고 다 푼 문제지는 또 접어서 봉투에 넣는다. 그리고 집단 내 모든 모둠의 문제 풀이가 끝나면 또 한 번 봉투를 (총 두 번) 교환해

서 문제지를 같이 풀고 봉투에 접어 넣는다.

- 단계 8. 이렇게 세 문제를 다 풀은 후, 모둠별로 다른 두 모둠이 풀은 문제지들을 나눠 가지고, 그것들을 비교, 토론하며 주어진 세 문제를 최종적으로 풀어나간다.

4. 선택 보드(Choice board)

고등학교 생물교사인 Johnson은 선택 보드에서 명기된 다양한 활동 중에 학습자가 자신의 선호로 선정하여, 교사가 지정한 점수를 획득할 때까지 자기주도적으로 해당 활동을 완수하는 교수전략을 활용했다. 예를 들어, 해부와 생리학 단원에서, 이 교사는 아래와 같은 선택 보드를 제시했다(Johnson & Bergmann, 2018). 이 방법은, 학습자에게 다양한 학습 선택권이 부여되면, 심화학습 및 파지 효과가 향상된다는 Evans와 Boucher(2015)의 연구에 입각하여 고안되었다. 이 교수전략에서 반드시 고려할 점은, Bloom의 학습목표 위계에 따른 난이도가 선택활동들에 균형 있게 배분되고 학생들에 의해 선택되도록 활동을 설계해야 한다. 즉, 이해/지식, 적용, 그리고 창조 수준의 학습목표와 직결된 활동 중 최소한 하나씩은 선택되도록 고안될 필요가 있다. 한편, 이 교수전략은 설계, 개발에 상당한 노력과 능력이 소요되므로, 플립드러닝 초보 교수자들에게는 권고할 만한 사항이 아니다. 하지만, 거꾸로학습을 상당 기간 적용하여 노하우가 축적되고 설계, 개발이 익숙해진 교수자들이 시도해 볼 가치가 있을 정도로 그 효과는 탁월하다(Bergmann & Sams, 2016). 이에 대한 예시는 다음의 〈표 4-1〉과 같다.

〈표 4-1〉 선택 보드 예시(Johnson & Bergmann, 2018)

근육(muscles)에 관한 선택 보드

인체의 50개 주요 근육의 이름, 위치, 역할 등을 연습, 학습하기 위해 아래와 같은 선택 보드에서 여러분이 좋아하는 활동들을 선택하세요. 여러분의 완전학습을 점검하는 체크리스트 5.2는 상부근육(superior muscles)(횡격막 위의 근육)에 관한 것입니다. 그리고 체크리스트 5.3은 하부 근육(inferior muscles)(횡격막 위의 근육)에 관한 것입니다. 최종 평가 시험(summative exam)에서는 주요 50개 근육 모두가 시험 범위입니다. 여러분이 선택한 각 활동을 완수할 때마다 선생님에게 보여주고 승인 서명을 받고 해당 점수를 획득하세요. 목표는 총 100점입니다.

활동	충족요건(requirements)	배점	서명
온라인 노트카드(notecards): 얼굴, 목, 어깨, 등, 가슴, 배, 팔, 손, 다리, 발	온라인 노트카드를 작성하세요. 각 카드에는 이름, 사진, 역할이 표현돼야 합니다. www.studyblue.com이나 www.flashcardmachine.com을 활용해보세요.	25	
근육의 종합 학습 활동지에 색칠	각 근육에 색칠하고, 이름을 쓰고, 역할을 명시하세요.	50	
www.AnatomyArcade.com Poke-A-Muscle-Game 하기	이 사이트에 있는 'Poke-A-Muscle'을 클릭하세요. 3개의 모든 레벨(level)에서 80점 이상 받은 것을 선생님에게 보여주거나, 해당 화면의 오른쪽 위에 여러분의 이름이 명시된 사진(screenshot)을 가져오세요.	20	
게임 개발	25개 근육으로 하는 게임을 만들어보세요. 점수를 얻기 위해서는 반 친구와 게임을 직접 해봐야 합니다. 그리고 게임은 내년 수업에서 선생님이 사용가능해야 합니다.	25	
교실의 예술가를 위해(For the artist in the class)	선생님이 수업시간에 따른 학우들에게 보여줄 수 있는 예술품을 만들어보세요. 근육 25개가 묘사된 인체모형을 선으로 그리거나(draw), 색칠하거나(paint), 또는 스케치(sketch)해보세요. 각 근육에 이름도 달아주세요.	25	
www.AnatomyArcade.com Match-A-Muscle-Game 하기	이 사이트에 있는 'Match-A-Muscle'을 클릭하세요. 3개의 모든 레벨(level)에서 80점 이상 받은 것을 선생님에게 보여주거나, 해당 화면의 오른쪽 위에 여러분의 이름이 명시된 사진(screenshot)을 가져오세요.	20	

활동	충족요건(requirements)	배점	서명
www.anatomyarcade.com의 Muscle Jigsaw Puzzle	이 사이트에 있는 'Muscle Jigsaw'를 클릭하세요. 3개의 모든 레벨(level)에서 80점 이상 받은 것을 선생님에게 보여주거나, 해당 화면의 오른쪽 위에 여러분의 이름이 명시된 사진(screenshot)을 가져오세요.	10	
근육의 역할	25개 근육의 움직임에 관한 자료를 찾아 보여주세요. 근육의 움직임을 선생님께 직접 또는 영상으로 보여주세요.	10	
옛날식 노트카드	근육의 이름, 설명서, 그림을 노트카드에 직접 오려 붙이세요.	30	
총점:			

5. 모둠 책임제

대학교 경영학의 온라인 과목에 거꾸로학습을 적용한 사례에서 Swart와 MacLeod(2020)는, 모둠원 전체의 모든 과제결과물이 동시에 합격선을 통과해야 해당 주의 학습 이수를 측정하는 개별 총괄평가 퀴즈를 치를 수 있게 하였다. 즉, 모둠 내 학습자는 각각 개별 과제를 수행하면서 자신이 총괄평가를 받아도 될 정도의 완성도를 갖췄다는 판단이 들면 모둠원들 전체에게 '검사(postmortem)'를 받아서 통과돼야 해당 시험을 치를 수 있다. 이렇게 모둠원 전체가 모두 서로의 검정을 통해 시험을 치르겠다고 교수자에게 통보하면, 교수자가 최종적으로 모둠원들의 각 과제결과물을 점검하여 모두 총괄평가를 봐도 되는지를 결정한다. 이를 위해 모둠은 적극적으로 협력하며, 개별 과제결과물이 모두 합격점을 받도록 서로 도와주게 된다. 그러다가 난관에 봉착하면 모둠 차원에서 교수자의 도움을 요청한다. 이와 동시에, 교수자는 모둠의 과제수행을 수시로 점검하면서, 모둠 전반적으로 문제가 나타나면 즉각적으로 개입하여 적시 지원 및 안내를 제공해 주기도 한다.

6. 거꾸로 토론(flipping discussions)

토론수업에 플립드러닝을 적용한 고등학교 영어교사 Gudenrath(2017)는, 학습자에게 디딤수업을 이수하면서, 교실수업에서 활용할 토론 질문 하나를 작성하는 과제를 부과했다. 그러한 질문을 작성할 때 학생들이 지켜야 할 원칙을 아래와 같이 제시했다. 그 후 학습자는 이 질문을 교실수업에서 교사에게 제출한다. 특히 이 질문은 학습자의 디딤수업 이수 여부를 측정하는 가늠자가 되기도 했다.

① 질문은 '예/아니오'로 대답할 수 없는 형식이어야 한다.

② 질문은 디딤수업의 사전학습 및 교과서의 해당 핵심내용을 기반으로 작성되어야 한다.

③ 질문은 교실수업에서 토론을 유발할 수 있게 흥미로워야 한다.

그리고 교실수업에서, 학생들이 제출한 질문 중에 교수자가 선정하여 전체 학습자에게 제시한다. 각 학생은 해당 질문에 대한 자기 생각, 의견을 디딤수업의 사전학습 내용을 바탕으로 개별적으로 작성한다. 그런 후에 모둠끼리 모여 토론을 진행한다. 한편, 때로는 내향성의 학습자를 배려하여 침묵형 토론을 실시하기도 한다. 즉, 각자 준비한 자기 질문을 모둠 내에서 자신의 오른쪽에 있는 또래에게 넘겨준다. 그러면 3분 동안 각자 넘겨받은 질문에 대해 모둠원들이 동시에 자신의 의견을 적는다. 그다음에는 자신이 의견을 쓴 질문을 또 오른쪽의 친구에게 넘겨준다. 그리고 5분의 시간 동안 모두 동시에 질문과 이전 학생이 쓴 의견을 읽고 거기에 자기 생각을 추가해서 적는다. 이런 방식으로 주어진 시간에 따라 계속 돌아가면서 토론 질문에 대해 자신의 의견을 적는 형식으로 진행한다(Gudenrath, 2017).

7. 디딤수업 상시 참고

플립드러닝에서는 수업상황의 특성에 따라 이미 학습한 디딤수업의 전부 또는 일부를 수시로 재학습하면서 교실수업 활동에 임해야 할 필요성이 대두된다. 특히, 작문, 문헌 검색, 과학 실험 및 안전 준수, 연극 연습, 희곡 짓기(Bergmann, Sams, & Gudenrath, 2015; Fulton, 2014), 여러 교과에서 복잡한 절차적 지식의 적용 활동, 프로젝트학습 또는 문제중심학습과 같은 여러 복합학습에서 과제수행 등의 다양한 형태의 교실수업에서 디딤수업을 상시 참고할 수 있는 전략이 요구된다. 이럼으로써 언제든 개별 학생이 필요에 따라 디딤수업의 특정 부분을 즉각적이고 적시에 학습하고 자기주도적으로 활동을 이어 나가게 되어 거꾸로학습의 효과성과 효율성을 높일 수 있다.

이런 관점에서 Bergmann과 Sams(2015b)의 사례에 의하면, 과학실험 및 해당 안전수칙에 대한 디딤영상을 QR 코드로 제공하여 더욱 신속한 적시 시청이 가능했다. 이러한 디딤영상의 QR 코드화는 학생이 자신의 휴대전화로 언제든 손쉽게 시청이 가능한 환경을 제공해 준다. 그 결과, 여러 학습자가 위에서 열거한 수업상황에서 동시에 시청하는 경우가 생길 때, 교실수업에서 비치된 PC 수량 부족으로 인한 수업 파행을 방지할 수 있게 된다. 마찬가지로, 고등학교 작문에 적용한 Cockrum(2017)은, 작문 완성까지의 다양한 학습주제별로 3~6분의 디딤영상을 사전학습에 제공했다. 또한 작문 과제를 수행하는 교실수업에서도 학생들은 자기 진도, 수준에 따라 필요시 언제든 교실 내에 비치된 PC에서 해당 디딤영상만을 적시에 학습하고 과제를 수행했다.

8. 마무리(Closing minutes) 전략

또한 Talbert(2017)는 해당 수업의 모든 교실활동 종료 후에 '퇴장권(Exit

tickets)' 기법을 활용하여, 각 학습자에게 "오늘 배운 내용 중에서 가장 이해가 안 되는 것은 무엇인가요?"라는 질문이 적힌 카드를 배부해서, 이에 응답을 적어 제출하도록 요청했다. 이 방법은 형성평가 차원에서 후속 교실수업에 반영되는 혜택을 부여할 뿐만 아니라 플립드러닝 체제의 지속적 개선에도 도움이 되었다. 또 다른 마무리 전략으로 Talbert(2021)는 해당 수업 마지막 5분에 학습자들에게 자신이 학습한 것(what they learned)을 1분 보고서(one-minute paper)에 정리하도록 부과했다.

한편, 마무리를 성찰활동으로 접근할 수도 있다. 교실수업 말미에 수행되는 성찰은 학습자가 무엇을 학습했는가(What they learn)보다 '어떻게 학습했는가(How they learn)'를 되돌아보는 데 유용하다. 이런 성찰은 심도 있는 학습과 장기적인 성장을 고취한다(Mazohl, 2025). 그리고 Drumm(2023)은 의과대학에 플립드러닝을 적용하면서, 학습자들이 모든 수업의 마무리마다 항상 2분 보고서(2-minute paper)를 아래의 표에 작성하도록 조치했다. 물론 무기명으로 작성되었으며, 이를 교수자가 취합, 분석하였다. 그 결과 교수자는 학습자가 제대로 이해하지 못한 점이나 반복적으로 어려워하는 교육 내용에 대해 파악하여, 다음 수업의 보완 자료로 활용하였다.

〈표 4-2〉 성찰: 2분 보고서(Drumm, 2023)

오늘 수업에서 배운 것: 3가지	오늘 수업에서 이해하기 어려운 것: 3가지

9. 후속 디딤수업과의 연계

교실수업의 가장 마지막 부분은, 필요시 후속 디딤수업과의 연계에 할애돼야 한다. 즉, 교실수업 종료 후 새로운 학습주제와 직결된 디딤수업과의 의미 있는 연계를 제공하는 것이, 비로소 성공적인 거꾸로학습의 선순환 구조를 완성하는 계기가 될 수 있다. 또한 이러한 연계는 후속 디딤수업의 동기화와 효과성을 높이는 계기도 마련해 준다. 이런 관점에서 Brown(2018)에 의해 제안된, 교실수업 결말에서 후속 디딤수업과 어떻게 학습을 촉진하는 연결 고리를 제대로 만들 것인가에 대해 수업상황에 따라 선택해서 활용할 수 있는 방법들은 아래와 같다.

① 후속 디딤수업의 학습내용과 활동뿐만 아니라 직결된 후속 교실 수업에 필요한 준비에 관한 소개

② 후속 디딤수업을 학습하면서 염두에 두어야 할 주요 질문 목록 제공

③ 후속 디딤수업에 지적 호기심을 불러일으킬 수 있는 상황설정이나 핵심 질문, 예를 들어, 대학교 영어교육 과목의 한 디딤수업을 소개하면서 "많은 나라에서 아주 어렸을 때 외국어인 영어를 교육하는데, 이것이 항상 더 나은 방법인가?"(Yeo, 2018).

④ 후속 디딤수업이 직결된 교실수업과 연계되어 왜 학습돼야 하는지의 필요성, 가치 설명

방금 위에서 소개한 Brown의 교수전략은, 이 책의 '3장'에서 '차별화된 직접교수 전략'의 "설명 일변도의 직접 교수(direct instruction)를 보완"에서 논의된 Musallam(2016)의 'Explore-Flip-Apply' 기법과 접목하면 훨씬 더 효과적이다. 특히 이 교수전략은 학습자에게 디딤수업 학습에 대한 지적 호기심을 유발하여 배움의 자발적 의지를 촉진할 수 있다.

Ⅳ. 모든 학습자를 위한 능동학습 전략

플립드러닝의 교실수업에서는 다양한 상호작용이 활발히 요구되는 능동학습(active learning)이 주를 이룬다. 이러한 교수전략은 외향적(extroverted) 학습자에게는 특히 편하고 즐거운 활동이 되지만, 교실 전체 학생 중에서 최소 약 1/3에서 반을 차지하는 내성적(introverted) 학생에게는 아닐 수도 있다(Kasevich, 2025; Monahan, 2016). 이를 뒷받침하는 이론에서 Jung(1971)은, 인간은 기질에 따라 사회 활동(social activity)에 참여하는 정도가 다르고, 외부 자극(external stimulation)을 선호하는 정도도 다르다고 주창했다. 즉, 외향성 인간은 더 높은 외부 자극을 좋아하고, 대부분 사회적 상호작용에 의해 고무되는 경향을 보인다. 이에 반해, 내향성 인간은 조용한(quite) 활동을 더 편안하게 느낀다. 물론 내향적 사람은 때로는 뛰어난 사회성(social skills)을 발휘하고 의미 있는 인간적 교류를 즐기지만, 독자적인 행보를 할 때 상당히 행복해하는 경향을 보인다(Monahan, 2016). 그러므로 거꾸로교실에서 내향성 학습자는 온전히 혼자 작업하는 것을 선호하고 개별적으로 활동할 때 최고의 결과물을 산출할 수 있다. 그래서 지속적으로 능동학습을 해야 하는 플립드러닝에서 외향성 주도의 활동에 맞추도록 지속적으로 압력을 받게 되어 스트레스, 불안감, 우울감 등을 느낄 수 있다(Kasevich, 2025).

이런 측면에서, 내향적인 학생은 자신의 내적으로 지향하는 사고 특성에 중점을 두고 내적자아의 심리활동으로부터 에너지를 얻는 경향을 견지하고 있다. 그러므로 다양한 사회적 상호작용이 요구되는 거꾸로교실의 능동학습에서 소극적인 모습을 보이게 된다. 하지만 이들은 소수의 또래와 깊이 있고 진정한 담화를 공유하는 관계 맺기를 선호하고 이러한 활동의 장에서 능력을 펼칠 수 있다. 또한 내향적 학습자는 주어진 과제에 대해 큰 그림과 함께 세부적인 사항도 면밀히 참작하면서 병행 사고한다. 그리고 즉흥적이고 반사적인 성향이 강한 외향성 학습자와는 다르게 내향적 학생은 절제, 몰입, 사색, 창조성 등이 수반된 성찰을 기반으로 잠재력을 발휘하고 공헌할 소지를 충분히 가지고 있다. 즉, 내향성 학습자는 풍부한 내적 환경(rich internal environment)에서 충분한 숙고의 시간을 거쳐 통찰력을 발휘하게 된다(Kasevich, 2025; Spencer, 2022). 이와 관련하여, Stephen Hawking은 "조용한 인간은 사실 가장 요란한 내적 마음을 가졌다(Quiet people have the loudest minds.)"고 일갈했다(Kasevich, 2025). 그러므로 내향성 학습자를 외향성 학생과 실체적으로 아우르는 능동학습을 설계, 실행하면, 모든 학습자가 공히 더 높은 수준으로 숙고하고 성찰하는 능력이 지속적으로 개발되는 지속가능한 교실활동 문화가 플립드러닝에 정착될 수 있다.

한편, 거꾸로교실에서는 협동학습, 토론과 관련된 다양한 활동에 학습자가 적극적으로 참여하고 자신의 정보와 사고방식을 면대면 상호작용을 통해 공유하는 행동이 당연시되고 최선이라고 평가받고 있다. 그러나 모둠 활동에서 거의 공헌하지 못하고, 자신의 지식, 주장을 제대로 피력하지 않는 특성을 보유한 학습자들이 상당수 존재한다. 이에 따라 그들은 학습동기화가 부족하거나 비협조적이거나 또는 학습능력이 떨어지는 학생으로 치부되는 경우가 비일비재하다. 물론 이런 평가가 일부 학습자들에게는 일견 합리적인 판단일 수 있다. 그러나 이들 중에 상당수는 Carl Jung이 주창한 내향성 특질(1971)을 가진 지극히 정상적인 사고와 행동특성을 보유한 학습자일 수 있다. 또한 이들은 학교와 기업체에서 가장 폭넓게 수용, 적용되고 있는 성격 및 인성 유형검사 중의 하나인 MBTI(Myers-Brigs Type Indicator)에서 규정한 인간의 특질 중에 외향성과 함께 양극단을 이루며 16개의 특성 중 8개를 차지하는 중요하고도 존중되어야 할 교육 대상이다. 또한 내향성 학습자의 특성은 다중지능이론에 입각한 주요 지능인 내적자아 지능(intrapersonal intelligence)(Gardner, 1999)이 상대적으로 탁월하다. 이와 관련하여, 내적

자아 지능을 가진 인간은 통찰력이 뛰어나면서 내향적인 경우가 대부분이다. 또한 내적자아지능이 뛰어난 학생은 교실활동에서 또래와 함께 도모하는 것보다, 독자적으로 활동하기를 선호하는 경향을 보인다(Kail & Cavanaugh, 2018).

그러나 플립드러닝의 교실수업에서 많은 교수자가 내향적 학생들에 대한 인식 부족으로, 그들을 다양한 참여활동, 협력활동을 등한시하고 소극적인 학습자로 치부하며 평가할 수 있다. 그러나 그들의 특성에 적합한 교수전략을 통해, 참여, 협력, 공헌할 수 있는 기회를 부여하면 예전에 목도하지 못하고 예기치 못했던 학업 수행 능력을 보여줄 수도 있다. 일례로, 면대면 토론에서 소극적인 내향성 학습자들이 후속학습 활동의 일환으로 비실시간 온라인 토론에 참여하면, 다른 성향의 학생들보다 더 유용한 지식과 사고를 공유하고 모둠에 공헌하는 모습을 보여주게 된다. 이런 관점에서 Cain(2012)에 의하면, 내향적 학생들은 교실에서 집단지성과 협력을 통한 학습활동을 좋아하지는 않지만 독자적으로 사고하고 탐구하기를 즐긴다. 그리고 그 사고행위가 시간을 요구하기도 하지만 이들은 은근과 끈기, 집중력, 자제력 등을 기반으로 특유의 창의성을 발휘하고 문제를 해결한다. 이에 덧붙여, Thom(2020)은 우리 교육에서 강조하고 지향하는 많은 역량과 덕목 중에 상당수는 오히려 조용하지만 심사숙고하고 자기성찰적인 내향성 학습자에게 적합한 것들이 상당수 존재한다고 역설했다.

특히, 모든 교실수업마다의 주요 구성원이자 다수를 차지하고 있는 내향성 학습자의 특질을 교수자가 제대로 이해하지 못하고 모둠활동을 설계하고 실행하게 되면, 방기되고 소외되는 내향성 학생들이 겪는 피해와 질곡을 외면하는 것이다. 그보다 더 중요한 것은 그들의 특성을 제대로 인식하고 그에 부합한 교수전략을 전개했더라면 내향성 학습자의 잠재력을 충분히 발휘시켜 줄 뿐만 아니라, 그들이 창출한 학습결과물이 다른 성향의 학습자에게 다각도로 기여하여 결국 모든 학생이 혜택을 볼 수 있었던 호기를 놓치게 된다는 사실이다. 이런 관점에서, Gardner(1999)는 학생의 사고와 학습동기에 부합하는 방법으로 교수전략을 제공하면 학업에서 더 높은 수준의 성취를 이룩하게 만들 수 있다고 제안하였다. 같은 맥락에서 Cain(2012)은 각 학습자의 특질에 부응하는 빛이 투여되면 '모두가 빛나게' 된다고 역설했다. 이렇게 내향성 학습자의 특성에 대한 이해를 바탕으로 교실수업을 위한 교수전략에서 적합한 변화를 주게 되면, 내향성 학생의 잠재력도 일깨워줄 뿐만 아니라 이로부터 외향성 학습자도 혜택을 받는 학습환경이 조성될 수 있다(Cain, 2012).

그러므로 교실수업에서 학습자의 내향성은 열등한 특질이 아니라 외향성 학생과 비교되는 사고와 행동 특성으로서의 가치와 잠재력을 인식할 필요성이 대두된다. 특히, 내향성 학습자들은 다른 성향의 또래들에게 없는 특유의 탁월한 사고방식, 능력, 태도 등을 교실활동에서 보여줄 수 있다.

능동학습에서 외향성 학습자는 자기 생각을 또래와 대화하면서 즉각적으로 공유하고 빠르게 의사결정하기를 좋아한다. 그리고 이들은 내향성 학생과는 달리 독자적인 활동보다는 또래와 함께 적극적으로 과제를 수행하는 것을 선호한다. 이에 반해, 내향적 학습자는 대개 내적자아의 정신적 활동으로부터 활력을 얻기 때문에 능동학습에서 외향적 학생과는 극명하게 다른 참여, 표현 방식을 더 좋아하는 성향을 지니고 있다. 즉, 내향성 학습자는 또래와 함께 활동하고 자신의 의견을 피력하기를 두려워하는 것이 아니라 외향적 학생과는 사뭇 다른 방법으로 정보를 처리하고 상호작용하는 능동학습 활동을 선호할 뿐이다(Cain, 2012; Condon and Ruth-Sahd, 2013; Thom, 2020).

그동안에 이루어진 과학과 심리학의 다양한 연구로 말미암아 교실에서 학생들의 사고와 행동 특성은 내향성과 외향성으로 구분되어 나타난다는 사실이 자명해졌다. 그러므로 교수자는 이러한 차이점을 인식하고 능동학습의 교수설계에 임할 필요성이 대두되고 있다. 즉, 내향성과 외향성 모두 전체 학습자에게 의미와 가치를 제공하는 긍정성에 대해 인식하고, 이러한 특질의 다양성을 교실수업에 반영하여 모든 학습자의 잠재력이 한껏 발휘되고 모두가 서로에게 공헌하고 혜택 받도록 처치해야 한다(Cain, Mone, & Moroz, 2016). 그러므로 위에서 서술된 내향성 학습자의 특질과 비교우위 능력을 충분히 발휘할 수 있는 시공간을 교수전략을 통해 마련해 주면 모든 학생이 혜택을 누리는 능동학습 환경이 조성될 수 있다. 이를 위해 말하기 위주의 활동보다는 내향성 학생이 잠재력을 전개할 수 있는 쓰기를 포함한 다변화된 양태의 표현방식을 고무하는 전략이 필요하다(최욱, 2022).

이런 관점에서, 교수자는 내향성 학생을 위한 교실수업의 능동학습 체제를 아래의 [그림 4-3]과 같은 수업요소들로 접근할 수 있다. 즉, 이러한 능동학습 전략은 내향적 학습자의 표현 및 참여 방식의 다양화 고취와 함께 개별화를 추구하고 인정하는 관점에서 설계되어야 한다. 또한 능동학습을 교실에만 국한하지 말고 온라인토론을 적극적으로 활성화해야 한다. 그리고 이에 따라 평가 관점도 내향성 학습자에게 부응하도록 적응적으로 실시할 필요가 있다. 종합적으로, 이러한 체제에서의 각 전략은 파편적으로 적용해서는 유의한 기대효과를 내기 어렵다. 그러므로 각 교수전략이 아래의 [그림

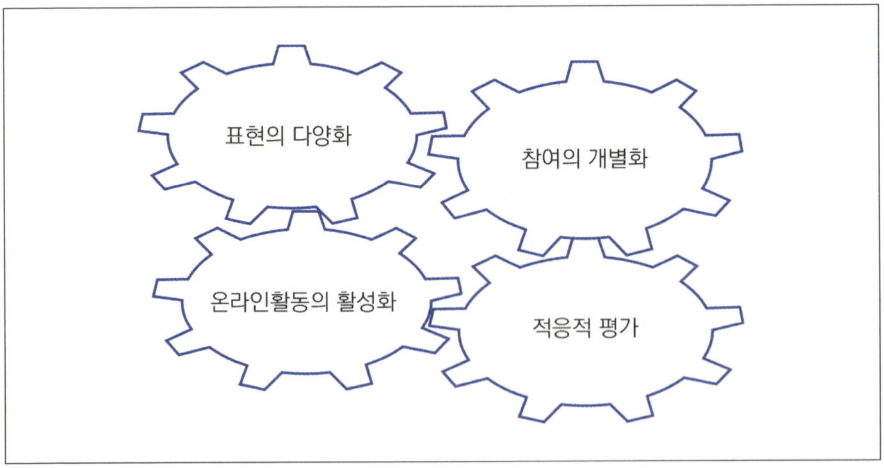

[그림 4-3] 모든 학습자를 위한 능동학습 체제

4-3]에서 톱니바퀴처럼 맞물려있는 것처럼 불가분의 유기적인 관계로, 모든 능동학습 체제 차원에서 총체적으로 적용됐을 때 시너지효과와 함께 소기의 성과를 거둘 수 있다. 이들에 관한 교육적인 의미 및 방법들은 다음과 같이 구체적으로 논의되었다.

1. 표현의 다양화

사실 내향성 및 외향성 학습자는 공히 사회화(socializing)를 좋아한다. 타인과의 대화에서 두 유형의 학습자는 모두 에너지를 얻는다. 다만, 두 집단의 학습자 모두 자신들만의 방식으로 사회화하기를 원하고, 사회화의 지속 시간(length of time)에 대한 선호에서 차이를 보인다. 특히, 내향성 학생은 1대1 대화를 선호하고, 소수의 친구를 두고 싶어 한다. 그리고 사회화 활동 이후에 혼자만의 시간을 가지며 에너지를 충전하기를 좋아한다. 반면에, 외향성 학습자는 생각하기 위해 말을 먼저 하는 경향을 보인다(Extroverts are inclined to speak in order to think). 그리고 그들은 많은 수의 또래들과 어울리기를 선호하고, 때로는 온종일의 사회화 활동에서도 에너지가 고갈되지 않는다(Kasevich, 2025). 그러므로 내향성 및 외향성 학습자 모두를 위한 능동학습은, 혼자서 하는 독자적 활동과 또래와 같이 하는 협동학습과의 균형을 맞추는 것을 의미한다.

이런 관점에서, 플립드러닝의 능동학습에서 내향성 학생은 자신의 주장을 전개하기 전에 사전에 준비 및 성찰하는 기회가 거의 부여되지 않기 때문에 주로 침묵과 방관의 자세로 일관하게 된다. 그러므로 그들은 여러 또래와 '말하기' 전에 다른 방식으로 표현하는 기회가 먼저 부여되면, 연계된 모둠활동에서 더 적극적으로 참여하는 경향을 보인다(Medaille & Usinger, 2019). 이와 관련하여, 내향성 학습자의 특성에 적합한 안내와 지원이 제공되면, 모둠 속에서 편안함을 느끼면서 성공적으로 능동학습을 영위하고 또래 앞에서의 발표능력도 향상될 수 있다고 최근 연구에서 밝혀지고 있다. 이를 위한 교육방법 중의 하나는 '쓰기'에 기반을 둔 비실시간 상호작용을 설계, 실행하는 것이다. 이 전략은 내향적 학생에게 자신의 내적자아와 접촉하며 제 생각과 의견을 스스로의 방법과 속도로 표현할 수 있는 내향성 특유의 '시공간'을 마련해 주는 것이다. 즉, 능동학습에서 또래와 말하기 전에 '먼저 쓰기'는 내향성 학습자의 통찰력 있는 공헌을 인정해 주는 최고의 방법이 될 수 있다. 그리고 당연히 내향성 학생이 정리한 내용은 반드시 자신 모둠에서 공유하는 기회를 제공해야 한다. 이는 내향적 학습자에게 사회 속에서 소속감을 느끼게 해주는 계기를 마련해 줄 뿐만 아니라 모둠 전체의 결과물에 공헌하여 해당 능동학습이 '만인'이 혜택을 보는 교수전략으로 자리매김하게 된다. 여기서, 모둠이나 전체 학생들 속에서 내향성 학습자가 의견을 표방하기를 기다리기보다는 교수자가 발표 순번을 정해주는 것도 선택지가 될 수 있다(Kasevich, 2025; Shalevska, 2021).

내향성은 대면 기피 또는 사회성 불안을 의미하지 않는다. 많은 내향성 학습자들은 우수한 인간관계와 의사소통 능력을 갖추고 있다. 그러나 그들은 능동학습을 통해, 많은 학습자와의 이런 상호작용과 참여활동에 임한 후에는, 정서적으로 소진된다고 느끼고 자신의 '정서 배터리(emotional batteries)'를 재충전하기 위한 독자적인 시간과 공간을 추구하는 경향이 있다. 즉, 이들은 사회적 자극을 덜 받기를 선호할 뿐이고, 또래에게 공헌하기 전에 사고하고 성찰하기를 좋아하며, 많은 경우 말하기보다는 쓰기를 선택하고 싶어 한다. 여기에서 바로 교수자의 민감성과 공감이 요구된다. 즉, 내향적 학생은 쉽게 발언하려 하지 않지만 정보를 처리하고 이를 바탕으로 자기 생각을 정리하는 데 좀 더 많은 시간이 필요하다는 특성을 이해하고 있어야 한다. 이렇게 자기성찰과 숙고의 기회가 먼저 주어지면 내향성 학습자도 또래 앞에서 자신이 말하고자 하는 바를 편안한 마음으로 제시할 수 있게 된다(Cain, Mone, & Moroz, 2016; Dembling, 2012; Thom, 2020). 이를 위한 토론전략으로는 후속 차시에서 학습할 자료나 읽을거리(readings)를 질문이나 과제와 함께 미리 제시하여 독자적으로 숙고하고 자기 생각을 정리하며 글로 서술하는 '논술시간(journal time)'의 기회를 충분히 부여하는 것이 있다. 그런 연후에 정련된 자기 생각을 토론활동에서 또래에게 발언하도록 교수설계할 수 있다(Shalevska, 2021).

이처럼, 내향성 학습자들은 자기 아이디어를 글을 통해 의사소통하는 데 탁월한 능력을 갖추고 있다. 즉, 이들은 글로 자신의 의견과 생각을 구조화할 기회가 사전에 주어지면 그 어떤 외향성 학습자보다도 더 효과적인 의사소통가로 교실활동에 임할 수 있다. 이렇게 자신의 사고를 성찰하고 서술하는 계기가 마련되면 내향적 학생은 또래 앞에서 발언의 두려움 없이 신뢰도가 높은 사고를 피력할 수 있어서 학업성취에서도 현저한 향상을 가져오게 된다(Condon & Ruth-Sahd, 2013; Pankratz & Zimenoff, 2014). 이를 위해 교사는 모둠이나 전체 협의, 토론 활동 전에 '기다려주는 시간(wait time)'을 전체 학습자에게 제공하여 충분한 숙고와 성찰의 기회를 제공하는 방안을 고려할 필요가 있다(Thom, 2020).

이를 위한 방법의 일환으로, 토론에서 브레인라이팅(brainwriting) 기법을 통해 모든 학습자가 의견을 말하기 전에 3~5분이 주어지고, 포스트잇(post-it)에 자기 생각을 표현하는 시간이 우선 부여될 수 있다. 그런 후에 각자가 돌아가면서 자신이 쓴 것을 말하며 차례대로 칠판에 부착하면서 전체 토론이 자연스럽게 이루어질 수 있다(Cain, Mone, & Moroz, 2016; Kasevich, 2025). 이렇게 내향성 학습자에게 우호적인 토론환경을 조성하는 방법으로 독자적인 숙고의 시간을 충분히 제공하고 이를 쓰기, 그리기 등의 다양한 방법으로 표현하는 기회를 제공해 준다. 그리고 이를 또래들과 공유하도록 하면 다른 학생들의 지식과 사고에도 보탬이 될 뿐만 아니라 내향적 학습자 자기 생각을 시험, 보완하는 계기도 마련된다(Iasevoli, 2018). 이에 덧붙여, 능동학습에서 내향적 학습자의 표현을 말하기 위주가 아닌 쓰기, 시, 시각자료, 영상, 음악, 그리기, 조형물, 무용, 행위예술 등 중에서 자신이 선호하는 방식을 통해 다각화(multimodal)를 모색하는 발상의 전환도 고려할 수 있다. 이러한 지식, 정보의 다양한 표현의 공유는 내향성 학습자들에게 교실에서의 존재감도 함께 부각해 준다. 이를 통해 그들은 또래 앞에서의 표현에 동기가 부여되어 특유의 표현방식에 적극성을 띄게 만들 수 있다(Schultz, 2009). 이렇게 토론/협의 활동에서 말하기 전에 자신이 선호하는 방식으로 미리 표현해 보기를 권장하는 방법은, 모든 학습자에게 학습주제의 핵심지식을 정확하게 이해하는 데도 상당한 도움이 될 수 있다(Medaille & Usinger, 2019).

2. 참여 방법의 개별화

내향적 학습자들의 특성을 반영하여 결국 모든 또래들을 위한 능동학습으로 지속화하기 위해서는, 적합한 선택(congruent choice), 그리고 균형(balance)이라는 두 가지 원칙이 필요하다. 우선 적합한 선택 측면에서, 때로는 학생 자신의 기질에 맞는 활동으로 학습하는 기회를 제공하는 것이다. 즉, 외향성 학생 위주 일변도의 교수전략을 전적으로 지향하기보다는, 어떤 수업성황에서는 특히 내향성 학습자가 상대적으로 조용한 환경에서 혼자 활동하게 배려해 줄 필요가 있다. 왜냐하면 사회적 상호작용이 능동학습에서 시종일관 해야 하는 교수 요소가 아니기 때문이다. 일례로, 내향적 학습자가 평온한 시간을 가지며 독자적으로 토론 대상인 사례연구를 파악하고, 스프레드시트(spreadsheet)를 분석하며, 질문을 작성하고, 문제를 해결하는 것도 능동학습에 해당한다. 한편, 두 번째 원칙인 균형 차원에서는 능동학습 활동에서 사회적 상호작용 및 개별활동의 시간을 균형 있게 배분하는 것이다. 이렇게 모든 학습자의 기질에 맞는 활동이 부여됨으로써, 전체 학습자들이 최적의 학업성취를 이루는 발판을 마련해 주게 된다(Monahan, 2016). 이런 후에 사회적 상호작용의 시간도 '균형' 있게 부과하여, 자신이 선호하는 기질로 산출한 학습결과를 여러 학생과 공유하게 된다. 즉, 존재감이 없어 보이는 내향성 학습자가 자신의 주장을 말로 펴기 전에 혼자서 공들여 만든 결과물이 모둠에게 특출 난 공헌을 하는 경우가 비일비재하다. 이럼으로써 내향성 학습자의 학습동기도 향상하면서, 동시에 학생들 전체의 학업성취, 과제결과물 향상에도 이바지하게 된다(Cain, 2012).

이러한 관점에서, 능동학습 환경 차원에서 모둠의 크기도 학습자의 기질에 따라 선호가 다를 수 있다. 외향성 학습자는 모둠원의 수가 많을수록 좋다고 느낄 수 있다. 하지만 내향적 학생은 너무 많은 타인과의 상호작용이 낭비라고 생각할 수 있다. 그러므로 이런 학생은 짝이나 3~4명의 모둠을 더 선호할 수 있다. 다수의 모둠원이 필요한 활동이 아니라면 이러한 옵션 제공을 고려해 볼 만하다. 예를 들어, 활동 안내에 "지금부터 20분 동안 개별, 자신의 짝, 또는 소집단별로 활동해 보세요. 그런 후에 더 많은 인원이 포함된 모둠에서 토론할 것입니다."라고 제시할 수 있다. 이러한 모둠의 구성에 따라 내향성 학습자뿐만 아니라 해당 모둠의 학업성취와 만족도도 향상되는 것으로 나타났다(Medaille & Usinger, 2019; Monahan, 2016). 이와 관련된 Flanagan과 Addy(2019)의 연구에 의하면, 모둠 구성 전에 각 학습자가 내향성검사를 통해 자신의 성향을 파악했다. 그 결과를 기반으로 교수자가 각 성향의 학습자가 균등하게 분포되도록 모둠을 구성시켰다. 이러한 모둠으로 다양한 능동학습 활동을 수행한 결과, 내향성 학습자는 어떤 평가척도에서도 불리하지 않았다. 즉, 학업성취도, 또래평가, 수업 만족도에서 공히 통계적으로 의미 있는 높은 수준의 점수가 산출되었다. 특히, 내향적 학생뿐만 아니라 모든 성향의 또래들도 해당 척도들에 똑같이 잘하는 모습을 유의미하게 보여주었다. 이와 같은 관점에서의 연구에서도(French & Kottke, 2013), 각 모둠에 각 성향의 학생들을 고루 분포시켰을 때 해당 토론수업에 대한 개별 및 집단 만족도가 공히 높게 나타났다.

이렇게 개별화를 통한 능동학습의 참여방식에서 공평한 기회 제공을 통해 내향적 학생은 학습사회의 일원으로서의 존재감을 느낄 뿐만 아니라 존중받는 학습자라는 인식이 들게 된다. 그리고 교수자는 교실에서 내향성 학습자 특질 차원의 의미 있는 반응, 침묵도 참여에 포함해야 한다. 그리고 이런 참여형태를 단발성으로 단순 칭찬, 격려하는 데 그치지 않고, 이러한 반응 및 침묵이 교실에서 모든 학생에게 유용한 참여방식이 되도록 어떤 교수전략을 어떻게 적용해야 하는지를 고려할 필요가 있다(Schultz, 2009). 이와 관련하여 교수설계에 반영될 수 있는 구체적인 전략들은 아래와 같다(Condon & Ruth-Sahd, 2013; Evans & Boucher, 2015; Flanagan & Addy, 2019; Gudenrath, 2017; Honard, 2015; Kasevich, 2025; McCulloch, 2020; Michaelsen, Parmelee, Levine, McMahon, & Billings, 2007).

① 침묵형 토론: 모든 학습자는 각자 준비한 자기 질문을 모둠 내에서 자신의 오른쪽에 있는 또래에게 넘겨준다. 그러면 3분 동안 각자 넘겨받은 질문에 대해 모둠원들이 동시에 자신의 의견을 적는다. 그다음에는 자신이 의견을 쓴 질문을 또 오른쪽의 친구에게 넘겨준다. 그리고 5분의 시간 동안 모두 동시에 질문과 이전 학생이 쓴 의견을 읽고 거기에 자기 생각을 추가해서 적는다. 이런 방식으로 주어진 시간에 따라 계속 돌아가면서 토론 질문에 대해 자신의 의견을 적는 형식으로 진행한다.

② Think-Pair-Share(혼자 사고-짝과 논의-전체 공유): 먼저 주어진 과제, 논제에 대해 학습자 독자적으로 의견, 해결방안 등을 생각하고 정리하는 활동이 주어진다. 여기서 개별 학습자는 머릿속에서 단순히 사고해 보는 것이 아니라, 반드시 그 생각을 직접 쓰기, 그리기 등의 다양한 방법으로 표현한다(Think). 그런 후에 모둠 또는 전체 학생과 본격적으로 공유하기 전에, 지정된 짝과 둘이 서로의 생각을 나누게 된다. 그리고 미흡하고 결여된 부분을 보완하여 자신의 것을 수정, 향상한다(Pair). 그리고 학습자들은 원래의 모둠활동을 통해 모두가 참

여, 공헌하는 차원의 공유 또는 과제해결 활동에 임하게 된다(Share). 이와 관련하여, 대학교 회계학에 플립드러닝을 적용한 Eklund(2025)는 내향성 학습자를 위해, 모든 교실수업의 협의활동을 Think-Pair-Share로 구성하였다(All in-class activities were organized in a "think/pair/share" format.).

③ 성찰적 멈춤(reflective pause): 내향성 학습자의 잠재력이 발휘되도록 모둠 또는 전체 상호작용 직전에 특유의 심사숙고 기회를 부여하고 빨리 자신의 지식 및 의견을 정리, 메모하는 '속성 서술(quick writes)'에 임하게 한다. 그런 후에 모둠에게 자기 생각을 공유하게 된다. 간단한 협의/토론 주제에 대해서는 1~3분의 성찰, 그리고 복잡한 주제에 관해서는 3~5분의 사고할 여유를 제공해 줄 수 있다.

④ 동일특성 모둠 구성: MBTI 검사를 기반으로 유사 성향 학습자들끼리 집단을 구성하여 모둠 내에서 자신의 특질에 적합한 활동이 주를 이루도록 한다. 물론 여기에서 학업능력 차원에서의 이질집단 구성은 견지되어야 한다. 하지만 이러한 방식에 대한 반론으로, 모둠에 내향성과 외향성 학습자가 골고루 분포되면 다양한 관점의 지식, 정보, 사고가 공유되어 더 나은 시너지 효과를 낼 수 있다는 주장이 존재한다. 왜냐하면 내・외향성 학생이 균등 분포된 모둠이 구성되었을 때 여러 면에서 상호 보완되는 점검, 지원 측면의 장점을 누릴 수 있기 때문이다.

⑤ 특질에 부합한 역할 수행: 각 학습자의 특성에 적합한 역할을 모둠 내에서 지정, 실행하는 방법도 대안이 될 수 있다. 즉, 내향성 학습자는 상대적으로 경청, 쓰기, 읽기 능력이 뛰어나다. 이러한 잠재력이 모둠을 위해 발휘되도록 내향적 학생에게 모둠에서 기록자(note-taker), 또는 정보수집 및 분석하는 역할이 주어질 수 있다. 여기서 내향성 학습자는 자신의 특질에 적합한 역할을 담당하게 되어 기존의 모둠활동보다는 여러 또래들 속에서 스트레스, 에너지 소진 등이 최소화되면서

또래들에게 공헌할 수 있다.

⑥ 사전 숙고 시간을 충분히 제공(long runway): 능동학습 활동 이전에 내향성 학습자가 사전 준비를 심도 있게 할 수 있는 시간을 더 많이 부여하도록, 교실수업 전에 활동에 관한 간단 소개, 의제(agenda), 또는 질문 등을 미리 제공한다. 이는 디딤영상의 말미 또는 교실수업의 마무리(closing minutes)에 간결하게 제시될 수 있다. 그리고 이렇게 숙고한 것을 메모하거나 서술한 결과물(written takeaway)을 능동학습 활동을 위해 가져와서 공유하도록 부과한다. 이러한 방법은 외향성 학습자가 해당 능동학습 활동에서 '말하기' 전에 자기 생각을 어느 정도 여과하는 시간을 가지도록 하는 효과도 내게 된다.

3. 온라인활동의 활성화

교실의 면대면토론 참여자의 1/3 이상이 토론에 전혀 참여하지 않고, 방관자로 남아있는 수업상황이 허다하다. 이에 대한 근본원인들 중의 하나는 내향성 학습자들은 교실토론에서 또래들이 주장을 펼칠 때 자기 생각을 발언화하는 데 좀 더 많은 시간이 필요하여, 의견을 개진하는 기회를 놓치는 경우라고 할 수 있다(Delaney, 2016). 그러나 비실시간 온라인 토론에서는 외향성 학습자에 부합한 즉각적인 발언, 숙고를 거치지 않은 주장을 전개해야 하는 순발력 발휘의 부담에서 탈피하여, 내향성 학생은 내적으로 충분한 사고과정과 그에 따른 지식형성을 기반으로 '성숙'하게 참여할 수 있게 된다(Poll, Widen, & Weller, 2014). 그러므로 내향성 학습자는 온라인에서의 이메일, 비실시간 토론을 선호하는 경향을 보인다(Kasevich, 2025). 이렇게 토론을 위한 온라인 게시판의 활용은 내향성 학습자뿐만 아니라 모든 학생이 자신의 지식과 생각을 공유하기 전에 충분히 숙고하고 준비할 수 있는 긍정적인 효과도 양수겸장으로 기할 수 있다(Medaille & Usinger, 2019).

더 나아가 내향성 학습자는 온라인활동에서 훨씬 더 능동적인 참여와 공헌을 하게 된다. 이윤정(2014)의 연구에 따르면, 온라인토론에서 내향적 학생은 교실토론에서 동료들과 직접 면대면으로 상호작용해야 하는 의무감에서 자유로워지면서, 더 적극적인 온라인 토론활동에 임하는 경향을 보인다. Beeman(2022)의 연구에 의하면, 내향적 학생은 교실에서 면대면으로 말하는 활동보다, 온라인의 비실시간으로 자신의 주장을 문장으로 표현하는 것으로 인해 훨씬 참여가 쉽고 편안하게 느낀다고 응답했다. 이런 관점에서 의미 있는 시사점을 주는 한 연구에 따르면, 회사에서 팀별로 상호작용하고 의사결정하는 방식이 내향성 및 외향성 구성원의 비중에 따라 크게 다르게 나타났다. 즉, 내향성 팀원들이 다수를 차지하는 부서에서는 온라인으로 업무에서 의사소통하고 의사결정하는 비중이 상당히 높았다. 그에 반해 외향성 구성원들이 다수인 팀에서는 온라인 의사소통을 거의 활용하지 않고, 대부분의 경우 면대면으로 의사소통하고 결정하는 경향을 유의미하게 보였다. 여기서 내향성 사람은 온라인으로 의사소통하면 면대면에서 즉각적인 상호작용을 해야 하는 부담을 상당히 덜게 되었으며, 자신의 발언을 성찰, 완성하는 데 필요한 시간을 충분히 확보하여 특유의 장점을 발휘할 수 있었다. 또한 내향성 구성원이 다수인 팀은 온라인에서 더 나은 업무수행 능력을 보여준 반면, 외향성 팀원이 더 많은 부서는 온라인을 통한 업무 처리능력이 상대적으로 뒤떨어지는 경향도 보였다(Dennis, Barlow, & Dennis, 2022).

그리고 온라인활동은 내향성 학습자가 특유의 지식, 의견을 모둠 또는 전체 학생들에게 더 나은 방법으로 공유하고 기여할 수 있는 기회의 장이 될 수도 있다. 이와 관련하여 실시된 메타연구(Lou, Abrami, & d'Apollonia, 2001)에 의하면, 내향적 학생은 비실시간 온라인 능동학습에서, 교실의 실시간 활동보다 또래들에게 더 정밀한 피드백과 함께 정련된 지식, 의견을 제시할 수 있었다. 그 이유는, 또래의 발언, 생각에 대해 교실의 실시간 활동보다 그 의도 및 뜻을 정확히 인지하고 대응하는 시공간을 자신의 성향에 맞게 확보함으로써 탁월하고 깊이 있는 양질의 결과물을 제공한다는 점에서 찾아볼 수 있다. 이로 인해 비실시간 온라인활동은 실시간 교실활동에 비해 훨씬 더 성숙한 방식으로 의견 및 정보가 전개되어 질적 수준이 더 높은 학습 양상을 띠게 된다(Delaney, 2016; Lou, Abrami, & d'Apollonia, 2001; Poll, Widen, & Weller, 2014; Shalevska, 2021). 그러므로 면대면 교수자는 교실수업이 '물리적' 교실에서만 실시되는 교수전략이라는 인식에서 탈피해야 한다. 이를 기반으로 교수자는 모든 학습자가 혜택 받는 온라인활동을 적재적소에 적용하고, 때로는 교실수업과 연동시키는 능동학습에서의 패러다임 전환을 수용해야 한다(최욱, 2022).

4. 적응적 평가

Coplan과 동료연구자들의 연구(2011)에 의하면, 교사들은 능동학습에서 내향적 학생이 외향성 학습자보다 지성이 미흡하고 학업성취가 부족하다고 평가하는 경향을 보인다. 그리고 내향성 학습자가 보여주는 수동적인 자세는 많은 교사들에게 참여 의지 결핍, 주의산만, 거부, 준비 및 지식 부족 등으로 해석된다. 왜냐하면 교수자는 능동학습에서의 참여도 평가를 학습자의 발언 및 적극성과 결부시키기 때문에 내향적 학생의 말수가 적고 소극적인 참여방식에 낮은 점수를 주게 된다(McCroskey & Richmond 2005; Schultz, 2009). 이러한 교사의 평가방식은 능동학습에서의 내향성을 어떻게 해석하고 참여도를 어떻게 판단해야 하는지에 대한 무지에서 기인할 수도 있다(Barker, 2011). 물론 교수자는 교실수업에서 능동학습 활용을 주저하지 말아야 하지만, 평가에서 참여에 대해 재정의하고 내향적 학습자의 참여방식에 부응하는 평가기준을 재고할 필요가 있다(Medaille & Usinger, 2019).

그러므로 지금까지 논의된 내향성 학생을 위한 학습환경 조성이 완성되기 위해서는 기존의 평가방법에서 변화를 기하는 것이 능동학습에서 필수불가결한 교수전략 요소이다. 즉, 교수자는 내향성 학습자의 참여활동의 개념에 대한 재정립을 통해 평가 루브릭(rubrics)을 개선해주어야 한다. 이런 관점에서, 전통적으로 외향성 학습자가 주로 인정받는 방식에서 탈피하여, 내향성 학습자의 참여방식도 인정해 주는 적응적 평가기준을 병행 채택할 필요가 있다. 그래서 토론에서 많은 의견을 개진하고 적극적인 활동 빈도가 높은 학습자도 인정될 뿐만 아니라 심사숙고와 성찰을 거쳐 작성되고 공유된 내향성 학생의 결과물도 양이 아닌 질로 평가되어야 한다(Honard, 2015; McCulloch, 2020; Thom, 2020). 이런 관점에서, 적극적으로 자신의 의견을 개진하는 외향성 학생의 토론활동도 높이 평가해야 하지만, 조용하지만 열심히 주의 집중하고 있는 내향성 학습자의 모습도 토론에서 바람직한 행동으로 인정되어야 한다. 즉, 말하기와 함께 의미 있는 침묵, 신체 언어 등도 공히 인정하며 다양성을 존중하는 교실 규칙을 제시하고 학생들과 협의하여 정립하는 방법도 고려할 수 있다(Medaille & Usinger, 2019; Schultz, 2009). 이에 따라, 모둠활동이나 전체 토론에서 집중, 경청하며 나타내는 표정, 몸짓(gesture), 반응 등의 '조용한 목소리'도 활동의 일환으로 바라보아야 한다(Kasevich, 2025; Thom, 2020). 또한, 얼마나 많은 빈도수로 학습자가 참여하고 발언했는가만 주로 인정하는 평가가 아닌, 다양한 몰입 행동뿐만 아니라 숙고와 성찰을 거쳐 도출된 소수의 뛰어난 결과물에도 가치를 부여해 줄 필요가 있다(Cain, Mone, & Moroz, 2016; Kasevich, 2025). 이와 함께 간헐적으로 제시되는 내향성 학습자의 깊이 있는 발언 및 질문을 높이 평가하고 칭찬해 주는 학급 분위기 형성도 과정의 평가 차원에서 의미가 있다(Honard, 2015; McCulloch, 2020).

한편, 내향성 학습자에게 더 적합한 능동학습 방법을 적극적으로 활용하고 그에 따른 학습과정 및 결과를 적응적으로 평가하는 방법도 유용한 전략이 될 수 있다. 이에 관한 연구에서, 특정 능동학습에서 내향성 학습자가 선호하는 교수전략만을 실시하는 방법은, 외향성 학습자들에게 유리한 활동

일변도의 교실수업이 대부분인 현실에서 평가 차원의 균형감 있는 교육방법 처치가 될 수 있다는 주장도 제기되었다. 이 연구에 의하면, 작문교육에서 Think-Pair-Share(TPS: 혼자 사고-짝과 논의-전체 공유)를 유일한 토론방법으로 채택하여 집중적으로 실행하였다. 이렇게 TPS가 주가 된 수업에서 시행된 학습과정 및 결과 평가에 따르면, 공히 내향성 학생들에게 더 효과적인 학습결과를 가져왔다(Masykuroh & Zulaeha, 2021).

V. 개별화(Individualized) 및 수준별(Differentiated) 교수전략

현재와 미래의 학교에서 현저하게 나타나고 있는 중차대한 현안들 중의 하나는, 교육현장에서 광범위하게 전개되고 있는 다양한 학습자의 능력과 흥미에 부응하는 수업을 설계, 실행하는 것이다(Bergmann & Sams, 2023). 그러므로 학습자들의 학업성취도 격차와 교육요구의 다변화에 따른 맞춤형 학습처치가 필요한 교실에서, 개별화 및 수준별 수업의 합리성과 정당성을 부인할 교수자는 없을 것이다. 그러나 이러한 교육방법을 실제로 수업에 구현하기에는 다각도의 난관에 직면하여, 그 실효성에 대해 의문을 제기하는 교사가 허다한 것도 부정할 수 없는 현실이다. 이에 대해 van Tassel-Baska와 Hubbard(2019)는, 8개의 교육구 전반에 걸쳐 수많은 초등학교뿐만 아니라 중등학교에서 대부분의 교사가 수준별 수업을 실행하지 못하고 있다는 연구결과를 제시하였다. 이와 관련하여 Roberts와 Inman(2023)은, 교수자가 개별화 및 수준별 수업을 구현하지 못하는 여러 근본원인들을 제시하고 있다. 그중에서 이러한 수업에 유용한 길잡이가 되는 성공적인 교수전략의 부재가 핵심 요인으로 나타나고 있다.

이에 대해 거꾸로학습은 하나의 해결책으로 자리매김할 수 있는 여지를 제공하고 있다. 거꾸로교실은 기존 수업방법의 순서를 바꾼 것을 의미한다. 그 첫 번째 이유는, 교사가 교실에서 학생들의 배움을 더 많이 그리고 더 깊이 있게 도울 수 있는 지원환경을 마련하기 위함이다. 즉, 플립드러닝에서는 교사와 학생이 모두 서로 긍정적인 상호작용과 관계 속에서 학습을 영위해 나간다. 그럼으로써 학생들은 좀 더 개별화되고 차별화된 도움을 받게 되어, 기존 수업보다 교육내용을 더 수준 높고 심도 있게 이해하게 된다(Bergmann, 2017; Kirch, 2016). 또한 거꾸로교실에서 교수자는 교실에서의 다양한 수업 상황과 결과에 따라, 적시(just-in-time) 안내와 지원을 개별 학습자에게 맞춤형으로 제공한다. 이로 말미암아, 학습자 대부분이 고차원 사고능력과 직결된 완전학습에 도달하게 하는 개별화수업뿐만 아니라, 잘하는 학습자는 더 높은 수준의 고차원 사고능력을 개발할 수 있는 차별화 교수전략도 실행할 수 있다.

이렇게 거꾸로학습은 교사가 학습자를 위한 교육을 '개인화(personalize)' 할 수 있는 수업처치를 실행하도록 도와줄 수 있다. 즉, 플립드러닝은 교실에서 나타나는 다채로운 학습자들의 양상에 대처하여, 각 개인에서 교수자의 맞춤형 안내와 지원을 실체적으로 제공할 수 있는 효과적인 교수전략이다(Bergmann & Sams, 2023).

1. 개별화 교수전략

거꾸로학습 모형은 개별화 교수전략을 통해, 모든 학생이 잘할 수 있도록, 지속적인 진단을 통해 도출된 개별 학습자의 요구에 적합한 학습 지원 및 안내를 다각도로 제공한다. 또한 성취기준 달성이 어려운 학습자들에게는 교정적 과제'를 제공하면서 또래와 교수자의 집중 도움을 받으며 완전학습을 촉진해 주는 개별화 교수전략들도 아울러 구사한다. 그리고 교수자의 도움과 또래의 협업이 지속적으로 이루어지면서, 학생들 간의 학습 격차를 제거할 수 있는 계기도 마련할 수 있다. 이는 곧 개별화 수업(Individualized instruction)의 구현가능성을 높이게 된다. 이러한 개별화 수업을 위해 수업 상황, 학습자 특성, 교과 등에 따라 활용가능한 교수전략들은 다음과 같다. 이러한 개별화 전략들은 특정 교실수업을 위한 교수전략 측면에서 부분적으로 취사선택되어 활용될 수 있다.

그리고 여기에 제시된 개별화수업을 위한 교수전략 이외의 어떤 교육방법들도 제대로 설계, 실행된 플립드러닝의 교실수업에 적용된다면, 모두 자연스럽게 개별화수업을 위한 교수전략으로 자리매김할 수 있다. 이는 지금까지 이 책에서 전방위적으로 서술된 거꾸로학습이 기존의 전통적인 수업에서의 교실수업과 명확하게 차별화되는 다각도의 특성으로 인해 가능하다고 자평할 수 있다.

1) 색 컵(Three colored cups)

학습자들에게 면대면 도움을 교수자가 효과적이고 효율적으로 제공하는 교수설계가 필요하다. 이를 위해 Cara Johnson 교사는 '3색 컵' 방법을 적용했다. 즉, 모든 학생에게 녹색 컵(도움이 필요하지 않음을 의미), 노란색 컵(의문 사항이 있지만 당장 급한 것은 아님), 빨간 컵(난관에 봉착했으니 즉각적 도움 필요)을 각각 배부한다. 그리고 학생은 자신의 현재 학습 상태에 따라 특정 색의 컵을 자기 앞에 놓게 된다. 이러한 학습자의 개별 요구 수준에 따라 교사가 선택과 집중의 도움을 제공하게 된다(Bergmann & Sams, 2016).

2) 5단계 콜센터 핫라인(Five Tier Call Center Hotline)

학습자에게 제공하는 도움을 교수자와 또래학생들이 협업하며 더욱더 체계적이고 세밀하게 제공할 수 있다. 이 전략은 아래와 같이 도움 요구 수준에 따라 5단계로 접근된다. 이 방법을 초등 3학년 수학에 처음 적용하여 효과를 거둔 Brown 교사는 추후 전 과목에 활용하여 학업성취를 높이게 됐다(Bergmann & Sams, 2016). 그런데 이 전략은 실제 구현이 어려운 여러 단계의 또래 도움을 거치게 하여, 수업의 효율성을 저하하는 문제를 내포하고 있다. 이를 극복하는 방안으로, 유사한 특성을 보인 또래 도움 단계를 통합하여 접근할 수도 있다. 예를 들어, 1, 2단계를 합쳐 모둠 내 도움이 가능한 모든 또래에게 요청하고, 3, 4단계도 통합하여 학급 내 모든 교과 우수 학생에게 도움을 받는 운영의 묘를 발휘하여 교육현장에서의 구현가능성을 높일 수 있다.

① 1단계(1st Tier): 특정 학생이 어려움에 직면할 때, 모둠 내 가까이 앉은 동료에게 도움 요청

② 2단계(2nd Tier): 1단계에서 해결 불가능 시, 모둠 내 이끎이(leader)에게 도움 요청

③ 3단계(3rd Tier): 2단계에서 불가능 시, 학급 전체에서 지정된 해당 과목에 뛰어난 4인의 학습자(4 highly trained students) 중 한 명에게 도움 요청

④ 4단계(4th Tier): 3단계에서 불가능 시, 학급에서 해당 교과에서 가장 탁월한 1인의 또래에게 도움 요청

⑤ 5단계(5th Tier): 4단계에서 불가능 시, 교사에게 도움 요청

3) 교실 마당(Classroom stations)

초등 4학년에서 거꾸로학습을 적용한 Clemens는 개별화 교수전략으로 도움이 필요한 학생들에게 교실수업마다 2개의 학습마당(station)을 거치게 했다. 하나의 장으로 교사의 마당(teacher station)에서, 주어진 수업 시간에 따라 20~30분 동안 도움이 상당히 필요한 학생들을 따로 모아 디딤수업 동영상을 학습하게 하면서 개별 집중 지도를 실시한다. 또 다른 학습의 장인

또래 검토 마당(peer review station)에서, 작은 크기의 화이트보드(white board)가 제공된 모둠별로 또래들의 협력, 도움을 받으며 활동을 영위한다. 물론 여기에 교사의 순회 면대면 지도가 수반된다(Bergmann & Sams, 2016).

2. 수준별(differentiated) 교수전략

플립드러닝은 더 높은 기대 수준의 학습목표를 지향하는 학생들이 더 잘할 수 있는 교수체제도 제공해 줄 수 있다. 이럼으로써 잘하는 학생들이 더 잘할 수 있는 기회를 제공하는 수준별교수가 실현될 수 있다. 즉, 성취기준을 조기에 달성한 학생들이, 더 잘할 수 있는 기회를 제공하는 일환으로 더 높은 수준의 심도 있는 학습으로 접근하는 수준별(Differentiated) 교수전략이 설계된다. 지금까지 논의된 거꾸로 교실수업을 위한 수준별 교수전략의 구체적인 사례와 방법들은 아래와 같다. 이러한 수준별 전략들은 특정 교실수업을 위한 교수전략 측면에서 부분적으로 취사선택되어 활용될 수 있다(Bergmann, 2023).

1) 세 가지 등급의 교수전략

6, 7학년 수학의 교실수업에서 Boratko는 학습자의 특정 차시에 대한 이해 수준에 따라 세 등급으로 난이도를 높여갔다. 첫째로, 모든 학습자는 우선 '간이시험(quick quiz)'에서 15~20분 동안 개별적으로 문제풀이 활동을 영위한다. 여기서 완전학습 수준인 85%에 도달하지 못한 학생은 교사와 또래의 도움을 받으며 개별화학습을 진행한다. 두 번째 등급으로, '간이시험'에서 85%의 완전학습을 성취한 학습자는 '사고하는 수준(think level)'으로 승격된다. 이제 이 학생들은 서술형, 복합형 문제를 푸는 활동에 임하게 된다. 여기서 통과된 학습자들만이 세 번째 등급인 '심화 학습자(dig deeper)'가 되어 교실 밖에서 해당 차시 내용과 직결된 실제상황과 연계하여 체험학습

을 같은 수준의 또래와 협력적으로 실행한다. 예를 들어, 학교 건물 중에 다각형(polygons) 구조물을 찾아서, 해당 건물 도형과 관련된 실제상황 문제를 해결하는 도전적 과제가 부여된다(Bergmann & Sams, 2016). 이와 직결된 수업 사례로, 중학교 과학 교사인 Hally Stuarts는 뉴턴의 만유인력의 법칙의 학습에 수준별 수업을 적용하였다. 여기서 '심화 학습자' 수준에서는 뉴턴의 운동 제1법칙과 운동량(momentum)과의 관계를 규명하는 연구를 설계하는 활동이 제시되었다(Bergmann, 2023).

2) 부전공(minors)과 전공(majors) 선언하기(declaring)

미국 뉴욕시의 중학교 생물교사인 Hassan Wilson은 학생들이 완전학습 여부에 따라 전공과 부전공을 선택하는 수준별 수업을 실행하였다. 이 교사는 2개 학기에 걸쳐 1년 동안 이 수준별 교수전략만을 시종일관 적용하였다. 우선 1학기에, 모든 학생은 5개의 핵심 학습주제(baseline topics)(유전학, DNA 구조, DNA 지문, 단백질 합성 및 돌연변이, 유전 질환)를 필수로 학습, 이수해야 한다. 이 학습주제 모두를 조기에(주로 학기말 즈음) 완전학습한 학생들은, 자신의 흥미에 따라 새로운 학습주제를 선택하여 학습하게 된다. 이를 위해 고급 DNA 부전공(Advanced DNA minors) 과정으로, 3개의 학습주제들(암, 유전자 변형, 유전자 복제) 중에 택일하여 심화학습을 수행하도록 했다(Bergmann, 2023).

더 나아가 2학기에서는 1학기 수업과의 연속선상에, 학년도 말에 모든 학생이 4개의 전공들(majors)(고급 유전학, 고급 진화론, 고급 인간 신체론, 고급 진화유전학) 중에 택일하여 최소한 하나의 전공을 반드시 이수하도록 부과하였다. 이러한 전공 선택은 2학기 말 2개월 전에 이루어진다. 각 전공은 보통 6주 만에 이수할 수 있도록 설계되었다. 여기서 또한 각 전공을 조기에 이수한 학생들은, 두 개 또는 세 개의 복수전공을 선택하여 학습을 수행했다. 한편, 1년 동안 학습자들은 교사가 제공한 활동지(workbook)로,

개별 및 소집단활동을 병행하며 각 부전공과 전공을 이수해 나갔다. 특히 이 활동지의 결과물로 교사는 학습자의 이수 여부를 평가, 판정할 수 있었다(Bergmann, 2023).

3) 다양한 옵션(option)

조기에 성취수준을 달성한 학습자들에게는 다음과 같은 네 가지 활동 중에 하나를 수행하도록 지정되거나, 스스로 선택할 수 있는 옵션(option)이 제공될 수 있다. 즉, 그들이 3~4인의 새로운 모둠으로 편성되어 심화학습을 위한 프로젝트를 협력적으로 수행하거나, 또래 멘토(peer mentor)가 되어 도움이 필요한 학생들을 순회하면서 가르쳐주는 활동에 임할 수도 있다. 세 번째 선택으로, 난이도가 높은 도전적 문제(challenge problems)를 풀이하는 활동을 제공할 수 있다. 그리고 네 번째로, 성취기준에는 도달했으나 더 나은 점수를 원하는 학습자에게 보완학습과 재시험의 기회를 제공하는 선택권을 부여한다(Bergmann & Sams, 2015a, 2015c, 2016; Fulton, 2014; Plunkett, 2014). 이 외에도 학습자에게 더 나은 동기화를 부여하도록 풍부한 옵션을 제공하는 차원에서, 학습자가 직접 제안하고 교수자와 협의, 조정, 승인하는 옵션도 고려할 필요가 있다. 이럼으로써 특출한 아이디어가 수반되어 학습자가 창출한 옵션이 축적되면, 다음 학기 또는 학년도에 이 교수전략이 한층 더 발전되는 데 기여하는 훌륭한 수업 자산이 될 수도 있다.

4) 교실 무리(classroom pods)

6학년 작문 수업에서 Jen Velazquez는 모든 작문 주제에서 이 방법을 적용했다. 이 교사는 교실을, 학생의 진도에 따라 차별화된 작문 활동이 각각 이루어지는 7개의 무리(pods)로 구성했다. 각 무리에는 보통 2~4명이 각자의 진도에 따라 주어진 작문 과제에 관한 활동을 영위한다. 각 무리의 활동은 완수 시간이 부과되고 교실수업에서 모두 이루어진다. 각 무리는 각기 다른 수준으로 활동하지만 동일 교재의 내용을 사용한다. 먼저 학습자는 하나의 디딤영상을 통해 13단계의 글쓰기 과정을 배운다. 이 글쓰기 절차에는 글의 초기 아이디어를 브레인스토밍으로 나열하기부터 시작해서 결말 보기까지가 포함된다. 이 디딤수업 이수 후, 학생은 교실수업에서 교사가 지정한 자신의 무리(pod)에 가서 글쓰기 활동에 임한다. 그리고 각 학습자가 자신이 완수했다고 생각한 글쓰기 과제물을 가지고 교사와 개별 협의를 거친다. 여기서 해당 무리의 활동을 완수했다고 인정되면 학생은 다음 수준의 무리로 가서 활동하게 된다. 한편, 학생이 어느 무리에서 활동할 것인지는 매일 교사가 칠판에 명단을 적어 지정한다(Bergmann & Sams, 2016).

5) 교실 내 거꾸로학습(In-class flip)

이 교수전략은, 학생들이 여러 이유로 디딤수업을 이수해 오지 않아 이루어지는 플립드러닝의 파행과 그에 따라 연쇄적으로 나타나는 교사들에 의한 거꾸로학습의 회의론을 극복하기 위해 고안되었다. 이를 주창한 Barnes와 González(2015)에 의하면, 디딤수업을 교실수업에서 학습하는 것을 교수전략으로 공식화하면, 위에서 제기된 플립드러닝의 문제점을 우회할 수 있다. 물론 이 교수전략에서는 디딤수업을 교실 밖에서 학습하도록 요구하고, 학습을 완수한 학생은 교실수업에서 연습마당(station)으로 직행할 수 있다. 그러나 교실수업에서도, 디딤수업을 미학습한 학생이 사전학습할 수 있는 마당(station)(디딤수업 학습 장소)을 상설 운영한다. 이 학습마당을 포함하여, 연습 또는 적용 마당, 또래교수 마당, 완전학습점검 마당, 교사 마당, 총괄평가 마당 등의 다양한 학습마당 중에서, 해당 수업상황에 적합한 마당들이 선택적으로 마련된다. 그리고 학습자가 수시 형성평가에 따른 진도를 기반으로, 수준별로 적정한 마당에서 선택적으로 활동에 임하도록 설계된다. 한 사례로, 대학교 문학(literature) 과목의 교실수업에서 Ramirez는 5개 테이블로, 디딤수업 학습마당, 적용마당, 심화학습 마당 등의 세 개의 학습마당을 설정했다. 즉, 6~8명이 활동하는 하나의 테이블이 배정된 디딤영상 학습마당, 그리고 6~8명이 각각 활동가능한 세 개의 테이블은 적용마당, 다른 하나의 테이블은 적용마당에서 완전학습 점검을 통과한 학생들 6~8명이 활동하는 수준별교수 차원의 심화적용 마당 등으로 구성되었다(Ramirez, 2018; Ramirez & Rodriguez, 2018).

영어교육(ESL: English as a Secondary Language)에 '교실 내 거꾸로학습'을 적용한 Lockwood(2018)는 강의실에 여러 학습마당(stations)을 설치하고 디딤영상을 시청하지 않은 학생들은 디딤수업 마당에서부터 학습을 시작하게 했다. 여기서 디딤영상 내에 문제가 제시되어 완전학습 여부를 판단하는데, 때로는 시청 직후 지필시험을 치르게 해서 학습자의 현재 진도와 수준을 파악하여 맞춤형 학습안내를 제시한다. 그 외의 학생들은 자신의 진도에 따라 수준별로 여러 마당을 거치며 개별 또는 모둠별로 학습하게 된다. 그리고 교수자는 전체 마당들을 순회지도하면서 질문에 응답하고 학습활동을 안내한다. 영어교육에서 이 방법의 장점은, 각 학습마당(디딤수업, 연습, 완전학습 점검, 총괄평가 등)이 세분화되어, 필요한 학생들에게 수업시간 내내 열려있어서 자신의 진도와 수준에 따라 집중적인 학습활동이 가능한 것이다. 반면에, 각 학습마당별로 필요한 책상과 의자의 배치가 어려운 경우가 발생한다. 그리고 특정 수업상황이나 차시에는 부적합한 단점도 있다.

6) 학습자에 의한 영상 개발

플립드러닝을 고교 수학에 적용한 Kirch(2016) 교사는 교실수업에서 습득한 지식과 기술을 바탕으로, 학생들이 디딤영상을 직접 개발하여 학습결과물을 창출하는 교수설계 모형을 구안하였다. 이러한 교실수업 활동은 여러 측면에서 기존 거꾸로교실의 효과를 더욱 향상하는 데 큰 보탬이 되었다. 즉, 이는 높은 수준의 학업성취를 보여준 학생들에게 차별화된 학습과 도전과제를 부여하면서도, 하위 성취수준 학생들에게는 여전히 거꾸로교실의 혜택이 돌아가는 탁월한 방법으로 자리매김했다. 그럼으로써 모든 학습자가 플립드러닝에 더욱 동기화를 지속하면서 몰입하는 계기도 마련해 주었다. 이에 덧붙여 학습자가 직접 만든 동영상은 각 학습자의 학업성취 수준을 가늠할 수 있는 의미 있는 평가 도구가 되기도 하였다.

이러한 디딤영상 형태 이외에도, 높은 수준으로 심화학습한 결과를 다양한 방식으로 표현하도록 옵션을 제시할 수도 있다. 즉, YouTube, 뉴스 방송, 사회적 캠페인(social campaign), 또래끼리 인터뷰, 가족이나 관계자들과 면담하는 지역사회 인터뷰(community interview), 개개인에게 특정 역할을 부여하는 패널토론 등으로 접근할 수 있다(Mazohl, 2025).

7) "The A Option"

과학교사인 Bob Furlong은 수준별 수업에서 상당히 간단한 교수전략을 구사하였다. 우선 모든 단원의 학습을 통해 기본적인 핵심 역량을 모두 구비한 학생들에게 부여할 수 있는 최고의 학점을 단원별로 'B'로 지정하였다. 여기서 만약 'A' 학점을 원하는 학생은, 단원별로 "A Option"을 선택하게 된다. 예를 들어, 생화학 단원에서 A Option은, 어떤 변인이 효소(enzyme) 반응에 영향을 미치는가를 규명하는 실험을 설계하는 활동이다. 그리고 이에 대한 승인을 받고, 해당 실험을 실제 직접 수행하여 결과물을 도출하게 된다. 실제로, 상당수의 학생이 이 옵션을 행사하며 수준별학습에 임했다(Bergmann, 2023).

한편, 완전학습을 조기에 달성한 학생에게 수준별 수업 차원에서 기계적으로 심화학습을 부과하는 것 같은 인식을 주면, 도리어 몇몇 학습자들은 완전학습에 대한 동기화가 저하될 우려가 있다. 그러므로 때로는, 학습목표 달성에 대한 보상의 의미로 추가학습의 기회보다는 학습자의 선택에 따라 단순한 휴식의 시간을 제공하는 운영의 묘도 고려해 볼 만하다. 또는 바로 다음에 논의된 '복합학습과의 연계'에서 소개한 '천재의 시간(Genius hour)'

방법(Bergmann, Sams, & Gudenrath, 2015)과 같이, 교사가 제시한 원칙에 따라 해당 교과목과 무관한 자신이 좋아하는 것을 자유롭게 선택해서 활동하며 시간을 보내는 재량권을 부여할 수도 있다.

05 CHAPTER

단계 4. 후속학습활동 (Follow-up activities) 교수설계

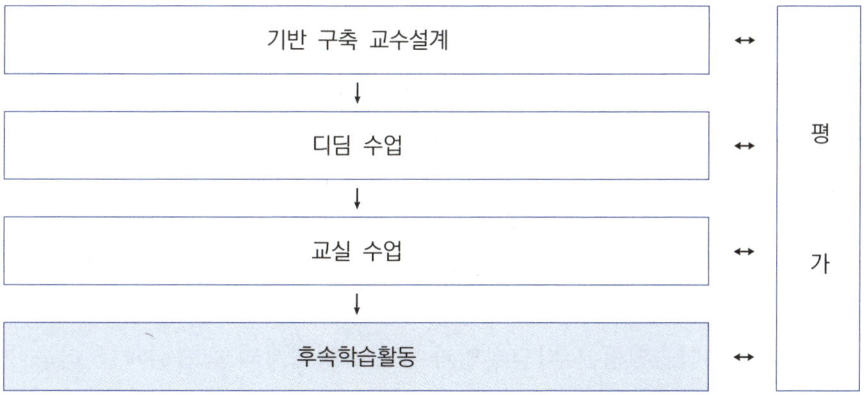

Talbert(2016)는 거꾸로학습의 전체 구조를, 사전 동영상 학습이 주를 이루는 디딤수업(pre-class phase), 디딤수업에서의 학습을 다양한 차원에서 공고히 하는 교실수업(in-class phase), 교실수업의 연장선상으로 이루어지는 후속 심화학습(post-class phase) 등으로 분류하여 설계, 실행했다. 또한 Voss와 Kostka(2019)도 디딤수업에 해당되는 사전학습(before Class), 교실수업(in class), 그리고 교실수업 후의 심화적용(extended application) 활동에 임하는 후속학습(after class)으로 구성된 플립드러닝 모형을 제시했다. Limniou와 연구자들(2018)도, 자신들의 거꾸로학습을 사전 활동(Before class activities), 교실 활동(In class activities), 후속 활동(After class activities)으로 구성하여 접근했다. 지금까지 논의된 플립드러닝의 구조들에서 공통적으로 일관되어 포함하는 교수요소는, 각각 후속 심화학습(post-class phase), 교실수업 후의 심화적용(extended application), 후속학습(after class), 교실 후속 활동(After class activities) 등의 다른 용어들로 표현됐지만, 결국 교실 수업 직후에 지속적으로 연계되는 후속학습활동을 지칭하는 것이다. 통칭하여, 플립드러닝은 일반적으로 1) 사전수업(pre-class=before class), 2) 교실수업(in-class=during class), 그리고 3) 후속학습 활동(post-class activities=after class)으로 구성된다(Gopalan, Halpin, Selvam, & Hung, 2024; Kwan et al., 2024). 한편, Mazohl과 동료연구자들(2025)은 플립드러닝 3.0(Flipped learning 3.0)을 주창하면서, 디딤수업에서 학습자가 독자적으로 자기주도적인 학습을 수행하는 면에 방점을 두고 이를 개별학습 공간(The individual learning space)이라고 지칭했다. 그리고 교실수업 및 후속학습활동은 교수자의 코치 및 안내하에 역동적인 상호작용, 협력적 활동 등이 주가 되므로 집단 학습 공간(The group learning space)이라고 칭했다(Mazohl, 2021).

이러한 후속학습활동은 디딤수업과 교실수업에서의 학습결과를 더욱 공고히 하고, 때로는 부족한 점을 보완하고, 완성도를 높이는 차원에서 중차대한 역할을 하게 된다. 이 활동 국면에서는 주로 온라인 테크놀로지를 기반으로, 교수자 및 또래와의 상호작용을 통한 피드백, 성찰활동, 지식/기술/태도의 강화, 교실수업의 미진한 부분을 보완하는 활동 등이 포함된다(Kwan et al., 2025).

그러나 교실수업의 후속학습으로 Talbert(2017)가 고안한 전통적인 수업 차원에서의 숙제를 부과하는 심화학습 전략은, 거꾸로 교실의 효과를 저해하는 요인이 될 수 있다. 즉, 디딤수업의 이수를 부과하는 것은, 기존 전통적인 수업의 숙제를 대체한다는 사실에 주목해야 한다. 그러므로 그 이상의 과제 부여는 불필요한 추가일 뿐 바람직한 모습은 아니다. 이제 전통적인 숙제는 플립드러닝의 교실수업에서 고차원 학습목표에 직결되어 학습자에 의해 달성될 수 있기 때문이다. 그러므로 플립드러닝에서 교실수업에 후속 연계되는 학습활동을 위한 교수전략은 다음과 같이 온라인 토론, 온라인 과제수행으로 대별, 구성된다(Bergmann(2017).

1. 온라인 토론

거꾸로학습의 교실수업에서 가장 빈번하게 나타나는 수업상황 중의 하나는 토론이다. 교수자가 제시한 문제 풀이나 활동에 개별적으로 임하는 경우에도 학생들은 부단히 상호 협력, 질의응답 등의 토의를 영위해 나간다. 또한 특정 주제에 대한 본격 토론수업 차원의 활동이 부과되기도 한다(Strayer, Hart, & Bleiler-Baxter, 2016). 그런데 주어진 차시 시간 내에 이런 토론활동이 원하는 결과를 내지 못하거나 제대로 결론을 도출하지 못하는 상황이 자주 발생한다. 이러한 상황에서 온라인 토론활동의 병행 실시는 유용한 방안이 될 수 있다. 이 전략은 기존의 교실수업 시간을 소비하지 않으면서도 심화학습 기회를 제공해 주는 효율성도 제고시켜 준다(Dixon, 2014).

이런 관점에서, Limniou와 연구자들(2018)은 자신의 거꾸로학습에서 후속 온라인활동을 통해, 학습자가 교실활동에서 한 토론의 연장선상에서 온라인 협력활동을 지속시켰다. 그래서 또래학습자들에게 서로 도움이 되는 추가 자료, 과제결과물 등을 탑재, 공유하면서 심화 지식을 습득하고 과제 완성도를 계속 높이도록 격려, 촉진하였다(Kwan, Kadel, Memon, & Hashmi, 2024). Honeycutt과 Glova(2013)도 유사한 온라인 토론 전략을 다수 제시했다. 한 예로 특정 단원 학습 종료 직후, 매주 마지막 시간의 결말 부분, 또는 복합학습의 주요 과제 결과물 완성 직후에 성찰활동의 일환으로, 그동안 배운 핵심내용, 느낀 점, 향후 개선할 사항 등을 개별적으로 정리하고 온라인에 탑재하면서 모둠별로 공유하고 토론을 진행하는 방법이 있다. 그리고

Huang과 Lin(2017)도 거꾸로 교실수업의 후속활동으로 온라인 포럼을 통해 모든 학습자가 토론에 참여하는 방법을 활용했다. 한편, 대학교 재무회계에서 Diri(2025)는 교실수업 종료 후 비실시간 및 실시간으로 온라인 미팅을 통해 학습자가 의문사항을 질문하고, 이에 대해 교수자와 또래가 학습사회 차원에서 응답을 제공하였다.

이러한 온라인토론은 교실토론의 단점을 보완하여 시너지 효과를 낼 수 있는 여지도 있다. 왜냐하면 면대면 교실토론에서는 소수의 적극적인 학생들만 공헌하는 경향을 보이지만, 소극적인 학습자들은 자신의 사고와 아이디어의 수준과는 상관없이 참여율이 저조하다(Poll, Widen, & Weller, 2014). 즉, 면대면토론 참여자의 1/3 이상이 토론에 전혀 참여하지 않고, 방관자로 남아있는 수업상황이 허다하다(Delaney, 2016). 더 나아가 그 외에 토론에 참여할 의도가 있는 다수의 평범한 학생들도, 교실토론에서 또래들이 주장을 펼칠 때 자기 생각을 발언화하기에 좀 더 많은 시간이 필요하여, 의견을 개진하는 기회를 놓치는 경우가 허다하다. 그러나 비실시간 온라인 토론에서는 이렇게 촉박한 시간과 면대면 주장에 크게 좌우되지 않고, 모든 학습자가 숙고, 참여할 수 있는 기회를 얻게 된다. 또한 온라인토론은 자신이 섣불리 말하기 전에 의견을 제대로 정리하기를 선호하는 완벽주의 성향의 학습자들에게도 적합하다. 그리고 온라인토론은 내향성 학습자(Jung, 1971)가 특유의 지식, 의견을 모둠 또는 전체 학생들에게 더 나은 방법으로 공유하고 기여할 수 있는 기회의 장이 될 수도 있다(Delaney, 2016; Poll, Widen, & Weller, 2014). 또한 Lou와 동료연구자들과의 메타연구(2001)에 의하면, 온라인의 비실시간 토론은 또래학습자에게 교실의 실시간토론보다 더 정교한 피드백과 도움을 제공해 준다. 즉, 타인의 주장에 대해 실시간 교실토론보다 의미를 파악하는 여유를 가지기 때문에 훨씬 심도 있는 양질의 응답이나 비평이 제시된다.

이뿐만 아니라 온라인토론의 비실시간 특성으로 말미암아 서로 역할모범

이 되고 교육받는(modelling and tutoring) 것도 오히려 더 사려 깊은 양상을 보이며 적극적으로 이루어질 수 있다. 이러한 현상은 온라인토론 수업을 성공적인 학습으로 이끄는 메타인지와 자기주도학습 능력을 개발하는 데도 효과적이다(Pallof & Pratt, 2007). 또한 이윤정(2014)의 연구에 따르면, 온라인토론은 교실토론에서 상대편의 말을 놓치거나 이해 못 하는 문제를 최소화할 수 있으며, 면대면 토론보다 또래 압력을 덜 느끼면서 자유로운 의견 개진이 상대적으로 수월한 이점이 있다. 그리고 온라인토론에서 학습자는 실시간 교실토론에서 경험하지 못하는, 혼자 성찰하고 표현하는 데 충분한 시간을 가지고 심사숙고할 수 있는 장점이 있다. 이렇게 온라인토론이 교실토론을 보완해 주는 시너지효과를 내기 때문에 통합 접근했을 때 거꾸로학습에서의 토론활동 완성도가 높아지게 된다(Brookfield & Preskill, 2005).

이러한 온라인 토론에서 유의할 점은, 학급(class) 전체 토론은, 너무 많은 댓글이 한꺼번에 제시되면서 정상적인 토론활동을 영위하기가 불가능하므로 금물이다. 대신에 5~7인 정도의 모둠별 토론이 효과성과 효율성을 담보할 수 있다. 그리고 토론 댓글을 처음 제시하고, 토론을 전체적으로 이끌어 갈 토론이끎이(preceptor)를 반드시 사전 지명해야 한다. 그리고 교수자는 자율적인 토론 진행을 최대한 보장하되, 토론 초반에 파행가능성이 있는 행동을 교정하고 적극적으로 개입해서 잘못된 방향으로 흘러가지 않도록 필요시 적합한 조처를 해야 한다(최욱, 2017b).

그리고 온라인토론 절차와 방법에 대한 안내(instructions)를 상세하고 구체적으로 제시해야 한다. 이러한 안내는 단순 구두 설명이 아니라 안내서의 형태로 동일 활동이라도 게시판의 상단에 반복 제시하여 활동의 명확한 지침이 되도록 해야 한다. 이와 더불어 각 학습자의 온라인토론 과정과 결과를 평가에 반영하는 것이 성공적인 실행의 관건이 된다. 여기서 평가기준도, 교수자의 안내대로 토론에 임하는가를 가늠하는 참여도뿐만 아니라, 탑재하는 지식, 의견이 다른 학생들에게 도움을 주는가의 공헌도로 구성하여 안내서에 포함돼야 한다. 이러한 안내서에 포함되는 활동방법과 기준, 참여도, 공헌도에 관한 내용이 방대한 경우에는 루브릭스, 체크리스트 등을 통해 제공하는 방법도 있다(Delaney, 2016).

2. 온라인 과제 수행

플립드러닝이 문제중심학습, 프로젝트 학습, 탐구 학습, 메이커 교육 등의 복합적 교수모형들과의 통합되어 접근될 때 교실수업에 이어 연계되는 온라인활동의 필요성이 대두된다. 즉, 방금 종료된 교실수업과 다음 차시의 수업과의 기간 동안 온라인상의 과제 수행, 정보 공유, 토론, 교수자와 또래의 피드백 등의 학습행위가 이루어질 수 있다(Carpenter, 2016; Delaney, 2016). 여러 차시에 걸쳐 상당 동안 간격을 두고 실행되는 플립드 복합학습(flipped complex learning)에서 한 차시나 일회의 연차시에 한꺼번에 기대한 모든 과제 결과물을 산출할 수 없는 경우가 비일비재하다. 이로 인하여 다음 수업까지의 학습 공백 기간으로 인해 연속성이 저하되는 국면에 직면하게 된다. 즉, 복합학습 모형들에서 빈번하게 발생하는 활동 및 학습의 단절, 교수자와 학생 간의 상호작용 중단, 후속 수업과의 연속성 유지 난항 등의 문제점은 거꾸로학습과 접목됐을 때도 불가피한 현상이 된다. 이러한 문제점들을 온라인을 통한 과제수행이 어느 정도는 최소화할 수 있다.

이와 함께, 교실수업 시간을 소비하지 않고 실행되는 다양한 온라인 학습활동으로 인한 교수전략의 효율성도 높일 수 있다. 이와 더불어, 위의 '온라인 토론'에서 논의된 내향성 학습자, 사회적 상호작용에서 비활성화된 학생들이, 비대면이며 비실시간인 온라인상에서 의외로 탁월한 개인 성취와 함께 모둠 및 전체를 위해 더 많은 이바지를 할 수도 있다. 그러므로 복합학습의 특정 수업 종료 후에 이러한 온라인 과제수행이 즉각 연계되어 후속 대면수업까지 유지되도록 설계하는 지혜가 요구된다.

이러한 관점에서, Thomas(2025)는 대학교 세무학에서 거꾸로 프로젝트 학습을 실행하면서, 교실수업 종료 후 직결된 후속학습활동을 실시하였다. 즉, 모둠의 학습자들은 각 나라의 세무행정을 비교하면서 자신들이 선택한 한 나라에 관한 하나의 핵심 사실(key fact)을 온라인 Padlet map에 게시, 공유하게 된다. 그리고 교수자는 이러한 모둠별 온라인 게시물에 대해 피드백을 제공해 주었다. 또한 체육 교과에서도 온라인 후속학습 활동이 유용하게 활용될 수 있다. 이와 관련하여 Østerlie과 동료연구자들(2022)에 의하면, 중학교 체육교육에 온라인 후속학습 활동을 적용한 결과, 학생들의 협업이 향상되었고, 또래 학습지원이 촉진되었다. 특히, 학습자는 후속학습활동으로 완성도를 높인 특정 기법을 짧은 동영상으로 게시판에 공유하면서, 교수자 및 또래 피드백을 받는 기회도 가질 수 있었다(Østerlie & Killian, 2025).

1) Online gallery walk(온라인 순회 열람)

학습자는 프로젝트 학습 시작 시점인 아이디어 생성부터 프로젝트 종료 시점까지, 각각 수업 종료 후 도출된 결과물을 온라인 게시판에 모두 탑재한다. 그리고 각 학생은 타 학습자의 해당 시점까지의 프로젝트 결과물을, 미술관에서 작품 감상하듯이 최대한 많이 온라인상에서 열람한다. 그리고 개별적으로 댓글에 다음과 같은 두 가지의 의견(comments)을 써넣는다. 첫째, "나는 .... 아이디어(또는 부분)가 아주 좋다고 생각한다.", 그리고 둘째, "나는 ...... 아이디어(또는 부분)에 대해 .... 점이 궁금하다." 이러한 활동이 모든 수업 종료 후와 새로운 수업 시작 사이에 수시로 실행되면서, 각 학습자의 프로젝트 결과물이 더 높은 수준으로 향상되는 데 크게 이바지하게 된다(Jones, 2018).

2) Backchannel

대학교육에서 플립드러닝을 적용한 Pacansky-Brock(2013)은 온라인활동에 부수적으로 활용된 보조 의사소통 수단인 'backchannel'을 상시 활용하는 유용성에 대해 역설했다. 즉, 일반 대중들도 많이 활용하는 SNS를 통해, 교수자와 학습자들은 수업 중에는 실시간으로 엑스(X, 舊 Twitter)를, 수업 시간 외에는 페이스북(Facebook), 구글플러스(Google+) 등을 활용했다. 여기서 크고 작은 의견 교환, 자료 공유, 질의응답 등을 통해 폭넓고 심도 있는 협력학습이 지속적으로 이루어졌다. 이럼으로써 거꾸로학습 성패의 관건인 학습자의 적극적인 참여도가 전체 과정에서 향상되는 결과를 가져왔다.

CHAPTER 06

단계 5. 평가(Evaluation)

		평가
기반 구축 교수설계	↔	평가
↓		
디딤 수업	↔	
↓		
교실 수업	↔	
↓		
후속학습활동	↔	

플립드러닝은 기존의 전통적인 수업과는 다른 상당한 패러다임 전환을 가져온 교수전략이므로, 교수자의 평가전략도 재고하여 상당 부분 새롭게 재설계돼야 한다(Bergmann, 2017; Brown, 2018). 거꾸로학습에서의 평가는 단발성의 총괄평가 일변도를 지양하고, 학습의 연장으로써 평가가 학습효과를 높이도록 기여하는 선순환 구조로 접근돼야 한다. 또한 '적자생존(sink or swim)'식의 우열을 가리는 평가를 지양하고, 대부분의 학습자가 학습목표를 더불어 협력하며 달성하게 만드는 평가전략을 지향해야 한다(최욱, 2018a). 이런 관점에서 Brown(2018)은 플립드러닝에서의 평가는 형성

평가가 총괄평가보다 더 주축이 되도록 접근해야 한다고 주장했다. 이에 덧붙여 Carbaugh와 Doubet(2016)에 의하면, 플립드러닝에서 교수자는 형성평가 일환으로 학습자의 교육요구를 찾아내고 이를 교수설계에 반영하는 전향적인 자세를 견지해야 한다. 한편, Bergmann과 Sams의 주요 문헌들(2012, 2014, 2015a, 2015b, 2016)은 평가전략을 구체적으로 반영한 면은 높이 살만하다. 하지만 평가전략 측면에서 학습자 평가에만 주로 치중하고, 교실수업 프로그램 자체 평가전략 제시는 누락되어 있다. 이런 관점에 부응하여, 아래와 같이 각 평가 전략들이 구체적으로 서술되어 있다. 이러한 평가전략들은 플립드러닝의 실행절차 그림에서 명시되었듯이, 모든 실행 단계와 연동되면서 선순환 구조로 설계, 실행되어야 한다. 특히 형성평가 및 총괄평가 전략은 거꾸로학습의 각 단계마다 내재되어 적재적소에서 적용되고 있다.

1. 형성평가

교실 수업에서 학습자가 적극적으로 참여하고 서로 협력, 공헌하면서 집단지성이 발휘될 때 성공 궤도에 안착하게 된다. 이를 촉진, 격려할 수 있는 가장 효과적인 방법의 하나가 학습과정에 대한 형성평가이다. 그런데 거꾸로학습은 교실수업에서 따로 평가의 시간을 할애할 필요 없이 자연스럽게 과정평가가 가능하게 해준다. 즉, 이 교수전략의 교실수업 과정에서 교수자는 개별 및 모둠 학생의 학습 진도를 수시로 관찰하고 파악한 평가를 바탕으로, 피드백과 함께 필요시 적시 짧은 수업(just-in-time mini-lecture) 등을 제공하게 된다. 이와 동시에 학습자들도 전체 교실수업 시간에 걸쳐 다양하고 부단한 상호작용을 통해, 자신뿐만 아니라 또래의 학습상황을 자연발생적으로 측정하고 인지하게 되면서, 그에 따른 자기 교정과 함께 또래에 대한 피드백, 도움 등을 제공하게 된다. 이렇게 플립드러닝은 별도의 시간과 처치

(treatment) 없이 형성평가가 부수적으로 병행되는(incidentally concurrent) 과정평가 친화적인 교수전략이라고 칭할 수 있다.

형성평가는 교실활동에서 학습 진도를 전향적으로 점검하고 학생들의 주요 지식 격차(knowledge gaps) 및 오개념을 파악하여 후속 교수전략을 모색하도록 해주기 때문에, 학생 및 배움 중심 학습환경으로서의 거꾸로학습이 되는 데 필요한 교수 요소로 자리매김하고 있다(Bergmann & Sams, 2014; Mazohl, 2021). 이러한 형성평가는 대부분의 경우 면대면 교실수업에서 실행될 때 가장 효과적이지만, 온라인 환경에서 실시하면 오프라인과 비슷한 효과도 낼 수 있으면서 교실수업 시간을 가치 있게 보전하는 효율성도 담보할 수 있다(Crawford & Senecal, 2017). 이와 관련된 교실수업을 위한 평가전략 연구(Farmer, 2018)에 의하면, 교수자는 수업 전에 학생들의 기본 지식 습득 수준, 사전학습에 대한 피드백 등을 미리 파악한 결과를 바탕으로, 기존의 교실수업 계획을 조정하여 최적화하는 과정을 거칠 수 있다.

이런 관점에서, Pacansky-Brock(2013)은 교실수업과 병행 실시한 다양한 온라인 토론활동에서 학습자의 참여도와 공헌도에 방점을 둔 루브릭스(rubrics) 평가도구를 사용하였다. 교수자는 이 평가도구를 수업 전에 온라인 및 오프라인을 통해 사전 공개하면서, 모든 학습과정에서 이를 바탕으로 의미 있는 참여와 공헌을 지속적으로 독려했다. 마찬가지로 Hsieh(2017)는 사전 배포된 체크리스트(checklist) 형태의 평가기준이 상세히 서술된 루브릭스를 바탕으로 각 학습자가 또래들의 학습과정에서 피드백하고 평가하도록 독려했다. 또한 교수자도 이러한 평가기준을 기반으로 개별 학생에 대한 맞춤형 피드백을 수시로 제공했다. 같은 맥락에서, 작문 교사인 Spangler는 평가기준인 루브릭스를 학생들과 전체 토론을 통해 완성했다. 이러한 활동을 통해 학생의 관점에서 유용한 평가기준을 반영하는 장점뿐만 아니라 학생들이 자신의 작문 평가기준을 제대로 이해하게 되어, 여러 차시에 걸친 작문활동에 동기화를 높이는 계기가 마련되었다(Spangler, 2016).

한편, Perkins(1994)는 성찰 지능(reflective intelligence)은 자신의 사고방식, 행동, 습관 등을 스스로 정확하게 진단하고 인식하여, 제한된 사고 및 행동 패턴을 극복하고 자기 능력 이상을 발휘하게 만드는 지능이라고 주장하였다. 즉, 성찰적 지능은 자신의 사고 및 행동을 스스로 모니터링(monitoring)하고 관리해 나가는 능력을 의미한다. 이런 관점에서, 자기주도학습이 주를 이루는 플립드러닝에서 성찰은 교실수업 또는 후속학습활동에서 필수불가결하게 포함되어야 할 교수요소이다. 이러한 성찰을 통해 학습자는 거꾸로학습의 모든 자기주도학습 과정에서, 자신의 학습상황 및 메타인지에 대한 유의미한 형성평가를 스스로 수행할 수 있다. 이는 곧 선순환 구조로 학습자의 자기주도학습 능력뿐만 아니라 메타인지도 지속적인 형성평가를 통해 개발하는 효과도 누리게 된다. 즉, 성찰활동은 학습자가 플립드러닝의 전체 학습과정에서 자신의 학습 여정의 효과성과 효율성을 자기평가할 수 있게 해준다. 이렇게 학습자는 자신의 플립드러닝 과정을 스스로 진단하는 자기평가를 통해 지속적으로 자기주도학습을 수정, 보완하게 된다. 또한 이로 말미암아 후속 거꾸로학습에 대한 자신의 학습목표도 지속적으로 개선하며 설정하는 계기가 마련될 수 있다(Ateş, 2024; Howell, 2021).

2. 총괄평가

플립드러닝의 교실수업 활동에 관한 총괄평가는 반드시 실시되어야 한다. 그 이유는 아래의 세 가지로 설명될 수 있다(Strayer, 2012). 물론 총괄평가로 유발되는 교실수업 활동에 대한 불필요한 스트레스와 불안감을 방지하기 위한 평가전략이 병행될 필요가 있다. 즉, 무작위로 선정된 특정 활동에 대해서만 측정하거나(randomly graded), 완수(complete), 양호(adequate), 재작업(rework) 등으로 평가기준을 폭넓고 완곡하게 설정하는 방법을 모색할 필요가 있다(Roehling, 2018; Mazohl, 2021).

① 총괄평가는 학습목표가 달성되었는가의 여부를 결정해 준다.
② 총괄평가 결과는 개별 학습자에게 가치 있는 피드백을 제공해 준다.
③ 교실수업 활동의 중요성을 인식하지 못하고 태만한 학생들의 동기화와 몰입도를 높이는 유인책(incentives)이 될 수 있다.

한편, 교실 수업의 학습결과 평가를 시험이나 짧은 퀴즈의 형태로 시행하는 것은, 많은 수업상황에서 효과적이고 효율적인 것은 사실이며, 실제로 상당수의 사례에서 활용되고 있다. 하지만 지필평가 일변도만의 총괄평가는 지양되어야 한다. 많은 경우 실제에 직접 적용한 결과물, 작문, 창작물, 과학실험 결과 등에 대한 평가도 더불어 활용된다(Bergmann & Sams, 2014; Tucker, 2012). 특히 문제중심학습, 프로젝트학습, 사례기반학습, 메이커교육 등의 복합적 교수전략을 위한 학습결과물들이 이에 해당할 수 있다. 이러한 결과물에 대해 다중지능(Gardner, 1999) 차원에서 학생들을 배려하고 개발시키기 위해, 단순히 보고서 형태의 '쓰기'(언어지능)보다는 다양한 표현 방법을 인정하고, 격려할 필요가 있다. 즉, 만화나 그림으로 표현하기(공간지능), laptop 컴퓨터의 카메라로 말로 주장한 것을 녹화(대인관계지능), 또는 춤이나 몸동작으로 표현해서 녹화(운동지능), 노래나 랩(rap)으로 짓기(음악지능) 등의 선택권을 학생에게 부여하여, 기존의 전통적인 보고서 작성하기(언어지능), 문제 풀이(논리/수학 지능) 등과 같은 동격으로 높이 평가해 줄 필요가 있다.

한편, Dirscoll 교사는 역사 수업 전체 학기에 거꾸로 완전학습 모형을 적용했다. 여기서 24개의 성취기준을 수립하고, 각 기준별로 2~5개의 성취점검 단계(check points)와 1~2개의 총괄평가를 설정했다. 이에 부응하여 학습자는 학기 말에 각 성취기준별 학습결과물을 수합한 포트폴리오(portfolio)와 함께 성찰일지를 제출했다(Bergmann & Sams, 2015a).

매 차시의 학습 성취를 확인하는 절차도 매우 중요하다. 이를 위해 Carbaugh

와 Doubet(2016)은 마지막 5분 정도에 통과 인증(exit slip)이라는 총괄 평가 방법을 채택했다. 여기서 학습자는 핵심적인 한 문제를 풀고 해답을 어떻게 찾았는지를 서술하게 된다. 이와 함께 온라인 토론을 통해 기록, 축적된 모든 학습자의 활동 결과물도 포트폴리오 평가 차원에서 유용한 자료가 될 수 있다. 이외의 총괄평가 전략은 '제10장. 거꾸로 완전학습'에서 구체적으로 제시되고 있다.

3. 프로그램 평가

프로그램 평가는 교수자가 거꾸로학습과 같은 새로운 교수전략을 실행하는 수업상황에서 특히 그 중요성이 두드러진다. 왜냐하면 익숙하게 경험해 온 전통적인 수업방식에서 환골탈태는, 교수자와 학생에게 공히 상당 수준의 스트레스와 불안감에 휩싸이게 할 수 있다. 그러한 급격한 변화로 인하여 예기치 못한 결과나 파행에 봉착될 수 있으므로, 이를 예의주시하면서 진단할 필요가 있다. 그러므로 초기에 플립드러닝에 임하면서 겪게 되는 난관과 제안사항을 학습자가 표명하여, 필요시 수업 개선에 반영하는 기회가 부여되어야 한다(Bergmann & Smith, 2019; Fornari & Poznanski, 2021). Talbert (2017)에 의하면, 학습자에 대해 수시로 시행하는 형성평가가 학생의 현재 학습상황을 정확하게 파악하여 적확한 조치를 즉각적이고 적시에 내릴 수 있듯이, 학기 중의 정기적인 프로그램 평가는 무엇이 잘되고 있고, 어떤 면에 문제가 있는지의 정확한 '온도'를 측정할 수 있게 해준다. 이럼으로써 프로그램 평가를 통해, 거꾸로학습의 실행 초기에 직면할 수 있는 수습 불가능한 파행뿐만 아니라 교수자와 학생의 회의론 고착을 미연에 방지할 수 있다(Zappe & Litzinger, 2017).

보편적으로 전통적인 수업에 대한 프로그램평가는 1학기말 및 학년말에 각 1회 실시된다. 그러나 플립드러닝을 실시하는 첫해에는 해당 교수전략의 지속적 추진 필요성에 동력을 얻고, 교사와 학생들과의 더 나은 관계형성을 위해서 더욱 빈번하고 체계적인 프로그램 평가가 실시돼야 한다(Kirch, 2016; Honeycutt & Glove, 2013; Pacansky-Brock, 2013). 그래서 Brown(2018)은 학기 중간(mid-term)에 무기명 설문조사를 실시하여, 그때까지의 학생들의 평가와 피드백을 받아 후속 수업의 개선에 반영해야 한다고 역설했다. 이를 위해 평가에서 교수자는 학습자들의 제안사항을 존중할 것이라고 언급하며, 실제로 유용한 사항은 즉각적으로 수업 개선에 반영하여 약속을 지키는 모습을 보여주어야 한다. 또한 플립드러닝은 교실 밖에서 이루어지는 디딤수업의 완전학습을 위한 학부모와의 소통과 협력 관계 구축이 필수불가결하기 때문에 그들의 견해를 경청하는 것도 중요하다. 이러한 원칙들을 토대로, 거꾸로 교실의 지속적인 질 관리를 위한 평가전략은 아래와 같다(Fornari & Poznanski, 2021; Kirch, 2016; Honeycutt & Glove, 2013; Pacansky-Brock, 2013). 특히 아래에 논의된 주별 및 월별 평가는 플립드러닝을 처음 실시하는 교수자와 교수설계자에게 적용 초기의 필수요건이다. 즉, 초반 몇 주, 그리고 그 후 몇 개월 동안 이러한 평가를 실시하게 되면 예기치 못한 수업의 파국을 예방할 수 있는 개선점을 반영할 수 있다. 그뿐만 아니라 예상하지 못한 훌륭한 제안들로 말미암아, 조기에 새로운 패러다임의 교수체제에 학습자들과 함께 연착륙할 수 있는 호기를 맞이할 수도 있다.

1) 주별 평가

거꾸로 교실을 운영한 매주 학습자로부터 평가를 받는다. 평가 설문은 공통 항목으로 실시하되 특정 주의 학습활동 특성에 따라 추가 질문을 제공할 수 있다. 모든 평가는 당연히 무기명을 원칙으로 하되 특정 피드백에 대한 심도 있는 의견 수집을 위해 학생이 자발적으로 이름을 기재하는 옵션을 제공하여 초점집단(focus group)이나 개별 면담을 할 수도 있다.

2) 월별 평가

매월 평가(routine polling)는 해당 주의 평가와 병행하여 실시된다. 즉, 주별 공통 설문을 제시함과 동시에 한 달 동안의 학습 성과와 경과를 폭넓게 평가하는 형태를 견지할 필요가 있다. 특히 한 달 동안의 학습에서 학생들이 느끼는 인식, 좌절, 개선 아이디어 등을 피드백 받는 것이 더 좋은 플립드러닝 교수자가 되는 데 도움을 줄 수 있다(Bergmann, 2017; Fornari & Poznanski, 2021). 한편, Talbert(2016)는 학기 중 세 번의 주요 학습평가를 위한 시험 직후에 학습자 피드백에 중점을 둔 평가를 실시하여, 그 결과를 플립드러닝 교수설계의 질 향상에 반영했다.

3) 학기별 평가

1학기 및 학년말에 걸쳐 총 2회 실시되는 학기별 평가는 이전보다 많은 설문 항목을 통해 세부적인 피드백을 받게 된다. 이러한 조사방법은 그동안 실행된 플립드러닝 모형과 교수전략들에 대한 평가 위주로 시행된다. 주요 설문 항목 범주에는 학습자 만족도, 전통적인 수업과의 비교 우위성, 수업 몰입도, 협력적 학습사회 소속감, 고차원 사고능력 향상도 등이 포함될 수 있다. 이를 통해 수합된 자료는 학부모, 새로운 학생들, 관리자 등에게 거꾸로 교실의 가치를 제시, 설득하는 데 유용한 정보가 될 수 있다.

4) 평가 설문의 구성

위에서 논의된 세 유형의 프로그램 평가에서 가장 많이 쓰이는 자료수집 방법인 설문에 포함될 수 있는 항목들은 다음과 같다(Adams & Gingras, 2017; Andujar, Salaberri-Ramiro, & Martinez, 2020; Gardner, Willey, Vessalas, & Li, 2014; Chan, Lam, & Ng, 2020; González-Gómez, D., Jeong, J. S., Rodríguez, D. A., & Cañada-Cañada, F., 2016; Tazijan, Murugan, Rahim,

Mohammed, Mathai, & Ismail, 2016; Williams, Hornet, & Allen, 2019). 이 항목들은 여러 문헌분석 결과와 병행하여 필자의 연구를 바탕으로 보완, 통합, 개발되었다. 한편, 설문이 실린 여러 문헌을 분석해 본 결과, 몇몇 항목들은 기존의 수업평가 항목들과 대동소이했다. 그래서 여기에서는 거꾸로학습에 특화된 설문 항목만 제시하고 있음을 밝혀둔다. 또한 이 설문 항목은, 위에서 서술한 '1. 형성평가'에서도 주어진 상황과 필요에 따라 활용될 수 있다. 또한 이 문항들은 일반적인 플립드러닝에 대한 설문에 적용가능한 것이므로, 다양한 거꾸로 복합학습 및 거꾸로 완전학습을 위한 설문조사에서는 별도의 특화된 항목들이 개발, 제시될 필요가 있다.

① 거꾸로학습에 대한 전체적인 소개와 안내가 활동에 좋은 길잡이가 되도록 충분히 구체적이었는가?
② 플립드러닝에 적응하는 데 충분한 지원과 안내가 이루어졌는가?
③ 디딤영상의 도입부(전체적인 소개, 학습목표 제시, 학습동기 부여 등)가 효과적이었는가?
④ 디딤영상에서 학습할 핵심내용의 제시, 설명이 이해에 도움이 되었는가?
⑤ 디딤영상의 결말 부분(요약, 결론, 후속 교실수업 활동 개괄적 소개 등)이 제대로 제공되었는가?
⑥ 디딤영상 학습 후 제공된 퀴즈가 학습목표 달성에 효과적이었는가?
⑦ 디딤영상 학습 후 제공된 퀴즈를 통과하는 것으로 핵심내용 습득이 제대로 이루어졌는가?
⑧ 디딤수업으로 학습하는 것이 예전의 강의실에서 교수자에게 수업받는 것보다 효과적인가?
⑨ 디딤수업에서 사전학습한 것이 교실수업 활동에 유용한 밑거름이 되었는가?
⑩ 디딤영상이 학습과 활동을 잘할 수 있도록 만들어졌는가?
⑪ 디딤수업에서 부과된 학습자료(읽을거리)가 적정했는가?

⑫ 디딤수업이 강의실수업과 제대로 연계되도록 안내되었는가?
⑬ 디딤수업에서 제기된 궁금한 점이 교실수업에서 해결되었는가?
⑭ 교실수업 초반의 디딤수업 점검이 후속 교실수업 활동에 도움이 되었는가?
⑮ 교실활동에서 교수자의 대면 도움과 안내가 적절했는가?
⑯ 강의실활동에서 교수자가 제공한 피드백이 유용했는가?
⑰ 강의실활동에서 내 능력과 진도에 맞게 학습할 수 있는 환경이 조성되었는가?
⑱ 교실활동에서 또래와 협력하는 활동이 내 학습에 도움이 되었는가?
⑲ 예전의 교실수업 활동보다 더 적극적으로 참여하고 몰입할 수 있었는가?
⑳ 예전의 수업방식과 비교해서 플립드러닝이 내 학습에 더 효과적인가?
㉑ 예전의 수업방식과 비교해서 거꾸로학습이 더 즐겁고 흥미로웠는가?
㉒ 다음에도 플립드러닝 방식의 수업을 경험하고 싶은가?
㉓ 다른 학습자에게 거꾸로학습을 적용한 수업을 추천하겠는가?

한편, 위의 설문 항목을 Likert 척도로만 응답한 결과는 제한적인 평가 정보를 제공해 주기 때문에 이를 보완하는 차원에서, 또 다른 연구(Tomas, Evans, Doyle, & Skamp, 2019)에서는 다음과 같은 서술형 설문 위주로 자료를 수집하였다.

① 디딤영상이 학습내용을 이해하는 데 도움이 되었는가? □예 □아니오
- '예'라고 응답했다면, 디딤영상의 어떤 면이 특히 유용하거나 효과적이었는지 구체적으로 서술해 주세요.
- '아니오'라고 응답했다면, 디딤영상의 어떤 면에 문제가 있었는지 자세히 적어 주세요.

② 디딤수업이 전체적으로 어떤 점이 개선되어야 하는지 구체적으로 서술해 주세요.

③ 강의실수업이 전체적으로 어떤 점이 개선되어야 하는지 구체적으로 서술해 주세요.

5) 학부모 평가

학부모 평가는 참여도가 높지 않아 신뢰성과 객관성을 담보하기 어려운 단점을 안고 있지만, 교수자에게 소중한 제안사항이 될 수 있다. 즉, 이 평가 방법은 다른 각도에서 학습자에 대한 이해를 도모하고 교육요구를 사정하여 차별화된 교실수업 설계가 가능하도록 유용한 정보를 제공해 준다. 그럴 뿐만 아니라 자녀의 교육에 학부모가 공헌할 기회를 제공해 주는 의미도 지니고 있다.

지금까지 논의된 프로그램 평가 시기 및 단계 외에도, 플립드러닝에서 학습자들로부터 수시로 제기되는 의미 있는 제안사항을 열린 마음으로 수용하는 자세가 교수자에게 필요하다(Bergmann & Sams, 2014). 또한 Zappe와 Litzinger(2017)는, 설문은 제한된 정보를 얻는 데 국한되기 때문에, 초점집단이나 개별면담뿐만 아니라 학습자들의 개별 포트폴리오(portfolio), 시험 및 퀴즈 성적 결과, 루브릭스 평가 결과, 학생 발표물, 프로젝트 결과물 등을 다각도에서 평가자료로 활용하였다. 이러한 학습자의 의견을 즉각적으로 수업 개선에 반영함으로써 학습자와 진정한 의미의 학습동반자 관계를 형성하는 계기도 마련하게 된다.

이러한 각각의 평가 결과들은 교실 수업의 효과성, 효율성 제고를 위한 피드백으로 작용한다. 결과 및 과정의 평가는 각 교수설계 요소의 질적 제고를 위한 역동적 선순환 구조로 반영된다. 즉, 과정 및 결과 평가는 학업성취뿐만 아니라 학습자의 교육요구에 따라 기존 교수전략을 수정, 보완하는 데 중요한 정보를 제공해 준다. 마찬가지로 프로그램 평가 국면도 평가전략을 포함한 본 교수설계 모형의 모든 수업 요소들이 지속적 개선을 통해 학습자들에게 최선의 모습이 되도록 유용한 자료를 제공해 준다.

07 CHAPTER

AI(Artificial Intelligence) 기반 플립드러닝

AI는 기존 플립드러닝의 현재와 미래에서 판도를 뒤집는(game-changing) 교수·학습 혁신에서 결정적인 촉매(catalyst) 역할을 하는 불가피한 선택이 될 것이다. 이와 관련된 여러 비교 연구들(Huesca et al., 2024; Jeon & Lee, 2024; Katona & Gyonyoru, 2025; Li, 2023)에 의하면, AI를 통합적으로 활용한 플립드러닝이 기존의 전통적인 거꾸로학습보다, 학업성취도, 동기화, 수업에 대한 긍정적 인식, 학습 참여도, 자아효능감 등에서 유의미하게 효과적이었다. 또한 교수학습 과정에 적용되는 테크놀로지 측면에서, 전통적인 거꾸로학습에서는 사전에 구조화되어 확정되면서 일방향의 단선형으로 개발된 자료, 정보, 플랫폼(platforms)을 제공하는 데 국한된다. 이에 반해 AI 기반 플립드러닝의 테크놀로지는 '변형 잠재성(transformative potential)' 차원에서 창조와 적응성을 기반으로 단순 자동화 그 이상의 역동적이고 독특한 결과물을 적시(just-in-time)에 제공한다(Bozkurt, 2023; Kwan et al., 2025). 이렇게 AI 기반 플립드러닝은 기존의 거꾸로학습보다, 교수자와 학습자의 요구에 공히 더 적응적이고, 다각도로 심도 있는 지원과 안내를 제공하며, 다양한 상호작용을 기하면서 활동에의 몰입도를 높여준다(Kwan et al., 2025). 이렇게 거꾸로학습과 AI가 통합되면서 창출될 수 있는 수업 변혁의 구체적인 양태 및 교수전략들은 다음과 같다(Huesca et al., 2024; Hyttinen

& Isomöttönen, 2025; Katona & Gyonyoru, 2025; López-Villanueva, Santiago, & Palau, 2024; Mazohl et al., 2024; Pavlova, 2024; Ray & Sikdar, 2024).

① 개별 맞춤형 학습 경로(Personalized Learning Paths): AI는 학습자료 분석, 지능형 교수체제, 학습내용 추천 시스템 등을 기반으로, 기존의 거꾸로학습에서 개별 학습자의 교육요구에 부응하는 적응형(adaptive) 학습자료 및 활동을 맞춤형으로 제공해 줄 수 있다. 그리고 개별 학습자는 적확한 학습 도전과 함께 필요한 학습지원을 받게 된다. 이렇게 플립드러닝에서 AI를 기반으로 개별 맞춤형 학습을 제공하면, 학생의 동기화, 몰입도, 교실수업에서의 참여도, 자기주도성을 제고시키는 계기를 마련하게 된다(Huang et al., 2023).

② 적응적 평가(Adaptive Assessments): 거꾸로학습에서 AI 기반 평가 체제는 학습결과에 부합한 즉각적 피드백을 제공할 수 있다. 즉, 학습자의 응답에 따라, 이 솔루션은 난이도를 조정하고, 완전학습의 정확도를 높이며, 학습자가 도움을 받을 수 있는 부분을 정확히 적시하게 된다. 이러한 적응적 평가는 플립드러닝에서 학습자의 성찰과 메타인지를 촉진하고, 지속적 개선을 기하는 데 필수불가결한 교수요소로 작용할 수 있다.

③ 정보 및 자료의 적시(Just-in-time) 제공: 현재 ChatGPT로 대변되는 생성형 AI는 플립드러닝의 전체 학습과정에서 학생의 질문에 대해 대화 방식으로, text, 시각자료, 영상 등을 포함한 멀티미디어(multimedia)로 실시간 응답을 제공해 주거나, 새로운 정보를 적시에 즉각적으로 창출해 주기도 한다. 이러한 상호작용적 대화 형태를 통해 ChatGPT는 거꾸로학습의 교실수업에서 고난도의 문제를 해결해 주기도 한다. 일례로, 코딩 교육에서 교수자의 특정 프로그래밍 결과를 즉각적으로 ChatGPT의 결과와 비교해 줄 수 있다. 더불어 특히 유료 버전의 경우, PPT 자료를 포함한 멀티미디어(multimedia) 형태로 학습결과물의 완

성도를 높이는 작업의 상당 부분을 ChatGPT가 즉각적으로 제공해 주는 혜택도 누릴 수 있다. 하지만, ChatGPT는 지금까지 언급된 교수학습적 기능에서 오류와 실수가 여전히 빈번하게 발생하는 완전하지 않은 학습도구이다. 그러므로 플립드러닝 과정에서 ChatGPT가 제공하는 자료 및 정보에 대한 교차검증의 중요성이 교수자와 학습자에게 항상 인식, 실행되어야 한다.

④ 가상 교수 및 지원(Virtual Tutoring and Support): 거꾸로학습의 어떤 학습과정에서든 난관에 봉착한 학생은, AI Chatbots, 가상 교수 등으로부터 실시간으로 도움을 받을 수 있다. 특히 여기서 제공되는 개별 맞춤 설명, tips, 교정 등을 기반으로, 학습자는 어려움을 극복하면서 자신에게 적합한 학습진도(learning pace)를 유지해 나가게 된다. 또한 가상 보조교수자(virtual assistants) 기능을 통해, AI는 플립드러닝의 교실수업 밖의 활동인 디딤수업과 후속학습활동에서, 지속적이고 무한대로 질문에 응답을 제공하고 적합한 학습활동을 안내해 주기도 한다.

⑤ AI 기반 협력활동 촉진: 가상 현실 시뮬레이션(virtual reality simulations), Chatbots 등의 AI 기반 협력활동 솔루션들은, 거꾸로학습에서 또래 상호작용, 의사소통, 지식 구성을 향상해 줄 수 있다. 또한 이러한 tools는 가상현실, 증강현실, 메타버스(metaverse) 등을 기반으로 학습자가 또래들과 함께 복합 개념들을 실제와 유사한 경험을 통해 탐색, 공유할 수 있는 몰입형학습(immersive learning)을 가능하게 한다. 또한 Chatbots는 플립드러닝의 모든 학습과정에서 비실시간 토론, 또래 교수 및 지원, 지식 공유 등을 촉진하여 학습자에게 진정한 학습사회의 일원임을 느끼게 해준다.

⑥ 교수자를 위한 학습분석(Data Analytics for Educators): AI 기반 학습분석은 다량의 학습자 자료를 바탕으로, 거꾸로학습의 어떤 교수·학습 요소에서 개선이 필요한지의 특정 추이(trends), 양상, 영역 등을

적시해 준다. 이를 적재적소에 활용하여 교수자는 수업자료의 타당성을 향상하고, 교수전략을 수정/보완하며, 학습 격차를 해소하고, 학습자의 몰입도를 높여주면서 플립드러닝을 최선의 모습으로 고양해 준다.

⑦ 통합교육의 실체적 구현: AI 테크놀로지가 접목된 거꾸로학습은 더 넓은 범주의 학생들이 통합되고 접근가능하게 만들어 줄 수 있다. 즉, 문자-음성 변환기, 화면 자막 솔루션(captioning tools), 음성 인식 소프트웨어 등과 연계된 AI 기반 보조공학(Assistive technologies)을 적용하여, 플립드러닝은 장애학생, 학습부진아들과 함께하면서 그들이 더 나은 교육기회를 가질 수 있는 교수·학습환경을 마련하게 된다. 여러 연구에 의하면, AI 기반 보조공학의 혁신적인 활용은 학습자의 몰입도, 학업성취도 등을 제고시키는 결과를 가져온다.

이러한 관점에서, Mohamad와 동료연구자들(2024)은 플립드러닝의 각 주요 학습단계별로 AI를 접목하게 시킨 교수전략을 아래의 〈표 7-1〉과 같이 제시하고 있다.

〈표 7-1〉 거꾸로학습의 각 단계별 AI 적용 사례(Mohamad et al., 2024)

디딤수업	교실수업	후속학습활동
1. AI 솔루션을 기반으로 개별학습자의 요구에 부응한 맞춤형 학습을 생성 2. 학습자는 ChatGPT, Scholarcy 등을 기반으로 자료수집, 현상 분석, 기존 지식에 도전 등 다양한 탐색활동 실시 3. 디딤학습 결과에 대한 평가를 통해, 각 학습자의 장·단점을 사전분석, 파악	1. 개별 학습자의 활동에 대해 맞춤형 피드백 및 학습처지를 실시간으로 제공 2. 교수자는 다양한 학습활동 제공, 특정 학습자의 교육요구에 부응, 협력활동 촉진 등에 더 집중 가능 3. 추가적인 학습자료 및 적응형 학습활동을 제공 4. 학습자는 AI 솔루션을 적재적소에 활용하여, 학습결과물 창출, 공유, 보완	1. AI 기반 평가를 통해 지속적으로 학습자에게 피드백 제공 2. 학습자는 AI 기반 학습자료에 부단하게 언제든 접근하여 학습 강화 3. 교수자는 AI 생성 학습분석 자료를 바탕으로, 추후 교수설계 개선에 반영

1. 디딤수업과 AI

1) ChatGPT와 안내질문

디딤수업에서 영상학습의 효과성을 높이기 위해 ChatGPT를 병행 활용할 수 있다. 여기서 교수자가 학습자에게 안내 질문(guiding questions)을 제공해 주면 디딤수업의 완수를 위한 효과적이고 효율적인 ChatGPT의 사용이 이루어지게 된다. 이와 관련하여, 코딩수업의 사례에서 실제로 적용했던 안내질문들은 아래의 〈표 7-2〉에서 구체적으로 서술되어 있다(Atlas, 2023; Huesca et al., 2024; Pavlova, 2024).

〈표 7-2〉 디딤수업에서의 ChatGPT 활용을 위한 안내질문(Huesca et al., 2024)

학습주제	1. 'while 문(while statement)'이란 무엇인가? 2. 'while 문'은 어떻게 작동되는가?

• ChatGPT를 활용하여 'Python' 프로그래밍 언어에서 아래의 요소들을 어떻게 사용하는지 탐색하고 이해.
1. 프로그래밍 언어에서 'loop'이란 무엇인가?
2. 'while 문'이란 무엇인가? 이를 Python에서 어떻게 코딩하는가?
3. Python의 어떤 코딩 예제(cases)에 대해 while 문을 사용해야 하는가?
4. Python의 while 문이 어떻게 작동하는지의 예제들을 보여주고 설명해 주세요.
5. 무한 루프(infinite loop)란 무엇인가? 무한 루프를 방지하기 위해 자신의 프로그래밍을 어떻게 수정해야 하는가?

위에서 제시된 안내질문들에 대해 교수자가 학습자들에게 강조해야 할 점은, 이 질문들 그대로 단순히 ChatGPT에 입력해서 응답을 얻어서는 안 된다는 것이다. 즉, 이 질문들은 해당 학습주제에 대한 더 나은 이해를 ChatGPT에서 구하기 위한 시발점(starter pack)일 뿐이다. 학습자는 이러한 질문을 기반으로, 또 다른 응용 질문들을 제기하는 지속적인 '대화'를 ChatGPT에 실행해야 한다. 이러한 측면에서, 학습자는 '역할연기(role play)'를 자처할 필요가 있다. 즉, 학생은 자신이 해당 학습주제에 대한 초보자임을 ChatGPT

에 자임하면서 지속적으로 대화할 필요가 있다. 그러면 ChatGPT는 그 수준에 부응하여 적합한 응답을 학습자에게 생성해 준다. 그리고 이러한 안내질문을 활용한 지속적인 대화로 습득된 결과물은, 해당 첫 교실수업의 디딤수업 완수 점검전략 일환으로 또래끼리 상호 공유하거나, 간단 퀴즈를 치르게 된다(Atlas, 2023; Huesca et al., 2024; Pavlova, 2024).

이렇게 학습자가 디딤수업에서 ChatGPT에 의해 지원받는 대화형 질의응답 활동은, 교실수업에서 학습자가 해당 학습주제에 대해 의문사항들을 제기하는 빈도를 상당히 감소시켜 준다. 이러한 활동의 또 다른 장점이자 진면목은, 기존의 거꾸로학습과는 차별화되어, 학습자가 디딤학습한 것을 교실수업에서 적용하는 데 있어 더 나은 이해를 가지고 접근하게 되어, 결과적으로 더 심도 있는 학습이 이루어지면서 학습몰입도 및 참여도가 높아져서 더 우월한 학업성취를 이룩하게 된다는 사실이다(Atlas, 2023; Huesca et al., 2024; Pavlova, 2024). 이러한 활동으로 인해 장기적으로 학습자는 ChatGPT로부터 최적의 정보, 자료를 획득하는 데 필요한 질문하는 기술(question-asking skills)이 더 높은 수준으로 공고화되며, 질문을 통해 비평적으로 사고(critically thinking)하는 역량도 향상될 수 있다(Pavlova, 2024).

2) 전통적인 플립드러닝보다 격상된 테크놀로지

AI는 기존의 거꾸로학습에서 활용되어 온 테크놀로지의 제한점을 극복하면서, 차원이 다르게 적용되어 디딤수업에서 혁신을 가져올 수 있다. 즉, AI를 기반으로 교수자는 기존의 플립드러닝과 달리, 디딤수업에 필요한 교수자료, 상호작용적 퀴즈 및 평가 준비 및 실행에서 교수자의 업무 부담을 경감시키면서도, 더 효과적이고 효율적으로 접근할 수 있다. 특히, 수업자료의 개별 맞춤형 제공, 학습자료의 자동 생성, 학습결과에 대한 실시간 피드백, 사전 학습분석의 자동화 등을 통해, 학습자에게 필요한 학습 지원과 안내를 시의적절하게 디딤수업에서부터 제공할 수 있게 된다. 이렇게 AI는 디딤수업 완수 수준을 높이고 후속 교실수업의 효과성을 제고시키는 측면에서, 학습자가 자기주도적으로 디딤학습을 성공적으로 영위하도록 지원해 준다(Davar, Dewan, & Zhang, 2025; Hyttinen & Isomöttönen, 2025; Katona & Gyonyoru, 2025; Kwan et al., 2025; Peng, Yang, Zhang, & Li, 2025; Suriano et al., 2025).

특히 AI를 기반으로 생성된 디딤수업의 학습 가이드(study guide)는 해당 학습주제의 핵심 내용을 적시해 주는 구조화된 체계를 제공하여, 어디에 주의집중해야 할지가 학습자에게 명확해진다. 또한 수업영상을 포함하여 역동적으로 생성된 문자/음성/영상자료 목록, 상호작용적 시뮬레이션, 메타버스(metaverse) 등의 다양한 디딤수업의 학습자료들을 적재적소에 '엄밀하게 선정·제공(curate)'하게 된다(Honig, Desu, & Franklin, 2024; Kwan et al., 2025). 이와 관련한 사례로, 대학교 화학 수업에서 교수자가 화학실험에 플립드러닝을 적용하는 데 가장 큰 장애요인 중의 하나는, 디딤수업을 위해 강의실 실험 전의 학습활동을 재구성해야 하는 것이다. 이러한 난관을 생성형 AI, 특히 ChatGPT가 해결해 줄 수 있는 새로운 기회를 제공해 주었다. 즉, 제대로 작성된 프롬프트(prompts)가 ChatGPT에 제시되면, 이 AI 체제는 실험의 사전 안내(pre-lab guides), 퀴즈와 이에 상응한 피드백, 구조화된 성찰활동 제시문(structured reflection prompts) 등 해당 디딤수업에 적확한 수업자료들을 생성해 준다. 이러한 AI 기능 덕분에, 교수자는 플립드러닝의 수업자료 개발을 백지상태에서 출발하기보다는, 쉽게 수정/보완이 가능한 비계(scaffold)로 시작할 수 있게 된다. 물론 ChatGPT를 통해 가치 있는 수업자료를 얻기 위해서는 프롬프트 작성이 제대로 이루어져야 한다. 즉, 프롬프트에서 학습주제, 학습목표, 대상 학습자, 바람직한 자료 형태 등이 명확하고 목표지향적으로 제시되어야 한다. 예를 들어, "2학년 학생을 위한 Beer-Lambert Law에 대해 3개의 사지선다형 문제를 피드백과 함께 만들어 주세요"라는 프롬프트가 유용한 결과물을 생성해 주었다(Correia et al., 2025).

2. 교실수업과 AI

1) ChatGPT와 안내질문

Alan과 Yurt(2024)는 중학교 2학년 수학 및 과학 수업을, Bybee(2009)의 5E 교수모형과 플립드러닝을 통합한 탐구기반 학습모형(이에 대한 구체적인 내용은 본서 '제9장'의 "III. 거꾸로 탐구기반학습(Flipped inquiry-based learning)"의 "1. 거꾸로 5E 교수모형(Flipped 5E Instructional Model)"으로 접근하였다. 이 교실수업에서 학습자가 5E의 단계별로 효과적이고 효율적인 개별 및 협력활동을 위해, 교수자는 ChatGPT를 병행 활용하도록 독려했다. 이를 위해 학습자가 프롬프트(prompts)를 통해 ChatGPT를 효과적으로 활용하는 데 도움이 될 수 있는 안내형 질문들이 단계별로 제시되었다. 그리고 실제 수업에서는, ChatGPT 무료 버전으로도 소기의 학습 성취를 내는데 충분했으나, 유료 버전을 사용하게 되면 더 나은 학습활동이 될 것이라고 연구자들은 밝히고 있다. 이러한 프롬프트들의 교과별 두 가지 사례들은 아래의 〈표 7-3〉, 〈표 7-4〉과 같다.

〈표 7-3〉 교실수업에서의 ChatGPT 활용을 위한 안내질문 I(Alan & Yurt, 2024)

학습 주제(수학): 대수식 및 항등식(Algebraic Expressions and Identities)	
Engage (몰입)	1. 대수(algebra)가 일상생활의 어디에 적용되는가? 2. 대수가 의사소통 언어(language of communication) 또는 일상의 언어에서 어떻게 활용되는가?
Explore (탐색)	학습과제: 플라스틱병에 물을 얼마나 채울 수 있는가를 친구에게 말할 때, 어떻게 대수의 수식으로 그 병의 용적(volume)을 표현할 수 있을까? 특히 다른 용적의 병들도 어떻게 대수로 일반화하여 친구에게 표현할 수 있을까?
	1. 플라스틱병의 용적을 대수로 어떻게 수식화하는가? 2. "1."의 응답으로 제시된 대수의 수식을 다른 방법으로 표현할 수 있을까? 3. 게임을 통해 대수를 가르칠 수 있는가? 4. 게임을 통해 대수를 나에게 가르쳐 줄 수 있나요?

학습 주제(수학): 대수식 및 항등식(Algebraic Expressions and Identities)	
Explain (해석)	대수식을 살펴보면, 어떤 문자(letters), 특성(characters), 기호(symbols)가 미지값(unknown values)과 수치(numerical values)를 표현할 수 있다는 것을 알 수 있다. 이러한 차분(difference)은 각기 다른 개념에 따라 대수식으로 표현할 수 있다. 이러한 개념들을 아래의 질문들로 ChatGPT에서 알아보자. 1. 대수식은 어떤 다른 부분(different parts)들로 구성되는가? 2. 대수식에서 변수(variables), 상수(constant), 계수(coefficient) 항들 각각의 예를 제시, 설명해 주세요. 3. 대수를 게임으로 설명해 주겠어요? 4. 복잡한 대수식을 어떻게 간결화(simplify)할 수 있을까?
Elaboration (정교화)	학습과제: 대수식에서 방정식을 살펴보면, 변수의 몇몇 수치를 위해 등식이 성립된다. 이러한 수치는 방정식의 해집합(equation's solution set)이라고 칭한다. 때때로 우리는 변수가 가지는 각 수치를 위해 제공되는 등식을 볼 수 있다. 이러한 대수방정식을 항등식이라고 한다. 여기서 대수식의 특성들을 살펴보자. 지금까지의 학습결과를 더 심화시키고, 일반화(generalizations)에 접근하면서 지식들을 통합해 보자. 1. 대수식을 위한 항등식을 어떻게 써야 할까? 2. 항등식 -a^2-b^2 = (a-b) (a+b)를 어떻게 설명할 수 있는가? 3. "2."의 대수식을 시각자료화할 수 있을까? 4. 종이를 적합한 크기로 잘라내기를 대수식으로 이해하기 위한 수학모형을 개발할 수 있는가? 5. 대수식에서, (a-b)^2의 두 항의 차분(difference)의 제곱과 (a^2-b^2)의 제곱들은 어떻게 다른가? 이에 대해 예를 들어 설명해 볼 수 있는가?
Evaluation (평가)	1. 학습자 자기평가: 대수식에 관한 여러 종류의 문제들을 스스로 만들어 보고, 그에 대한 답을 서술해 보라. 그리고 똑같은 문제들을 ChatGPT에 제기하고, 그에 대한 응답을 자신의 답과 비교해 보라. 2. 교수자의 평가: "-105^2-5^2 = "와 같은 대수 문제 3개를 만들어 보라. 그리고 각 문제를 제곱 항등식의 차분(difference of two squares identity)을 사용해서 어떻게 해답을 도출했는지 보여 주어라.

〈표 7-4〉 교실수업에서의 ChatGPT 활용을 위한 안내질문 II(Alan & Yurt, 2024)

학습주제(과학): 전기부하(Electrical Loads) and 전기화(Electrification)	
Engage (몰입)	우리는 때로 어떤 물체에 접촉하면 정전기에서 발생하는 간섭음(crackling sound)을 듣게 되면서, 손가락 끝에서 얼얼하게 저리는 느낌을 경험하게 된다. 비록 우리가 전기기기를 만지지 않았는데도 전기충격을 느낀다고 말한다. 전기 동력이 없음에도 불구하고 어떻게 이런 물질이 우리에게 전기충격을 주는 것일까? 이를 조사하기 위해, ChatGPT에 다음과 같은 질문을 제기해 보자. 1. 비전도성 물질(non-electrical objects)이 우리에게 전기충격을 주는 이유는 무엇일까? 2. 전기부하는 무엇인지 '간단하게' 설명해 주세요. 정전기(electrostatic)는? 3. 정적부하(positive loads)와 부적부하(negative loads)를 '간단하게' 설명해 주세요. 4. 정전기는 어떻게 발생하는지 '간단하게' 설명해 주세요. 5. 전기화(electrification)는 어떻게 발생하는지에 대한 '간단 설명'?
Explore (탐색)	이 단계에서는 전기화(electrification)와 그 종류들에 관해 탐구하는 활동을 하게 된다. 이를 위해 ChatGPT에 다음과 같은 질문을 제기하면서 탐색할 수 있다. 1. 전기화의 종류에는 어떤 것들이 있는가? 2. 간단한 전기화 실험을 추천해 주겠어요? 3. 마찰(friction)에 의한 전기화에 대해 게임을 비유해서 설명?
Explain (해석)	여기에서는 부적 부하와 정적 부하가 전기화에 어떻게 영향을 미치는지 학습하여 결과물을 제시하게 됩니다. 전기화의 종류들은 각각 어떤 차이가 있는지를 비교해 보고 이에 대한 개념을 정립해 보세요. 이를 위해 ChatGPT에 다음과 같은 질문을 던져 볼 수 있습니다. 1. 마찰, 접촉, 충격에 의한 전기화들 간에는 어떤 공통점과 차이점들이 있는가? 2. 만약 물질에 대한 부적 부하와 정적 부하가 동일한 경우, 전기화에는 어떤 영향을 미치는가?
Elaboration (정교화)	이 단계에서는, 이 학습주제에 대한 명확한 이해를 바탕으로, 일상생활에 적용해 보는 활동을 하게 된다. 이를 위해 ChatGPT에 다음과 같은 질문을 제기해 볼 수 있다. 1. 전기화 현상에 영향을 미치는 요인들은 무엇인가? 2. 테크놀로지에서 전기화가 어떻게 적용되는가? 3. 자연현상에서 전기화가 어떻게 적용되는가? 4. 전기화는 대기 작용(atmospheric behaviors)과 어떤 관계가 있는가?

학습주제(과학): 전기부하(Electrical Loads) and 전기화(Electrification)	
Evaluation (평가)	1. 학습자 자기평가: 학습주제의 핵심 학습내용과 직결된 질문(서술형, 사지선다형)을 스스로 작성해서, 먼저 본인이 해답을 서술해 보시오. 그런 후에 ChatGPT에 동일 질문들을 제기해서 얻은 응답 결과를 본인의 해답과 비교, 평가하시오. 2. 교수자의 평가: 학습주제와 직결된 5개의 사지선다형 문제를 작성하고, 정답을 제시하시오. 3. 학습주제와 직결된 3개의 서술형 문제를 작성하고, 해답을 서술하시오.

2) 전통적인 플립드러닝보다 격상된 테크놀로지

AI는 전통적인 플립드러닝보다 교실수업 활동에서 학습자의 참여도 및 몰입도를 높이는 데 기여할 수 있다. 특히 AI는 교실수업에서 역동적인 학습사회를 이루며 학습자와 교수자와의 시너지 효과가 극대화될 수 있는 학습환경을 조성해 줄 수 있다. 이와 직결된 인공지능 기반 거꾸로학습의 교실수업을 위한 교수전략들은 다음과 같다(조규락, 2025; Ariza, Restrepo, & Hernández, 2025; Davar, Dewan, & Zhang, 2025; Honig, Desu, & Franklin, 2024; Hyttinen & Isomöttönen, 2025; Katona & Gyonyoru, 2025; Kwan et al., 2025; Peng, Yang, Zhang, & Li, 2025).

① 학습자는 각자의 지능형 보조교수(intelligent assistant) 솔루션이 설치된 AI를 기반으로, 교실수업의 다양한 활동들에서 흐름을 방해하지 않고, 자신의 의문사항들에 대한 응답을 맞춤형으로 받을 수 있다. 그리고 여기에서 응답들은 AI와의 역동적인 대화를 통해 다중매체(multimedia)의 형태로 제공된다.

② 교실수업에서 교수자와 학습자와의 면대면 도움을 제공하는 경우, 단편적인 지식이나 기술과 관련된 코칭 및 피드백을 AI에게 위임할 수 있다. 이에 따라, 교실수업에서 AI는 반복적이고 낮은 수준의 교수자의 역할을 대체하고, 교수자는 훨씬 복합적이고 인간끼리의 상호작용

적 대면으로만 가능한 역량에 전념하게 된다.

③ AI는 교실수업에서 학습자가 올바른 학습경로를 견지하도록 적시(just-in-time)에 평가 시스템을 작동할 수 있다. 즉, 학습결과에 따른 형성평가 및 총괄평가를 위한 즉각적 퀴즈(on-the-spot quizzes), 설문, 평가 항목 등이 실시간으로 작성, 제공될 수 있다. 물론 이러한 평가 결과에 따른 적응적 피드백, 추가활동, 과제 등도 학습의 지속적인 향상을 위해 개별 맞춤형으로 생성, 제시된다.

④ 교실수업의 다양한 협력 및 토론 활동에서의 모든 대화를 정확하게 기록하여 후에 참고할 수 있도록 아이디어 프롬프트(idea prompts)와 함께 제공해 주는 AI를 기반으로, 학습자는 다양한 협의 및 참여 활동을 집중도를 더 높여서 진행할 수 있게 된다.

⑤ 거꾸로 복합학습(프로젝트학습, 문제중심학습, 탐구기반학습 등)을 위한 과제를 해결하는 과정에서 유용한 도움을 다각도로 제공해 줄 수 있다. 예를 들어, 과학 교과의 플립드 탐구기반학습에서 ChatGPT는 학습자와의 대화형 상호작용을 통해, 실험 절차, 자료수집 기법, 데이터 분석 등을 위한 초기 결과물(draft)을 제시해 줄 수 있다. 그리고 역사 교과에서 거꾸로 프로젝트학습을 수행하는 학생은 이러한 AI의 도움을 받아, 특정 시대 및 인물에 관해 다양한 정보를 수집하고, 과제 해결방안의 아이디어를 도출하며, 역사적 사건 관련 시뮬레이션에도 참여하게 된다.

지금까지 나열, 논의된 교수전략 이외에도, AI 기반 플립드러닝의 교실수업에 적용가능한 수업모형 및 교수전략을, 임철일과 동료연구자들(2025) 및 조규락(2025)이 구체적으로 논의하고 있다. 특히, 이들은 공히 다양한 교과들과 직결하여 실제로 설계, 적용된 AI 활용 수업 사례들을 함께 제시하고 있다.

3. 후속학습활동과 AI

1) 전통적인 플립드러닝보다 격상된 테크놀로지

AI는 후속학습활동에서 해당 학습을 강화하고, 의문사항을 명료화하며, 교실수업을 보완하는 활동에서의 의사소통을 더욱 원활하도록 학습자를 도와줄 수 있다. 이러한 관점에서 AI 기반 후속학습활동에 적용가능한 교수전략들은 아래와 같다(Kwan et al., 2025).

① '항시대기' 후속활동 교수자('on-call' post-class tutors) 기능을 구비한 AI는, 교실수업 종료 후에도 '24/7'로 비상 대기하면서, 언제든 학습자가 여전히 혼돈해하는 의문사항에 대해 명확한 응답을 다중매체(multimedia)로 무제한 제공해 준다.

② 교수자는 학습자의 후속학습활동 결과의 엄밀한 기록과 분석을 수행해 주는 AI를 기반으로, 추가학습, 활동 등의 필요성을 판단하게 된다. 또한 해당 수업의 개선점을 종합적으로 도출하여 미래 수업계획에 반영할 수 있다.

4. 효과적인 프롬프트 작성 및 제시 기법

지금까지 논의된 생성형 AI 활용을 위한 안내형 질문 외에도 거꾸로학습의 전체 교수 · 학습과정에서 사용되는 다각도의 프롬프트는, 필요한 결과물을 ChatGPT가 생성하도록 요구하기 위해 작성, 제시하는 '명령문'을 의미한다. 특히, 우리 사회의 다양한 인터뷰 현장에서 대답을 요구하는 사람의 질문의 질에 따라 그 응답의 질이 결정되듯이, 플립드러닝 과정에서 프롬프트를 어떻게 '언급'하느냐에 따라 생성형 AI로부터 의도하는 결과물의 유용성과 수준이 결정된다.

이와 관련하여, 이러한 프롬프트는 '지시'와 '맥락'으로 대별, 구성하여 작성, 제시할 수 있다. 여기서 '지시'는 ChatGPT에게 적시, 표현하는 명령어를 의미한다. 이 명령어는, 과제 및 목적을 명확히 표현하고, 결과물의 제시 범위/양을 설정하며, 도출 방식을 지정하고, 응답 대상을 제시하는 등 교수자나 학습자가 ChatGPT에게 원하는 형태로 대답을 생성하도록 요구한다. 이러한 명령어만으로도 상당 영역의 정보, 자료, 기타 결과물 등을 획득할 수 있다. 이에 더해 더욱 요구에 부합하면서, 최적의 결과물 도출이 필요할 때는, '맥락'을 명령어에 추가, 수반(隨伴)하여 제시할 수 있다. 여기서 맥락은 ChatGPT가 응답을 제시할 때 반영해야 할 과제 직결 제반 요소 및 조건을 의미한다. 여기에는 특정 역할(HRD 담당자, 환경보호단체, 시장 분석가 등), 배경지식, 과거 정보, 해결책을 위한 방법론 또는 예시 등을 포함하게 된다(김진, 최정아, 2025). 이를 위해, 조규락(2025), 전라북도교육청(2023), 서승완(2023)의 연구결과에 기반하여, ChatGPT의 다양한 프롬프트를 작성, 제시하는 데 반영할 수 있는 일반적인 수칙 및 기법은 다음과 같다.

① 전문용어를 제외하고는 쉽고, 간단하며, 직관적인 언어 사용
② 다른 여러 의미로 해석될 수 있는 단어는 추가로 설명 제시
③ 핵심 키워드에 초점을 두고 싶을 때는 큰따옴표(" ")로 강조
④ 대화를 지속하여 직결된 추가 질문을 할 때는, 이전 프롬프트의 내용을 간략히 언급하며 프롬프트 서술
⑤ 대화 중에 사용한 용어, 개념은 일관되게 사용
⑥ 이 생성형 AI는 '반말'이나 '존댓말'을 구분하지 않기 때문에 그에 따른 결과 차이 없음

이 외에도 ChatGPT와의 상호작용적인 일련의 대화 방식을 통해 거꾸로학습의 교실수업 및 후속학습활동에서 심도 있는 자료/정보를 얻거나 고난도의 문제를 해결하는 데 적용할 수 있는 프롬프트의 작성, 제시 방법을 김진과 최정아(2025), 조규락(2025)이 구체적으로 제시하고 있다.

5. AI 기반 플립드러닝 사례

Chu와 동료연구자들(2025)은 AI 기능을 구비한 가상 교수자(virtual tutor)를 거꾸로학습에 적용하였다. 이 수업에서는 대학교의 한 과목 전체를 AI 기반 플립드러닝으로 접근하면서, 학습자는 가상교수 플랫폼(platform)에서 다양한 "대화(dialogues)"를 영위하였다. 이 과목은 4개의 거꾸로학습 모듈로 구성되었으며, 각 모듈별로 의무적으로 학습해야 할 디딤수업을 위해 3개의 수업영상과 추가학습자료로 읽을거리(reading materials)가 부과되었다. 그리고 디딤학습 완수를 위해 AI 가상교수로부터 지식을 탐색하는 데 도움이 되는 안내질문들이 이 플랫폼을 통해 제공되었다. 여기서 학습자는 안내질문을 기반으로 응용한 추가질문들을 AI에게 제기하고, 이에 따른 맞춤형 응답이 가상교수를 통해 제시되었다. 특히 AI 가상교수에는 ChatGPT-3.5가 설치되어, 효과적인 인간-AI 상호작용을 위한 AI 생성 질의응답이 이루어질 수 있었다. 이에 덧붙여, Text-To-Speech(TTS) 테크놀로지가 병행 활용되어, 가상교수의 응답이 3D 이미지와 몸동작(gestures)이 겸비된 음성을 통해 실시간으로 제공되었다. 또한 학습분석을 위해 학습자와 AI 가상교수와의 상호작용 및 디딤학습 결과가, 교수자가 언제든 열람할 수 있도록 기록되었다.

그리고 교실수업에서는 먼저 디딤수업에서 AI 가상교수에서 제공된 디딤학습 및 AI와의 상호작용 결과 분석에 따라, 교수자는 기존의 교실수업 계획을 수정/보완하게 되었다. 이러한 교실수업의 도입부에는 디딤수업 완수 점검전략이 실행되었다. 그리고 심도 있는 지식 구성을 위해 디딤수업과 동일한 방식의 AI와의 상호작용을 통해, 토론 및 협력활동이 주가 되는 교실수업이 진행되었다. 특히 학습자가 교실수업 이전의 디딤수업에서 AI 가상교수와의 상호작용으로, 디딤영상 학습 그 이상의 준비 수준을 구비하고 교실수업에 임하게 되었다. 이에 따라, 교수자는 교실수업의 본격활동을 더 높은 수준의 비평적 사고, 적용에서부터 창조활동, 혁신적 이슈 등에 더 많이 집중하도록 설계, 실행할 수 있게 되었다.

이에 따른 후속학습활동에서, 학습자는 교실수업에서 미진한 활동을 AI 가상교수로부터의 도움을 받으며 추가로 지속하게 되었다. 여기서 AI 가상교수는 학습자의 응답에 부응한 평가와 피드백을 적시에 제공하였다.

08
CHAPTER

인재개발(Talent development)을 위한 플립드러닝

산업체 및 공공기관의 인재개발에서 적용된 거꾸로학습의 가치와 필요성은, 이 책의 "제1장. 플립드러닝의 효용과 가치"에서 제시된 제반 연구 결과와 대부분 일치한다고 해도 과언이 아니다(Berge, 2015; Mazohl, 2025; Mazohl et al., 2021; Bergmann & Smith 2019). 이 외에도 거꾸로학습은 기존의 교육/훈련 방법과는 다른 편익(benefits)을 제공해 줄 수 있다. 즉, 플립드러닝을 통해, 기존의 교육과 동일한 훈련 시간에 현업 과제에 적용하고 실습할 기회가 더 많이 부여된다. 이는 현업에서 더 나은 성과향상으로 이어져, 교육참가자와 직속상사를 포함하여 조직 내에 해당 교육의 필요성과 가치를 각인시킬 수 있다(Berge, 2015).

실제로 플립드러닝은 인재개발을 위한 산업체 및 공공기관 교육/훈련에도 도입되어 효과를 내고 있다. 일례로, 미국 원자력발전소의 설비운영자(plant operators) 훈련에서, 예전 교육에서 직접교수(direct instruction) 했던 부분은 영상학습이 포함된 디딤수업으로 대체되었다. 이러한 디딤수업에 대한 이수는 교육장의 면대면 교육 전에 평가를 통해 점검, 확인되었다. 그리고 교육장에서 참가자들(trainees)은 디딤학습에 기반하여, 설비 운전을 위한 실습 위주의 활동을 시뮬레이션을 통해 수행했다. 또 다른 교육사례에서, 미국 헤어케어(hair-care) 제품 생산 회사는 미용사(stylists)교육에 플립드러닝을 적용했다. 이전의 교육에서 이 회사는 신제품이 출시되면, 미용사들에게 1일 면대면 교육(one-day workshop)을 시행해 왔다. 이러한 교육에서는 오전에 강사가 해당 제품에 대한 설명과 함께 이 제품을 어떻게 활용하는지를 시범을 보이며 직접 강의했다. 그리고 오후에는 미용사들이 신제품 적용에 대해 실습을 수행했다. 그러나 실습에서 많은 실수가 발생하였지만 이를 보완하는 연습시간이 태부족하여 교육의 실효성에 의구심이 제기되고 있었다. 이에 적용된 플립드러닝 결과, 워크숍 참석 전에 디딤수업을 완수한 참가자들은 교육장에서 우선 디딤학습과 직결된 질의응답(Q&A Session)을 가지게 된다. 그리고 전문가인 강사의 코칭 하에 충분한 연습 시간을 가지면서, 성공적으로 신제품을 현업에 적용할 수 있는 수준이 될 수 있었다. 이러한 거꾸로학습에서 교수자는 교육내용 전달자(presenter)에서, 개별 참가자의 교육요구에 중점을 두며 역량을 개발하는 코치의 역할로 전환되었다(Sams & Bergmann, 2014).

한편, 네덜란드의 종합병원에서 전공의들을 위한 리더십교육을 개편하기 위한 교육요구 분석 결과, 의료 사고 관련 법규에 관한 집중 교육의 필요성이 크게 대두되었다. 여기에 적용된 플립드러닝의 디딤수업에서, 두 가지 학습 모듈(health care law, medical errors)에 따른 영상수업과 함께 관련 교재, 학술지가 온라인으로 제공되었다. 이와 함께, 디딤수업 완수 점검을 위한 과제도 같이 주어졌다. 이에 따른 교실수업에서는 두 개의 모듈에 대해 각 2시간씩 총 4시간의 토론수업이 실행되었다. 여기서 참가자들은 강사의 안내와 도움을 받으며, 디딤수업에서의 학습을 현업과 직결하여 재창출, 재조직, 성찰하는 활동에 임했다(Lucardie & Busari, 2017).

위와 같이 인재개발에 적용된 플립드러닝의 사례들로 비추어보면, 전체적인 수업구조 및 교수전략들은 앞에서 소개된 학교교육에서의 그것과 대동소이하다고 결론 내릴 수 있다. 이에 따라 이 장에서는 학교교육과는 차별화되어 산업체 및 공공기관의 인재개발에 특화된 거꾸로학습 교수설계 전략들과 실제 사례들을 제시하고자 한다.

1. 인재개발을 위한 플립드러닝 특유의 교수전략

1) 디딤영상의 적정 분량

상당한 학습능력을 구비했다고 판단되는 professionals 대상의 산업체 및 공공기관 교육에서도, 핵심 내용 위주로 디딤영상의 길이를 응축, 간명화할 필요가 있다. 이와 관련하여, the University of California at Davis의 의과대학 교수는 플립드러닝을 적용하면서 내과 전공의들에게 디딤영상을 학습하도록 부과했다. 그의 관찰 결과, 많은 전공의가 처음 10분 정도는 몰입했으나, 그 이후에 집중도가 떨어지는 모습을 보였다. 그러므로 그는 인재개발을 위한 적정 디딤영상 분량은 45분의 전통적인 순수 강의를 기준으로 8~12분 정도가 적합하다고 판단했다(Bergmann, & Smith, 2019). 그러므로 교수자는 자신의 전통적인 강의내용 중에 교실수업에서 심화학습 및 활동을 하는 데 기본적으로 필수적인 핵심내용만을 선정해야 한다(Fornari & Poznanski, 2021). 실제로 많은 교수자가 자신의 강의를 디딤영상으로 개발하는 데 약 1/3로 축약했다. 예외적으로 이러한 적정 시간을 불가피하게 넘겨야 한다면, 복수의 영상으로 분리, 제공하는 것이 상수이다(Bergmann & Smith, 2019). 이와 관련하여 호주의 Melbourne Institute of Technology에서 성인 대상으로 시행한 다수의 비학위 자격증 과정들에서 플립드러닝을 적용하였다. 여기서 매주 2시간의 교실수업을 위한 디딤수업에서 여러 개의 8~10분짜리의 짧은 영상(multiple 8 to 10 minute short videos)을 학습자에게 제공하였다(Kwan, Kadel, Memon, & Hashmi, 2024).

2) 디딤영상 미완수 방지전략

지금까지 제시된 전략들을 인재개발에도 그대로 적용할 수 있다. 이와 관련하여 Berge(2015)는 디딤영상의 미이수를 미연에 방지하기 위해 디딤영상 학습을, 선수필수과정(prerequisites)으로 지정할 필요가 있다고 주창하였다. 즉, 선수 필수과정을 이수하지 못한 교육참가자는 본 교육과정에 참여할 수 없음을 명확하게 공지해야 한다. 이러한 디딤영상 이수율을 높이기 위해 교육참가자의 직속상사와 공조하는 방안은 금상첨화가 될 수 있다(Sams & Bergmann, 2014).

3) 교실수업의 '일반적 교수전략'

① Peer review(동료 검토): 교육장에서 피드백은 교수자만의 전유물일 필요는 없다. 인재개발을 위한 교육상황에서는 동료 참가자가 더 나은 피드백을 제공해 줄 수도 있다. 즉, 교수자보다 현업과 밀착된 참가자들의 피드백이 더 통찰력이 있으며 영향력을 발휘할 수 있다. 한 사례로, 응급의료기사(EMT: Emergency Medical Technician)를 대상으로 한 교육에서, 디딤학습을 기반으로 교육장에서 각자 실습하는 모습을 상대편 참가자가 서로 영상으로 찍어준다. 그리고 상대방의 영상에 대해 평가하고 피드백을 서로 준비할 시간을 가진 후, 2인 1조로 상호 피드백을 제공해 준다. 이 방법은 심장 전공의, 콜센터 직원, 법원 직원 교육에서도 유사한 전략으로 접근되었다(Bergrmann & Smith, 2019).

2. 플립드러닝 기반 지식경영(Knowledge management): Cisco 사례

Cisco는 사내 조직 지식(organizational knowledge)의 문제점에서 출발하여, 지식경영을 위한 영업사원 교육에 플립드러닝을 적용하게 되었다. 즉,

구성원이 업무를 유능하게 수행하여 취득, 축적한 암묵지(tacit knowledge) 차원의 조직 지식의 상당 부분이, 해당 구성원이 조직을 떠나면 동료에게 공유되지 않고 소멸한다. 이로 인한 상당한 금전적 손해는, 교체된 조직 구성원이 원점에서부터 다시 업무 지식을 만들어가야 하는 폐해에서 발생하는 다양한 문제점에서부터도 충분히 가늠될 수 있다. 이러한 관점에서, Cisco는 특히 영업 현장에서 '조직의 집단 지식 및 지혜'를 보유한 '고수(guru)'를 발굴하고, 그들의 best practices를 조직학습 차원에서 공유하는 지식경영을 위한 최고의 방법을 거꾸로학습에서 모색하였다. 이러한 교육요구를 기반으로, Cisco는 전체 영업사원인 22,000여 명을 대상으로 플립드러닝을 설계, 실행하였다(Armand & Corrias, 2024).

이렇게 지식경영을 위한 거꾸로학습에서 Cisco는, 교수자를 기존의 전통적인 강사의 개념에서 탈피하여 영업현장에서 내로라하는 '고수'로 대체하는 데서 출발하였다. 이러한 현장의 고수가 지식공유자(knowledge sharer)로서 내부 교육내용 전문가(internal subject matter expert: SME)가 되어 강의(수업 영상)를 제공하고, 교실수업도 실행하게 된다. 이러한 Cisco의 영업교육을 위한 플립드러닝의 구체적인 절차와 교수전략들은 다음과 같다(Armand & Corrias, 2024).

1) 디딤수업

디딤수업 및 교실수업을 담당할 교수자인 SME들은 우선 직속 상사, 팀원, 또는 자천으로 1차 추천을 받게 된다. 그런 후에 진정한 최고 영업전문가(top-performing salesperson)를 SME로 선정하기 위해, 다음의 자료들을 기준으로 삼게 되었다.

① Cisco의 영업사원 관리 체제(Salesforce management system)로부터 도출된 개인 영업 생산성 지수(individual sales productivity indicators)

② Burke Learning Agility Inventory(BLAI)에서 측정된 개인 학습 민첩성

(learning agility) 점수: 여기서 학습 민첩성은 도전적이거나 변화하는 환경 속에서 빠르게 배우고 변화할 수 있는 능력을 의미하며, 단순한 학습능력이나 인지능력과 혼동하면 안 된다. 그러므로 학습 민첩성은 경험으로부터 암묵지를 축적해 나가는 숙련도의 지표가 된다. 이러한 학습 민첩성이 뛰어난 영업사원이 이 지수가 낮은 영업사원보다 SME가 될 자격이 더 갖춰졌다고 판단하였다.

이러한 영업의 고수들이 SME가 되도록 유인책으로, Cisco의 기존 사원 인정 및 보성 시스템으로부터 가능한 금전적 보상이, 상부(top management)의 사전 승인에 따라, 부여되었다. 추가 보상으로, 지식 공유가 학습자로부터 유용성 및 완성도에서 높은 평점을 받은 SME는, 동료들의 업무역량 발전에 대한 공헌을 높이 치하하는 사회적 인정(social recognition)을 사내의 Blogspace에 탑재하였다. 이러한 금전적 및 사회적 보상이 실제로 SME들이 플립드러닝을 통한 지식 공유에 적극적으로 참여하게 만드는 내·외적 동기화로 각각 작용하였다.

이렇게 선정된 SME에게는 디딤영상 및 관련 학습자료를 개발하는 데 5주의 기한을 부여하고, 매주 이를 상기시키는 메시지를 보냈다. 그리고 지식공유자이자 내부 SME인 교수자는, 교육팀에서 제공된 지침서(manual) 및 기술적 지원에 따라, 자신의 best practices를 설명/시범 보이는 20분 이내이며, 하나의 짧은 영상(a short video)을 교수적 처치를 반영하여 개발했다. 여기에는 필요시 본인 특유의 문서, 체크리스트, 자료 등이 포함되었다.

물론 이 영상은 수동적으로 지식을 습득하는 형태가 아니라, 학습자에게 정보 탐색 등의 특정 활동을 부과하였다. 전체적으로 플립드러닝의 학습과정은 10주가 소요되었다. 일반적으로 디딤수업은 2주 이내에 완수하도록 부과되었다. 그렇지만 2주 후에도 학습자는 언제든지 플랫폼에 탑재된 수업 영상을 반복 시청할 수 있었다. 또한 학습자를 위한 지침서(manual)도 제공되었는데, 이에는 플립드러닝 플랫폼을 기반으로 학습자가 디딤수업, 교실수업, 후속학습활동에서 어떻게 자기주도학습을 스스로 영위하는지에 관한 지원과 안내가 포함되었다.

2) 교실수업

이 단계에서는 교실수업의 일환으로 교육팀에서 제공한 온라인 플랫폼에서 특정 학습자와 교수자가 비실시간으로 질의에 대해 응답하거나 학습자가 제기한 이슈를 주제로 토론하는 방식으로 접근하였다. 여기서 교수자와 학습자는 공히 교육팀에서 제공된 각자의 지침서(manual)의 안내와 지원에 따라 자신의 역할을 수행하게 된다. 그리고 교실수업 단계의 플랫폼은 디딤수업 시작과 함께 작동되어, 학습진도에 따라 언제든 교실수업에 해당되는 교수자와의 온라인 대면을 할 수 있었다. 이 토론방은 4주 동안 개방되어 교수자와 학습자의 비실시간 대면의 장이 되었으며, 그 이후부터 교육 종료시까지는 '읽기 전용(read-only)'으로 전환되었다.

3) 후속학습활동

이 국면에서는, 교육팀에서 제공한 온라인 플랫폼에서, 두 명의 학습자가 한 조로 편성되어 학습 동반자 관계를 형성하고 서로의 학습에 도움을 주는 방법이 주를 이루었다. 이를 위해 우선 동료 학습자를 맺어주는(matching) 작업이 선행되었는데 이에 대하여 고려, 반영된 기준들은 다음과 같다.

① 인구통계학적 요인(예를 들어, 나이, 성별, 인종, 학력 등)

② 직무 관련 요인(예, 근무지, Cisco 근무기간, 특정 영업부문 근무기간 등)

③ 개인 영업 생산성 지수

④ 5대 개인 성격 특성(the Big Five personality traits)

⑤ 학습 민첩성

이러한 기준을 반영한 목적은 파트너가 된 동료학습자끼리의 잠재적 편견이나 갈등을 회피하기 위함이다. 여기서 인구통계학적 및 직무 관련 요인들은 Cisco의 HR 시스템에서 도출하였으나, 5대 개인 성격 특성은 개별 설문 결과에 따라 도출되었다. 그리고 전술했듯이, 개인 영업 생산성 지수는 Cisco의 영업사원 관리 체제(Salesforce management system)로부터 도출되었으며, 개인 학습 민첩성(learning agility) 점수는 Burke Learning Agility Inventory (BLAI)를 통해 측정되었다.

이 활동에서는, 교육팀에서 제공된 안내서(manual)에 따라, 학습자들은 위의 두 단계에서의 학습결과와 관련하여 역할연기를 하거나, 상호 피드백하며 성찰하는 학습대화(learning conversations)를 통해, 학습결과를 자신의 것으로 공고히 하게 된다. 그리고 '후속학습활동'에서는 2인 1조의 학습동료들이 6주 동안 격주로 3회의 학습대화(learning conversations) 및 역할연기를 수행했다. 여기서 3번이나 또래학습(peer learning)을 실시한 이유는, 동료 학습자와의 신뢰 관계가 제대로 형성되어 학습과 직결된 자신의 무지와 몰이해를 솔직히 인정하고, 동료로부터 진정한 진단을 받고 유의미하게 교정하는 데 필요한 기간이며 상호작용 빈도라고 판단되었기 때문이다.

한편, 학습자들에게 자기주도학습의 더 나은 기회를 제공하는 차원에서, 위의 플립드러닝의 모든 단계를 의무적으로 부과하지 않고 자유 선택이 되게 하였다. 이 방법은 이 프로그램의 초기 '수용(buy-in)' 측면에서도 유의미한 변화관리 전략이 될 수도 있다. 이렇게 학습자들은 다음과 같이 다양한 선택지(option)의 학습경로로 접근할 수 있었다.

① 단계 1(디딤수업)만 이수

② 단계 1과 2(교실수업)만 이수

③ 단계 1과 3만 이수

④ 모든 3단계들을 이수

3. 플립드러닝 기반 안전교육: 건설사 사례

한 건설사는 다른 업무현장에 비해 사망률이 3배이고, 상해율이 2배인 건설현장에서, 기존 안전교육의 개선을 위해 플립드러닝을 적용하는 새로운 변화를 시도하게 되었다. 이 교육의 구체적인 절차와 교수전략은 아래와 같다(Rehman, Hassan, Zubair, Aziz, & Ahmed, 2025).

1) 디딤수업

이 디딤수업을 위해 세 개의 영상이 강사에 의해 개발되었다. 특히 이 영상은, 인력 및 비용이 많이 소요되는 고도의 테크놀로지가 아닌, 시중에서 저렴하게 구매, 활용가능한 개발 소프트웨어들을 적재적소에 적용하여 마련되고, 학습자에게 안정적으로 제공되었다. 먼저 수업자료는 'MS PowerPoint'를 활용하여 제작되었다. 이를 바탕으로 실행한 강의를 영상으로 만드는 작업은 'Adobe Presenter Video Express 2017'이 사용되었다. 이 영상을 편집/수정하는 단계에서는 'Adobe Premiere Pro'가 활용되었다. 이렇게 완성된 수업영상은 'Google Drive'와 'WhatsApp'을 통해 학습자에게 배포되었다.

2) 교실 수업

이 단계에서는 학습자와 교수자의 면대면 상호작용이 주를 이루는 활동들로 구성되었다. 우선, 디딤수업 완수 점검을 위한 퀴즈(pre-session quiz)를 학습자가 개별적으로 풀고 상호 질의응답 활동에 임하게 되었다. 이 활동 직후에 개념 명확화(concept clearing session)를 위해 교수자와 학습자 간의 질의응답이 간단하게 이루어졌다. 그리고 학습자와 교수자 간의 전체 토론의 시간을 가지며 다양한 이슈에 대해 명료화하는 활동을 영위하였다.

3) 후속학습활동

교실수업의 활동들이 종료된 후, 즉각적으로 후속학습활동 차원에서 이 교육을 정식으로 이수하는 활동이 뒤를 이었다. 우선 총괄평가인 최종 시험이 치러졌으며, 평가 결과에 따라 이 교육의 이수증이 부여되었다. 이러한 최종 시험 및 정식 이수증 발급과는 별도로, 교수자로부터 면대면 피드백을 받는 활동이 제공되었다.

09
CHAPTER

거꾸로 복합학습 (Flipped Complex learning)

기존의 직접교수를 대체하기 위해 태동한 거꾸로학습은 다양한 교육방법과의 접목가능성을 보여주고 있다. 즉, 특정 차시의 직접교수에 유용한 이 교수설계 모형은, 한 차시로 소기의 성과를 기대하기 어려운 교수상황도 포괄할 수 있다. 이런 관점에서 Talbert(2017)는, 플립드러닝은 하나의 교수 방법이기보다는 모든 교수·학습 방법을 지원할 수 있는 '메타전략(meta-strategy)'이라고 역설하였다. 이렇게, 거꾸로학습은 특정 차시의 지식을 효과적으로 습득하는 데 유용한 교수설계 모형이 될 뿐만 아니라, 문제중심학습, 프로젝트학습, 탐구기반학습, 과제중심학습, 사례기반학습, 과제중심 교수, 메이커교육 등의 복합학습(complex learning) 모형에도 접목이 가능하다(Le Doux, 2019). 즉, 여러 차시에 걸쳐 장·단기 과제수행을 통해 이루어지는 자기주도학습 체제에도 성공적으로 연계되어 적용될 수 있다. 이러한 학습자의 배움 중심 교실 수업 환경에서 학생은, 학습과정 중에 필요에 따라 수시로 디딤수업을 기반으로, 자기 학습에 책임을 지고 교수자와 또래 학생들과 다양한 상호작용을 통해 자신만의 의미로 지식을 구성하고 학습결과물을 창출하게 된다(Bergmann & Sams, 2015a, 2015b, 2015c; Bergmann, Sams, & Gudenrath, 2015; Bergmann & Sams, 2016; Jones, 2018; van Merriënboer & Kirschner, 2018). 이러한 거꾸로 복합학습(Flipped complex learning)을 통해, Bloom의 목표 위계에서 창의력을 포함한 고차원 사고능력에 해당되는 학습목표들을 달성할 수 있는 더 나은 교수전략을 모색할 수 있게 해준다.

이런 관점에서, 플립드러닝은 장시간에 걸친 고차원 능력 습득을 지향하는 복합학습 모형과 모든 교과에서 다각도로 통합이 가능하다. 예를 들어 수학에서의 실생활 적용을 위해 지수 및 로그 함수를 이용해 "당신이 만약 매년 5,000달러의 대학 학자금을 융자받게 되어 졸업 후 이를 모두 갚으려면 얼마나 걸릴까? 정부 대출, 은행 대출 등에 대한 각각의 이자율을 비교, 검색하여 계산하시오."라는 과제를 디딤수업과 함께 제시한다. 이를 기반으로 학생은 교실수업에서 프로젝트 학습의 형태로 접근할 수 있다. 이 외에도 역사적 인물이 되어 스스로의 관점에서 연설문 작성 및 토론, 삼각함수를 활용해 일기 예보를 실행, 함수열과 함수급수를 통해 가계소득을 계산하는 프로젝트를 수행, 근의 공식으로 미식축구에서 공차기(punt) 거리를 측정, 연극 연습, 희곡 짓기 프로젝트, 로봇 대회 출품 프로젝트, 주어진 자료를 기반으로 생명공학 관련 도표(diagrams) 작성하기, 자료를 기반으로 추론(estimation)하기 등이 있다(Bergmann & Sams, 2014, 2015a, 2015b, 2015c, 2016; Bergmann, Sams, & Gudenrath, 2015; Le Doux, 2019). 현재 그 효용성이 높이 평가되고 있는 주요 복합학습 모형들에 대한 플립드러닝의 성공적인 접목 가능성은 다음과 같이 구체적으로 교육현장에서 설계, 개발, 실행, 평가되고 있다.

I. 거꾸로 프로젝트 학습(Flipped project-based learning)

핀란드의 중등교사인 Markus Humaloja는 자신의 전통적인 수업을 모두 거꾸로 프로젝트 학습으로 전환시킨 후일담을 다음과 같이 서술하였다

(Toivola, Peura, & Humaloja, 2020).

> "플립드러닝을 적용하면서 내가 가장 먼저 한 일은 매일의 숙제를 없애고, 몇 주 동안에 걸쳐 수행하는 프로젝트 학습을 실행한 것이다. 이제 학습자들은 자신의 진도로 가정과 학교에서 프로젝트를 수행했다. 거꾸로 프로젝트학습에서 나는 우수 학생뿐만 아니라 학습부진학생도 공히 동기화와 성실함이 명확하게 향상되는 것을 목도하였다. 그리고 우수학생들은 이미 알고 있는 단순 지식을 반복학습하는 시간 낭비에서 벗어나, 자신들의 수준에 적합한 프로젝트 활동에 즉각적으로 몰입할 수 있게 되었다. 학습부진학생도 기존 수업에서처럼 급하게 내몰리지 않게 되어, 충분한 학습시간을 가지고 기본 지식을 습득, 연습할 수 있었다. 이 학생들도 수업에서 학습성공을 경험하면서 동기화가 상승하였다."

1. 초등학교 사례

Schuchter(2021)는 노르웨이(Norway)의 초등학생들을 대상으로 '드론(drone) 만들기'를 플립드 프로젝트학습을 기반으로 접근하였다. 이 학습에서는 실체적 드론이 아니지만, 컴퓨터 시뮬레이션을 통해 실제로 작동하는 가상 드론을 제작하는 것이다. 참고로, 드론은 하드웨어이지만 실제로 소프트웨어를 기반으로 작동된다. 그러므로 이 수업은 공학에 대한 초등학생들의 흥미를 고취하기 위한 일환으로 수학, 물리학 등과 함께 하는 STEAM 교육에 중점을 두었으며, 코딩을 통한 컴퓨팅 사고능력도 병행 발달시키는데 목적을 두고 있다. 이러한 학습목표의 원활한 달성을 위해, 7~10세의 초등학생들이 학부모의 안내와 도움(parental guidance)을 받으며 과제를 수행했다. 이러한 거꾸로 프로젝트학습의 구체적인 절차 및 교수전략들은 다음과 같다.

1) 디딤수업

디딤영상들에는 드론에 대한 기본 개념 및 원리, 관련 도구 및 부품(tools and parts), 가상 드론을 컴퓨터 시뮬레이션 형식으로 조립하고 코딩하는 방법 등에 대한 자세한 설명이 포함되었다. 물론 이 영상들은 가상 드론을 만들 때 언제든지 편리하게 학생과 학부모가 시청하고 참고할 수 있도록 제공되었다. 그리고 온라인 비실시간 토론을 통해 의문사항에 대해 교수자와 학습자가 학습사회로 같이 하는 질의응답이 이루어졌다.

2) 교실 수업

교실수업에서는 가상 드론을 제작하고 PC에 연결해서 시뮬레이션 방식으로 작동하도록 완성하는 작업이 단계별로 실행된다. 이를 위한 실습, 토론과 함께 교수자가 완성된 가상 드론을 작동하는 시범 등이 이 활동들에 포함되었다. 그러나 드론을 완성하기에는 학습시간이 부족하므로, 나머지 작업은 가정에 돌아가서 학부모와 함께 제작하게 되었다. 그리고 가정에서 드론을 만드는 과정에서 비실시간 온라인 토론을 통해 문제점, 작동 오류, 의문점, 성공 노하우 등이 제기, 공유되었다. 그리고 후속 교실수업에서는 최종 결과물을 발표하면서, 질의응답 및 피드백을 교수자와 학습자가 함께 하는 학습사회 속에서 이루어졌다.

2. 중학교 사례

프로젝트 학습을 거꾸로학습과 연계, 적용한 사회과 교사인 Jones(2018)는 실현가능한 구체적인 교수전략을 다음과 같이 제시하고 있다. 즉, 먼저 모든 거꾸로 프로젝트 학습에서는, 학습의 시작점인 디딤영상에 학습목표, 프로젝트 과제에 대한 설명, 모둠 토론 의제, 평가 기준(rubrics) 등이 포함된다. 이 안내에는 핵심 내용 학습을 위한 동영상의 주소 링크도 함께 명시됐다. 이러한 안내를 염두에 두면서, 학생은 디딤수업을 학습하게 된다. 특히 이 안내에 포함된 루브릭스는 다음의 〈표 9-1〉과 같다.

〈표 9-1〉 프로젝트 루브릭스 예시(Jones, 2018)

단원 루브릭스(Unit Rubrics)

아래의 사항들은 여러분의 프로젝트 개발을 안내하는 모든 요소가 포함되어 있습니다.

핵심 질문
- 시민으로서 정부에 대한 항거(rebel)는 언제 필요한가?

주제(Topics): 아래의 주제들이 여러분 프로젝트에 포함돼야 합니다.
- 프랑스-인도 전쟁, The Townshend Acts, Lexington and Concord, Proclamation of 1763, The Boston Massacre, The Stamp Act, The Boston Tea Party, The Quartering Act, The Intolerable Acts

- 용어(Terms): 아래의 용어들이 여러분 발표(presentation)에 나타나야 합니다.
  독재정치(tyranny), 민병대(militia), 거부운동(boycott), 축출(repel)

프로젝트	발표
• 위의 '핵심 질문'을 중심으로 작성 • 위의 '핵심 질문' 모두 포함 • 논리적인 순서로 아이디어를 서술 • 대화체가 아닌 문어체로 기술 • 문헌의 인용 표기와 함께 연관성이 높은 자료, 논거 제시 • 위의 '용어(Terms)'를 전반적으로 사용 • 예를 들어 설명할 때 현대의 유사상황과 연계 • 다양한 문장 구조 사용	• 위의 '핵심 질문'을 중심으로 발표 • 위의 '핵심 질문' 모두 포함 • 도입과 결론 포함 논리적으로 발표 • 각 '주제' 간의 연결이 매끄럽게(smooth) • 프로젝트 완성 과정을 보여주는 증거물(Evidence of practice and preparation)

여기에 연계된 첫 번째 교실수업에서는, 먼저 안내 디딤영상에서 제시되었던 토론 의제로 모둠별 토론을 실시하여 프로젝트 수행에 필요한 기본 지식을 완전학습하게 된다. 그리고 학생들의 진도에 따라 학습을 촉진하도록 교실수업을, 다음과 같은 네 국면의 학습마당(four different stations)으로

분류해서 실행했다(Jones, 2018).

① 제1학습마당에서는, 디딤영상과 교실토론을 통해 완전학습한 지식, 개념 등을 실제에 적용하는 3~5개의 연습(practice) 활동이 주어진다. 여기서 각 학습자는 자신의 진도에 맞게 활동을 영위하며, 성취 수준을 조기 달성한 학습자는 제2마당으로 넘어가게 된다.

② 프로젝트 영역(project area of the room)에 해당되는 제2마당에서 학습자는, 1주일에 1~2개의 프로젝트를 또래교수(peer tutoring)가 포함된 협력적 학습사회를 통해 수행한다. 여기서 학습자는, 교수자에 의해 부과되는 과제가 아닌, 학습자 스스로 선택해서 만들어 나가는 자신만의 프로젝트를 수행할 수 있는 기회를 부여받기도 한다.

③ 제3마당은, 제1과 2 각 학습마당의 완전학습 여부를 평가하는 장이다. 여기서 해당 지식을 완전학습했다는 인식이 든 학생은 측정을 요청한다. 이 평가에서 두 개 이상 실수(mistake)한 학습자는 완전학습에 미달하여 해당 학습마당에 다시 돌아가서 완전학습을 위한 연습활동(mastery exercise)에 임하게 된다.

④ 또 다른 학습마당은 학습지도의 장(tutoring station)이다. 여기서 여러 마당에서 활동, 평가받는 결과에 따라, 교수자는 학습내용을 이해하는 데 도움이 필요한 학생들에게 적시 짧은 교수(just-in-time mini-lesson)를 포함한 추가 지원과 안내를 제공한다.

Jones 교사는 위의 '② 프로젝트 영역(project area of the room)에 해당되는 제2마당'의 시작 활동에, Stanford 대학교의 'D-School'에서 착안한 'The Design Lab(D-Lab)'을 적용했다. 이 방법은 학생이 프로젝트 수행 초기에 스스로 탐색, 학습한 내용을 바탕으로 수립한 프로젝트 아이디어를 각자 간단하게 정리한 후에, 서로 설명, 공유하는 것으로 시작된다. D-Lab 각각의 활동은 각자 1, 3, 5, 또는 7분 등의 배정으로 시간을 정해 짝끼리 또는 모둠

(보통 4명)으로 실행됐다. 이러한 D-Lab의 구체적인 절차는 다음의 [그림 9-1]과 같다(Jones, 2018).

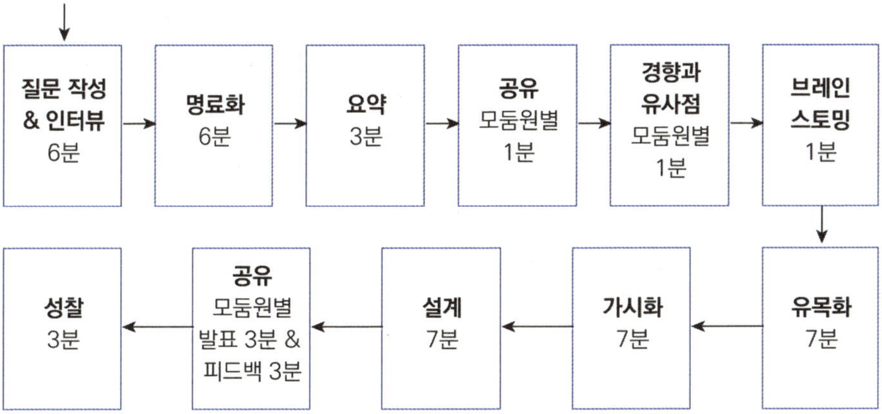

[그림 9-1] The Design Lab 절차(Jones, 2018)

특히 'D-lab'은 프로젝트 수행 초기에 프로젝트 주제를 정할 때부터 활용되기 시작한다. 먼저 학습자는 첫 번째 단계인 인터뷰(Interview)로 D-Lab을 시작한다. 그리고 D-Lab의 전체 과정은 약 60분 정도가 소요된다. 각 절차에 대한 구체적인 설명은 아래와 같다(Jones, 2018).

- 단계 1 & 2. 인터뷰(짝끼리 각자 3분=총 6분): 이 활동에서는 아래의 〈표 9-2〉와 같은 안내문이 제시된다. 이런 방식의 안내문은 D-Lab의 모든 단계에서 제공되어 정확한 활동의 지침이 된다. 여기서 질문은, 상호 인터뷰 형식으로 진행되므로 상대편의 말문을 열게 만드는 평범한 질문이나, 해당 프로젝트 시점까지 궁금한 점을 묻는 것이다.

〈표 9-2〉 단계 1 & 2. 인터뷰 안내문(Jones, 2018)

The Design Lab: 단계 1 & 2. 인터뷰
단계 1. 인터뷰할 핵심질문(critical question) 하나를 작성하세요. 단계 2. 인터뷰 하세요.
• 첫 3분: 서로의 짝에게 지금까지 학습한 것, 도출한 아이디어 등을 설명하세요. 한 사람만 말하고, 다른 짝은 3분 내내 열심히 듣기만 주세요. 듣는 사람은 자신의 노트에 열심히 필기하세요. 짝이 말할 때는 질문도 하지 마세요. 질문은 다음 단계에서 할 수 있으니 노트에 적어두세요. • 다음 3분: 서로 역할 바꿔, 듣기만 했던 짝이 이제는 3분 동안 말할 차례입니다. 당연히 다른 짝은 다른 짝은 3분 내내 열심히 듣기만 하세요. 듣는 사람은 자신의 노트에 열심히 필기하세요. 짝이 말할 때는 질문도 하지 마세요. 질문은 다음 단계에서 할 수 있으니 노트에 적어두세요.

• 단계 3. 명료화(Clarify)(짝끼리 각자 3분=총 6분): 이 단계는, 상대편이 말한 내용 중 불명확하거나 잘 이해되지 않은 것에 대해 확실하게 짚고 넘어가는 부분이다. 이 활동은 질의응답의 형태로, 각자 노트에 적어놓은 질문을 상대편에게 제기하여 응답, 설명을 듣게 된다. 이에 대한 안내문은 다음의 〈표 9-3〉과 같다.

〈표 9-3〉 단계 3. 명료화 안내문(Jones, 2018)

The Design Lab: 단계 3. 명료화
• 첫 3분: 서로의 짝에게 지금까지 들은 내용 중 이해 안 되거나 궁금한 점을 질문하세요. 질문 받은 짝은 아는 대로 설명해 주세요. 이번에도 한 사람만 말하고, 다른 짝은 질문 이외에는 3분 내내 열심히 듣기만 주세요. 듣는 사람은 자신의 노트에 열심히 필기하세요. • 다음 3분: 서로 역할 바꿔, 듣기만 했던 짝이 이제는 3분 동안 질문에 응답할 차례입니다. 당연히 다른 짝은 질문 이외에는 3분 내내 열심히 듣기만 하세요. 듣는 사람은 자신의 노트에 열심히 필기하세요.

• 단계 4. 요약(Summarize)(총 3분): 여기서 학습자는 위의 두 단계에서 설명과 질의응답을 통해 필기한 것을 핵심내용 위주로 요약, 정리하게

된다. 아래의 〈표 9-4〉는 이에 관한 안내문 예시이다.

〈표 9-4〉 단계 4. 요약 안내문(Jones, 2018)

The Design Lab: 단계 4. 요약
• 3분 동안, 지금까지 노트필기한 것을 정독하면서 각자 요점 위주로 정리해 보세요. 서로 말하지 말고 혼자서 요약해 보세요. 이 활동은 지금까지 습득한 것을 잘 구조화할 수 있는 좋은 기회입니다.

- 단계 5. 공유(Sharing)(4인 모둠 각자 1분, 총 4분): 이제 각 학습자는 4인의 모둠활동에 참여한다. 여기서 학생은 위의 단계들에서 배워 온 것을 더 폭 넓은 사회적 상호작용으로 공유하게 된다. 이 활동을 통해, 학습자는 다양한 관점, 지식, 정보를 얻는 기회를 가진다. 한편, 학습장애로 인하여 필기를 많이 못한 학생은, 교사의 안내로 필기를 잘한 학생과 함께 모둠 공유 활동에 참여할 수도 있다. 이 단계에 관한 안내문은 다음의 〈표 9-5〉와 같다.

〈표 9-5〉 단계 5. 공유 안내문(Jones, 2018)

The Design Lab: 단계 5. 공유
• 각자 1분 동안(총 4분), 바로 이전 활동에서 배움노트에 요약한 것을 요점 위주로 모둠원들에게 설명하세요. 당연히 다른 모둠원들은 열심히 듣기만 하세요. 그리고 자신이 요약한 것과 다른 내용을 친구가 설명하면 열심히 노트필기하세요. 모둠 이끔이는, 각자 1분만 말하도록 시간을 정확히 재면서 철저히 통제하세요.

- 단계 6. 경향과 유사점(trends and similarities)(4인 모둠 각자 1분, 총 4분): 이 단계는 각자의 프로젝트에서 어떤 점이 유사하거나 같은지를 파악해 보면서, 교수자가 제시한 학습 주제, 즉 〈표 9-1〉 '단원 루브릭스'에서의 '핵심 질문'에 맞는 프로젝트 주제를 정한 것인지를 상호 확인하는 절차이기도 하다.

〈표 9-6〉 단계 6. 경향과 유사점 안내문(Jones, 2018)

The Design Lab: 단계 6. 경향과 유사점
• 위의 "단계 5"에서 서로 공유한 프로젝트에 대해 어느 정도 알게 되었을 것입니다. 그러면 이제 각자 1분 동안(총 4분), 서로의 프로젝트 아이디어에서 어느 부분이 핵심 질문(학습 주제)과 직결되는지에 대해 피드백을 주세요. 그리고 교수자가 제시한 핵심 질문(학습주제)에 적합한 프로젝트 주제를 제대로 정한 것인지 서로 제안해 주세요. 또한 의문 나는 점에 대해 질의응답해도 좋습니다. 모둠 이끔이는, 각자 1분만 말하도록 시간을 정확히 재면서 철저히 통제하세요.

- 단계 7. 브레인스토밍(Brainstorming)(1분): D-Lab에서 독자적인 활동이 처음으로 실행되는 단계이다. 여기서 1분 동안 동시에, 학생은 혼자서 지금까지의 단계에서 습득한 지식, 정보, 아이디어들을 서로 연결시키면서, 프로젝트 주제를 큰 아이디어 수준(Big ideas)에서 거침없이 되도록 많이(wild ideas encouraged) 도출한다. 물론 위의 "단계 6"에서 공유한 대로, 교수자가 제시한 핵심 질문에 부합하는가의 원칙은 지켜야 한다.
- 단계 8. 유목화(Categorize)(7분): 이 단계에서는 모둠 난상토론을 통해, 서로 왜 자신이 그런 'wild big ideas'를 도출했는지를 설명하면서, 동시에 모둠의 모든 아이디어들을 모아 유사한 것끼리 묶고 분류하는 유목화(categorization)를 실시한다. 이 활동으로 서로의 프로젝트 주제 아이디어들의 공통점과 차이점을 인식하면서 프로젝트 주제에 관한 다양하고 광범위한 아이디어들을 모둠별로 정리하게 된다.
- 단계 9. 가시화(可視化)(Visualize)(7분): 드디어 여기서 개별활동으로 학생의 프로젝트 아이디어 하나를 스스로 결정한다. 지금까지의 모든 활동 단계들에서 습득한 지식, 정보, 아이디어, 결과 등을 모두 기반으로, 실제로 수행할 프로젝트 주제 하나를 일단 정한다. 물론 교수자가 정한 학습목표, 학습 주제 내에서, 학생이 자신의 자유선택으로 결정하

게 된다. 그리고 이 단계에서는, 왜 이 주제로 정했는가를 뒷받침하는 합리적 이유 다섯 가지를 함께 서술해야 한다.

- 단계 10. 설계(Design)(7분): 이 단계에서는 각자 7분 동안, 전 단계에서 결정한 프로젝트 주제를 기반으로 대략적인 프로젝트 계획안을 스스로 설계한다. 처음에는 모눈종이(graph paper) 같은 곳에 대략적으로 계획을 써보면서, 좀 더 구체적인 항목을 상세하게 붙여나가는 형태로 접근한다. 물론 이 활동 직전에, 교수자는 실제 프로젝트를 수행하면서 계획은 얼마든지 수정가능하다고 안내한다. 그러나 학습자는 프로젝트 수행의 전체적인 계획 아이디어를 대략적으로 이 단계에서 도출해야 한다. 다른 대안적인 도출 방법으로, 각 학생들에게 플립차트(flip chart) 같은 큰 종이를 제공해서, 거기에 프로젝트 계획안을 작성하고, 다음 단계에서 모둠 내에서 그대로 발표, 공유할 수도 있다.
- 단계 11. 공유(Sharing)(각 모둠원별 6분): 여기서는 모둠활동으로 각자 자신의 프로젝트 계획 아이디어를 3분간 발표하고, 다음 3분간은 모둠원들로부터 피드백을 받는다. 여기서 각자 3분간 발표할 때는 다른 모둠원들은 질문도 하지 않고 경청만 하며, 필기하거나 질문이나 제안사항을 적어야 한다. 각자의 발표 종료 후에는 3분 동안, 다른 모둠원들이 경청하면서 적어놓은 질문이나 제안사항을 제시하게 된다. 여기서 피드백을 받는 학생은 제안사항을 반드시 필기해야 한다. 발표와 피드백을 모두 끝낸 모둠은, 자신들의 발표물을 교실 게시판이나 복도에 게시하여 전체 학급차원에서 공유가 이루어지게 된다.
- 단계 12. 성찰(Reflection)(5분): 이 단계는 자기 성찰의 시간으로 5분 동안 동시에 수행하게 된다. 여기서 학습자는 모든 단계를 거치면서 배운 점과 느낀 점을 서술하고, 자신의 프로젝트 초안에서 어떤 점을 개선하고 보완할 것인가를 개별 숙고하면서 서술한다. 이와 관련하여 실제로 활용 가능한 방법으로 Roehling(2018)은 일분 성찰일지(One-minute paper)

를 제안했다. 여기서 학습자는 '가) 오늘 배운 것 중 가장 중요한 것은?, 나) 교수자에게 질문하고 싶은 것은?'의 두 가지 사항에 대해 1분 동안 성찰하며 자신의 성찰일지나 배움노트에 서술한다. 그리고 다음 교실수업에서 학습자는 '나)'의 질문을 제기하고 교수자가 이에 응답해 주며, 자연스럽게 전시학습을 상기시키면서 후속 교실수업을 시작하게 된다.

이러한 D-Lab을 마친 후 학생들은 가정으로 돌아가 다음 교실수업에서의 프로젝트 수행에 필요한 디딤수업을 학습한다. 이 학습 후, 교실수업에 다시 복귀한 학생은 가장 먼저 디딤수업에서 학습한 후속 프로젝트 수행 관련 지식, 정보, 절차 등을 점검하는 활동에 임하게 된다. 보통 5~7분의 시간 동안 짝과 함께 디딤수업의 주요 내용뿐만 아니라 교수자가 제기한 질문에 대한 응답을 서로 공유하며 후속 프로젝트 수행의 준비를 마치게 된다. 이 활동 종료 후 필요시 짧은 시간 동안, 교수자는 전체토론을 통해 의문 및 확인 사항을 점검하고 명료화한다. 이 외에도 추가로 제공되는 디딤수업은 학교 밖에서 숙제의 형태로 학습하기보다는, 프로젝트 수행 중에 수시로 필요한 부분만 시청, 학습하는 방식으로 활용된다(Bergmann, 2017). 특히 교실수업에서 프로젝트 수행 중에 지식 부족이나 과제결과물의 질 저하가 나타난 학생에게, 해당 동영상만을 교실에서 적시에 학습(just-in-time learning)하게 지도한다(Bergmann, Sam, & Gudenrath, 2015). 이와 더불어, D-Lab에서 학습자는 상대편의 설명을 노트필기하는 수시 프로젝트 대화를 통해, 자신의 결과물을 더 높은 수준으로 계속 발전시키는 계기를 마련하게 된다. 이런 대화는 학생들이 서로 원하면 추가로 짝끼리 또는 다양한 모둠의 형태로 변환시키며 자유롭게 전체 교실을 다니며 진행된다(Jones, 2018).

3. 고등학교 사례

화학에 플립드러닝을 적용한 Bergmann(2017)은 학년 말에 종합적 교수 전략으로 프로젝트 학습 방법을 실시했다. 이 프로젝트학습에서, 교수자는 1년 동안 배운 내용이 대부분 서로 연계되어 다루어지는 큰 프로젝트 주제를 학생들에게 제시했다. 이 학습을 위해 1쪽 분량의 프로젝트 안내서를 제공하였다. 그리고 3주의 수업시간에 걸쳐, 대략 40쪽 정도의 과학 보고서(science report)를 학습결과물로 부과하였다. 이와 함께, 각 학습자와 개인 면담을 통해 해당 프로젝트에서 지향했던 고차원 사고능력과 직결된 질문을 던지며 학습 결과를 병행 측정했다.

4. 대학교 사례

① Carpenter(2016)는 대학에서 응용 창의적 사고 개론(Introduction to applied creative thinking) 과목 전체에 플립드 프로젝트학습 모형을 적용하였다. 이 교수자는 그 외에 다양한 복합학습 모형들을 거꾸로학습의 교실수업에 접목한 교수전략들을 이전의 전통적인 수업과 비교하여 위의 〈표 9-7〉에 일목요연하게 제시했다.

〈표 9-7〉 복합학습을 위한 교실수업 설계전략 비교(Carpenter, 2016)

과제 유형	전통적 수업	거꾸로학습
사례 분석	교실에서 강의 기반 분석	디딤수업에서 협력학습으로 사례 분석 후, 분석 결과를 바탕으로 교실수업에서 심화 토론 및 분석, 워크숍(workshop)
창의적 시안 개발 프로젝트	교실 강의를 바탕으로 강의실 외 프로젝트로 수행	디딤수업을 기반으로 교실수업에서 창의적 시안 집중 개발
창의적 시안 평가	시안을 강의실에서 평가	디딤수업을 통해 시안 평가 후, 교실수업에서 핵심사항 위주로 질의응답 및 토론 활성화

과제 유형	전통적 수업	거꾸로학습
최종 프로젝트	강의실 외에서 개발된 프로젝트를 강의실에서 발표, 토론	교실수업에서 협력학습을 통해 워크숍 형태로 지속적으로 강의실 내에서 개발, 발전

② 미국 조지아공과대학교(Georgia Institute of Technology)의 생명공학 전공과목에 플립드 프로젝트학습을 적용한 사례에 의하면, 우선 학습자는 학교 전체 차원의 MOOCs로 디딤영상을 학습하게 된다. 그리고 온라인시험을 통해 디딤수업 완수 여부를 점검받은 후, 복합적인 프로젝트를 해결하는 활동에 임한다. 예를 들어, 실제상황이 담긴 이야기 형태(story-telling)로 제시된 복잡한 과정과 절차를 정교한 생명공학 도표(diagrams)로 작성하기, 마찬가지 방식의 과제로 주어진 특정 물질의 특성을 과학적으로 추론(estimation)하는 등의 실제상황과 직결된 프로젝트과제를 주로 2인이 1조가 되어 해결한다. 여기서 학생들은 인지 도제(cognitive apprenticeship) 교수학습 모형에 입각한 문제해결 스튜디오(PSS: Problem-Solving Studio) 환경에서 교수와 조교로부터 다양한 면대면 도움을 받으며 과제를 수행한다. 이러한 도움은 개별 맞춤형 피드백, 또래 피드백(peer's feedback), 적시 짧은 수업(just-in-time mini-lecture), 전체 토론, 전체가 공유하는 온라인 성찰활동 등이 적재적소에 제공되는 것을 의미한다(Le Doux, 2019). 마찬가지로, 대학원 박사과정 과목에 적용된 사례(Chen, Hwang, & Chang, 2019)에서는, 매주 3시간 수업에 해당되는 디딤영상과 학술지를 각각 하나씩 디딤수업으로 부과했다. 그리고 이러한 사전학습을 기반으로 교실수업에서는 박사논문을 체계적으로 작성하는 프로젝트과제를 매주 수행했다.

③ Mehta(2020)는 자신의 대학교 과목인 노인학(gerontology) 전체에 거꾸로 프로젝트학습을 적용하면서, 우선 자신의 전통적인 강의를 디딤

수업으로 전환했다. 이러한 플립드 프로젝트학습을 위한 구체적인 실행 절차와 교수전략들은 아래와 같다.

- 디딤수업: 각 수업영상은 10~15분 정도로 개발되었다. 그리고 각 영상은 교실수업에서 프로젝트를 수행할 때 언제든 편리하게 다시 시청하면서 참고할 수 있도록 특정 프로젝트 활동이나 학습주제와 직결된 제목들이 제시되었다. 예를 들어, '프로젝트 단계 2', 'Retirement part 1', 'Cognition part 4' 등의 형태로 분류 숫자까지도 명시되었다.
- 교실수업: 디딤수업을 완수한 후, 학습자는 교수자가 제시한 학습안내에 따라 교실수업에서 프로젝트를 수행하였다. 이 학습안내에는 프로젝트의 주제, 절차 및 활동 명세, 모둠 만들기(group formation)에 대한 제안, 학습 계약서(project contracts), 학습평가 항목 등이 포함되었다. 여기서 학습자에게 단일 과제를 제시하기보다는, 흥미와 동기화를 고취하기 위해 프로젝트 목록(list of projects)에서 학습자가 하나의 과제를 선택하는 자율성을 부여하였다. 그리고 이에 대한 책임감을 부과하기 위해 학습 계약서를 작성하도록 부과하였다. 이 계약서에는 학습자가 선택한 프로젝트의 수행 각 단계 및 결과물들에 대한 마감 기한을 시계열적으로 스스로 작성하는 것도 포함되어 시간관리 능력도 연습하는 기회를 얻게 되었다.

  또한 학생들은 프로젝트 수행 중간 단계에서, 그동안의 진척 상황과 결과를 1차로 발표하며 이를 점검하면서, 최종 결과물의 완성도를 높이기 위한 보완 과정을 거치게 되었다. 여기서 각 모둠의 학습자들은 발표와 함께 전체 또래들에게 의문사항에 관해 응답을 요구하거나, 도움, 추가 아이디어 등을 요청할 수 있다. 이에 더해 프로젝트 수행에 필요한 자료, 문헌, YouTube, 디지털 도구(digital tools) 등과 함께 특정 또래들에게 면담(interview)을 부탁할 수도 있다. 그리고 최종 발표 후 성찰의 시간을 가졌다.

Ⅱ. 거꾸로 문제중심학습(Flipped problem-Based Learning)

문제중심학습에 입각한 플립드러닝을 순수 구성주의 학습이론에 입각하여 접근할 때 유의할 점은, 디딤수업 동영상에서 과제와 활동 과정에 대한 안내는 필요하지만 핵심내용 상당 부분을 전통적인 수업에서처럼 교수자가 구체적이고 상세하게 구조화해서 제시, 설명하는 것은 금물이다. 왜냐하면 구성주의 학습 과정에서는, 시종일관 교수자가 구조화한 지식을 수동적으로 전수받지 않고, 학생들이 자신의 의미로 지식을 탐색하고 스스로 구조화하는 원칙 속에서의 활동에 임하는 환경을 조성해 주어야 하기 때문이다. 하지만, 학습자의 특성과 능력에 따라, 특정 지식과 절차를 직접교수하지 않았을 때 문제해결 과정에서 상당한 지장을 초래할 우려가 있는 수업상황에서는 불가피하게 직접 교수를 디딤수업에서 제시할 필요가 있다. 즉, 문제해결에 필수불가결한 기초 지식/절차, 문제해결 과정, 실험방법, 자료 수집 방법, 인터넷 예절, 안전교육 등을 실시하는 것은 무방하다. 이와 관련하여 Bergmann과 Sams(2015a)는 복합학습의 활동 중에 오개념, 몰이해 등으로 바람직한 학습과정을 거치지 못하는 학습자들에게는 기본 지식에 대한 안내가 필요하다고 주장했다. 그러므로 교수자는 핵심 내용이 담겨진 디딤수업 동영상을 사전에 준비하여, 해당 학생들이 디딤수업이 아닌 교실수업의 학습 과정 중에 수시로 참고하도록 독려하는 전략도 구사할 수 있다.

하지만, 문제중심학습에서 문제해결 과정에 대한 구체적인 지원과 안내는 필요하다. 이런 관점에서 Bergmann과 Sams(2015b)의 주장에 의하면, 순수 탐구활동(pure inquiry) 자체에 대한 비계설정(scaffolding) 일환의 체계적인 지원을 학습자에게 제공해 주어야 한다. 특히 절차 또는 주제별로 문제해결을 위한 특정 안내와 모델링(guidance and modeling)을 디딤영상에 담아 제공하여, 교실수업에서 언제든 개별 학생이 필요한 부분만을 즉시적이고 적시에 학습하도록 도와줄 수 있다(Strayer, 2017). 그러므로 이러한 영상은 디딤수업의 사전학습 차원으로 부과되는 것이 아니라, 교실수업의 과제 수행 중에 필요시 수시로 학습되는 것이다(Bergmann, 2017). 또한 교수자는 학습자를 위한 과제 수행에 대한 비계이자 초인지전략 코치로서의 역할도 자임해야 한다(Strayer, 2017). 이에 대한 구체적이고 유용한 교수전략은 van Merriënboer와 Kirschner(2018)의 복합학습을 위한 학습과제, 지원적 정보, 절차적 정보, 분습과제 연습 등에 대한 체계적인 교수절차와 방법에서 심도 있게 다루고 있다.

그런데 플립드 문제중심학습 모형을 표방한 한 사례연구(Lo & Hew, 2017)는, 제시한 사례들에서 실제상황과 직결된 문제를 제공했다고 언급했다. 하지만 디딤수업 점검전략에 소요되는 시간까지 포함하여 단 50분의 교실수업에서 두 개나 되는 문제들을 학습자에게 제시했다. 즉 '간단한 문제(simple problems)'와 함께 '실제상황이 담긴 수준 높은 심화 문제(more advanced and real-world problems)'라고 명명된 것 모두를 50분도 못 미치는 시간에 해결하도록 학습자에게 부과했다. 이는 아래의 일반적인 문제중심학습의 문제 설계 원칙을 지키지 못하고 있다는 반증이 될 수 있다.

① 비정형화된 장문의 형태(Merrill, 2013)

② 정답이 불명확하여 학습자가 처음 접할 때 혼돈을 느낌(van Merriënboer & Kirschner, 2018)

③ 단편적인 지식이나 공식으로 단시간 내에 쉽게 해결불가능(van Merriënboer & Kirschner, 2018)

④ 학습자의 기존 지식, 경험, 의견뿐만 아니라 탐색한 정보, 자료에 따라 각각의 학생별로 다양한 해결방안 도출 가능

또한 바로 위의 사례는 또 다른 사례(Çakıroğlu & Öztürk, 2017)와 함께, 수학, 과학, 공학 등에서 '문제 풀이(problem-solving)'에 주안점을 두고 있

다. 이로 인해, 엄밀한 의미의 복합적인 '문제' 중심(problem-based)에 입각해 관련 자료, 정보를 탐색하고, 체계적인 탐구활동을 수행하면서, 학습자의 지식, 경험, 의견 등에 따라 다양한 해결방안을 도출, 제시하는, 문제중심학습과는 동떨어져 있다.

하지만, 지금까지 논의된 문제중심학습(PBL)의 근본을 준수하며 거꾸로 학습과 성공적으로 통합한 사례도 존재한다. 즉, 대학교 심리통계학(psychological statistics) 과목의 한 학기 전체에 적용한 Tawik과 Lilly(2015)는, 학기 첫 시간에 이 과목의 특성과 학습 절차에 대해 개괄적으로 소개하였다. 그와 함께 이 문제중심학습에 대해 학생의 동기화와 몰입을 유도하기 위해, 개별 학생에게 자신이 흥미를 가지고 있는 학습주제 3~5개를 제출하라고 요구했다. 여기서 다양한 주제가 나왔지만, 대략 가족 상담 및 가정 폭력 이슈와 관련된 주제가 주를 이뤘다. 교수자는 이 학습주제 범주와 직결된 다양한 자료를 검색하여, 그를 바탕으로 '비정형화(ill-structured)된 장문'이면서 '실제상황(real-world)'이 설정된 문제를 설계, 완성했다. 학습자는 16주의 한 학기 동안 총 8개의 모듈(module)에서 주어지는 각각의 문제에 관해 3~5인의 모둠이 협력하여 해결방안을 도출, 제시하게 되었다. 일례로, 한 모듈에서 모둠은 자신이 거주하는 Chicago의 범죄 통계자료를 기반으로 심리 상담 서비스 방안을 수립하는 문제를 해결하는 활동에 임했다. 또 다른 모듈에서는 질병관리본부의 통계자료를 기반으로 질병 간의 상관관계를 파악하여, 다양한 주요 질병에 관해 심리상담사를 교육하는 계획서를 작성하는 문제가 주어지기도 했다. 각 모듈에서 2주 동안 문제를 해결하기 위해, 첫 날 학습자는 개별적으로 주어진 문제를 검토하면서, 교수자와의 질의응답을 통해 문제상황과 과제에 대해 정확하게 파악하는 시간을 가졌다. 그리고 개별 학습자는 각 모듈별로 주어진 3~4개의 디딤영상을 후속 교실수업 전에 학습해 오도록 부과했다. 이 디딤영상에는 각 문제해결에 필요한 통계 개념에 대한 지식, 문제해결 활동에 사용하는 SPSS(통계 도구) 활용기법, 통계 해석 방법 등이 담겼다. 물론 이 영상은 교실수업에서 모둠활동 중에 언제든 필요한 부분을 볼 수 있도록 조치되었다. 그리고 교실수업에서 학생은 모둠별로 모여 문제해결 과정을 다음의 〈표 9-8〉에 명시된 수업일정 및 체계 속에서 수행해 나갔다. 마찬가지로, 대학의 컴퓨터프로그래밍 과목에 적용한 사례(Chis, Moldovan, Murphy, Pathak, & Muntean, 2018)에서도, 플립드 문제중심학습을 접근했다. 이 사례에서는 6주 동안 각 3주씩 두 개의 학습모듈별로 실제상황과 직결된 문제가 제시되었다. 또한 이와 유사한 교수전략으로, Black과 Cox(2017)는 자신들의 과목에서 한 학기에 걸쳐 문제중심학습과 플립드러닝을 접목한 사례를 제시했다.

〈표 9-8〉 거꾸로 문제중심학습의 활동 개관(Tawik & Lilly, 2015)

모듈별 수업 일	활동
Day 1(첫 주 월요일)	• PBL의 문제 제시 및 과제 안내 • 질의응답을 통해 문제 및 과제 명료화
디딤수업	• 개별 학생이 3~4개의 디딤영상 • 교실수업 중 적시 시청 가능
Day 2(첫 주 수요일)	• 모둠별 문제해결 활동 • 교수자의 모둠별 지원과 안내
Day 3(첫 주 금요일)	• 모둠별로 초기 활동결과를 전체에 발표 • 중간 성찰(midweek reflection) • 전체적인 오류, 개선점을 교수자가 교정
Day 4(둘째 주 월요일)	• 모둠 문제해결 활동 • 교수자의 모둠별 지원과 안내
Day 5(둘째 주 수요일)	• 모둠 문제해결 활동 • 교수자의 모둠별 지원과 안내
Day 6(둘째 주 금요일)	• 모둠별 최종 해결방안을 전체에 발표 • 교수자 주도의 성찰활동

한편, 지금까지 위에서 논의된 거꾸로 문제중심학습 모형들보다 차별화하여 더욱 면밀한 체계를 구비한 교수설계모형이 제시됐다. Sergis와 동료

(2017)들은 아래의 문제중심학습 모형(Eggen & Kauchak, 2011)에 입각하여, 다음의 〈표 9-9〉와 같은 거꾸로 문제중심학습 모형을 주창했다.

- 단계 1. 문제 제시(Problem identification): 해결해야 할 비정형화되고 구체적인 장문의 문제상황을 제시
- 단계 2. 문제 파악(Problem representation): 문제상황을 분석하여 학습자의 의미로 정리, 형상화(representing and modelling)함으로써, 문제를 정확하게 파악
- 단계 3. 문제 해결 전략 수립/선정(Problem solving strategy selection/formulation): 문제를 해결하는 데 필요한 최적의 전략을 선택하고 수립
- 단계 4. 문제해결 전략 실행(Problem solving strategy implementation): 선정된 문제해결 전략을 실행
- 단계 5. 평가: 교수자 및 동료 피드백을 통해, 해결방안과 문제해결과정을 성찰적으로 분석

〈표 9-9〉 거꾸로 문제중심학습 모형(Sergis, Vlachopoulos, Sampsom, & Pelliccione, 2017)

단계	디딤수업	교실수업
단계 1. 문제 제시	교수자: 디딤영상을 통해 다음 사항들을 순서대로 설명 1) 문제상황; 2) 학습목표; 3) '단계 4'의 최종 결과물; 4) 후속 교실수업 활동 간략 소개 학습자: 1) 디딤영상 학습; 2) 후속 교실수업에서 제기할 질문을 온라인 게시판에 탑재	교수자: 1) 질의응답; 2) 모둠별 과제 수행 및 활동을 제시, 조정, 통제하며, 즉시적 형성평가를 통해 적시에 맞춤형 안내 및 지원 학습자: 1) 퀴즈를 통한 디딤수업 점검 결과에 따라 차별화된 활동; 2) 주어진 과제를 모둠별로 수행
단계 2. 문제 파악	교수자: 디딤영상을 통해 다음 사항들을 순서대로 설명 1) 문제를 학습자 자신의 의미로 형상화, 파악하는 자료(도구, 기법 등); 2) 후속 교실수업 활동 간략 소개 학습자: 1) 디딤영상 학습; 2) 후속 교	교수자: 1) 질의응답; 2) 모둠별 과제 수행 및 활동을 제시, 조정, 통제하며, 즉시적 형성평가를 통해 적시에 맞춤형 안내 및 지원 학습자: 디딤영상에서 소개된 자료를 활용하여, 모둠별로 문제 형상

단계	디딤수업	교실수업
	실수업에서 제기할 질문을 온라인 게시판에 탑재	화, 파악
단계 3. 문제 해결 전략 수립/선정	교수자: 디딤영상을 통해 다음 사항들을 순서대로 설명 1) 문제해결전략과 직결된 자료(보고서, 도구, 기법 등); 2) 후속 교실수업 활동 간략 소개 학습자: 1) 디딤영상 학습; 2) 후속 교실수업에서 제기할 질문을 온라인 게시판에 탑재	교수자: 1) 질의응답; 2) 모둠별 과제 수행 및 활동을 제시, 조정, 통제하며, 즉시적 형성평가를 통해 적시에 맞춤형 안내 및 지원 학습자: 디딤영상에서 소개된 자료를 활용하여, 모둠별로 문제해결전략들을 정확히 이해하고, 자신의 문제해결전략을 선정, 수립
단계 4. 문제해결 전략 실행	교수자: 디딤영상을 통해 후속 교실수업활동 간략 소개 학습자: 1) 디딤영상 학습; 2) 후속 교실수업에서 제기할 질문을 온라인 게시판에 탑재	교수자: 1) 질의응답; 2) 모둠별 과제 수행 및 활동을 제시, 조정, 통제하며, 즉시적 형성평가를 통해 적시에 맞춤형 안내 및 지원 학습자: 선정된 문제해결전략을 실행하여, 해결방안 도출, 수립
단계 5. 평가	교수자: 1) 디딤영상을 통해, 결과물에 대한 동료평가를 포함한 후속 교실수업 활동을 구체적으로 설명; 2) 온라인을 통해, 모둠별 결과물에 대해 피드백; 3) 발표 후 총괄평가 실시 학습자: 1) 디딤영상 학습; 2) 결과물을 온라인에 탑재; 3) 개별 성찰일지 온라인 탑재	교수자: 모둠별 발표물에 대해 피드백 학습자: 1) 모둠별 발표; 2) 제시된 루브릭스(rubrics)에 입각, 동료 피드백 및 평가

문제중심학습의 기반 학습이론인 구성주의는, 학생이 자신의 경험, 흥미, 사전지식, 견해 등을 기반으로 스스로의 의미로 지식을 구성하는 능동적 학습자를 지향하고 있다. 이러한 학습과정에서는, 교수자가 객관화하여 구조화시킨 지식을 수동적으로 전수받지 않고, 시종일관 학생들이 자신의 의미로 지식을 탐색하고 스스로 구조화하는 학습환경을 조성해 주어야 한다.

그러므로 디딤수업에서, 과제와 활동 과정에 대한 안내를 제공해야 하지만, 핵심 교과내용을 교수자의 관점에서 구체적이고 상세하게 구조화해서 제시, 설명하는 것은 금물이다. 하지만, 학습자의 특성과 능력에 따라, 특정 지식과 절차를 직접교수하지 않았을 때 문제해결 과정에서 상당한 지장을 초래할 우려가 있는 수업상황에서는, 불가피하게 이를 디딤수업에서 제시할 필요가 있다. 즉, 문제해결에 필수불가결한 기초 지식/절차, 문제해결 과정/기법, 실험방법, 자료 수집 방법, 인터넷 예절, 안전교육 등을 실시하는 것은 무방하다. 이런 관점에 의하면, 바로 위에서 제시된 거꾸로 문제중심학습 모형은, 구성주의 학습이론에 부응하여 접근했다고 평할 수 있다. 즉, 위의 각 단계에서 지속적으로 제공된 디딤영상에서는, 문제상황과 직결된 주요 교과내용을 교수자가 구조화해서 제시, 설명하지 않았다. 그 대신에 각 단계별로 문제해결에 필요한 체계적인 절차, 도구, 자료 등을 교육하거나 이의 활용방법을 소개하는 데 주안점을 두었다. 이럼으로써 구성주의 학습이론에 충실하여, 학습자가 문제와 직결된 지식을 자기주도적으로 탐색하고 구조화하여, 스스로의 해결방안을 도출, 수립할 수 있는 기회를 마련해 주었다.

Ⅲ. 거꾸로 탐구기반학습(Flipped inquiry-based learning)

탐구기반학습은, 주어진 탐구질문, 문제, 또는 이슈 등과 관련된 지식/정보를, 학습자가 스스로 탐색하면서 다양한 결론 또는 가능성을 창의적으로 고려하며, 근거 또는 증거를 바탕으로 결론을 정당화하며 의사결정하는 능력을 배양하는 교수전략이다(Friesen, 2013). 이러한 탐구기반학습모형과 플립드러닝의 장점이 통합되면, 시너지 효과를 내는 교수설계가 될 수 있다. 즉, 거꾸로 탐구기반학습을 기반으로, 학생은 디딤수업을 통해 기본 개념 및 원리에 대한 이해를 가지고 교실수업에 임하게 되므로, 개별 및 협력적 탐구활동을 위한 학습 시간과 공간을 더 많이 확보할 수 있게 된다. 이에 따라 더 나은 교수자의 지원과 안내를 바탕으로, 몰입도가 높은 탐구활동에 임하게 되어 높은 수준의 학습결과물을 창출할 수 있다(Lotter & Ramnarain, 2025; Schallert, Lavicza, & Vandervieren, 2021). 이제 탐구학습은 거꾸로학습과의 성공적인 통합을 통해, 초・중등학교 및 대학교 등 모든 학교뿐만 아니라 대부분의 교과목에서도, 새로운 패러다임의 교육 및 역량개발 기회를 학생에게 제공하게 되었다. 이로 말미암아 플립드러닝은 탐구기반학습이라는 또 다른 복합학습과 성공적으로 접목되어, 교육현장에서 다각도로 수용가능성을 높이는 교수전략으로서 운신의 폭도 더욱 넓히게 되었다. 이를 방증하는 다각도의 성공사례들이 다음과 제시되고 있다.

1. 거꾸로 5E 교수모형(Flipped 5E Instructional Model)

원래 생물교육을 위한 탐구학습 모형으로 Bybee(2009)에 의해 창안된 5E 교수설계모형은 아래와 같은 체계적인 단계로 구성되어, 현재는 초등교육에서 대학교육까지의 과학, 수학, 인문학, 사회과학, 공학, 의학 등 거의 모든 교과에서의 탐구기반 학습에 적용되고 있다. 이러한 5E 교수설계 모형의 각 단계별 주요 학습활동은 아래와 같다.

① Engagement(몰입): 학습자의 사전지식을 바탕으로 지적 호기심을 유발하는 간단한 질문, 상황, 또는 현상을 제시하며 때로는 이와 관련된 간단한 활동도 요구한다. 이와 함께, 탐구활동에 직결된 본격 탐구문제와 과제를 구체적으로 제공, 인식시킨다.

② Exploration(탐색): 이 단계에서는 기존의 지식, 과정, 경험, 능력 등을 파악하는 일련의 활동들이 제시된다. 이와 더불어 새로운 아이디어를 개발, 기존 개념이나 원리의 변화 시도 실험, 또는 탐구질문으로 조사/

연구 설계/실행 등의 활동이 선택적으로 포함된다. 이 활동에서 교수자는 면대면 코칭과 안내를 통해, 명확한 근거나 증거를 바탕으로 활동하도록 강조한다.

③ Explanation(해석): 여기서 학습자는 탐구과제와 직결되어 새롭게 구성된 자신의 지식, 기술, 적용 능력 등을 자신의 의미로 표현하게 된다. 이러한 탐구 결과를 향상하기 위해, 교수자는 시의적절하게 새로운 지식, 학습주제, 기법 등을 제공한다.

④ Elaboration(정교화): 이 단계에서는 추가 탐구활동(실제 적용 포함)을 통해, 더 심도 있고 광범위한 지식, 정보 등을 바탕으로, 학습자는 자신에게 정립된 지식과 기술을 확대, 발전시키는 활동에 임한다. 즉, 학습자는 자신의 지식, 탐구결과 등을 활용하여 명확한 근거에 입각한 '해석의 공식화(formulation of explanation)'를 시도한다.

⑤ Evaluation(평가): 학습자 자신의 탐구과정과 결과를 스스로 평가하고, 교수자는 학습목표에 근거하여 학습자의 발전 정도를 가늠하게 된다.

이러한 5E 탐구기반 학습모형을 플립드러닝과 접목하여, Gao와 Hew(2021)는 홍콩의 초등학생들을 대상으로 효과성 검증 연구를 실시하였다. 이 연구에서 거꾸로 5E 탐구기반 학습모형이 적용된 학생들이 컴퓨팅 사고력(Computational thinking) 및 컴퓨팅 문제해결 능력에서 유의미하게 더 나은 성취를 보여주었다. 또한 이 학습자들은 플립드 5E 탐구기반 학습모형에 대한 경험을 더 긍정적으로 인식하는 경향을 보였다.

한편, Schallert와 동료연구자들(2021)은 중등 수학교육에 적용가능한 거꾸로 탐구기반학습을 위한 교수설계 모형을 개발했다. 이 연구자들은 본 수업모형을 2년 동안의 설계기반연구(Design-Based Research)에 입각하여 실제로 교육현장에 적용하여 개선하면서 그 완성도를 지속적으로 제고시켰다. 그러나 그들은 이 수업모형이 범용으로 적용되기 위해서는 추가 연구가 필요하다고 밝히고 있다. 이 교수설계모형의 단계별 구체적인 교수전략들은 아래의 〈표 9-10〉과 같다.

〈표 9-10〉 플립드 5E 교수설계 모형(Schallert et al., 2021)

탐구 단계	디딤수업	교실수업
단계 1. Engagement (몰입)	교수자: 디딤영상에서 다음의 사항을 설명 1) 학습목표; 2) 탐구 문제(학습자의 prior knowledge 기반 지적 호기심 유발 scenario/현상/질문) 학습자: 1) 디딤영상 학습; 2) 후속 교실수업에서 제기할 질문 note	교수자: 1) 질의응답; 2) 교실 토론 주제 학습자: 1) 토론 통해 탐구 질문 도출
단계 2. Exploration (탐색)	교수자: 디딤영상에서 다음의 사항을 설명 1) 탐색에 필요한 핵심지식/자료/정보 제공; 2) 후속 교실수업 활동 간략 소개 학습자: 1) 탐색에 필요한 지식습득, 자료/정보 종합/정리	교수자: 1) 탐색활동 지원(progress 형성평가, 즉각적 면대면 피드백 등); 2) 학습자의 지식/경험 바탕 '공식 발견(formulate findings)' 촉진 학습자: 1) 지속적 자료/정보 탐색을 통해, 탐구 질문들에 대한 '임시 해석결과물(tentative explanation)' 차원의 해답/결과물 도출
단계 3. Explanation (해석)	교수자: 1) 결론 도출에 필요한 추가 지식/정보/자료 제공 학습자: 1) 결론 도출 필요한 지식습득, 자료/정보 종합/정리	교수자: 1) 결론 도출 지원 학습자: 1) 탐구 결과도출(discovery and/or invention)
단계 4. Elaboration (정교화)	교수자: 디딤영상에서 다음의 사항들을 순서대로 설명 1) 이전 과제 직결 새로운 과제 제시(자료와 함께); 2) 이전보다 난이도가 높은 과제(예, real-life connections) 학습자: 1) 디딤영상 학습 통해, 새로운 과제 파악(self-directed inquiry)	교수자: 1) 새로운 과제해결 지원 학습자: 1) Concept application: 위의 과제해결에 활용한 지식/자료/정보 적용, 새로운 과제해결

탐구 단계	디딤수업	교실수업
단계 5. Evaluation (평가)	교수자: 1) 학습자 자기평가 도구 제공 학습자: 1) 성찰 통한 자기평가	교수자: 사전 제시한 rubrics 형태의 명확, 객관적 기준에 입각, 개별 학습자의 포트폴리오 평가

2. 거꾸로 탐구기반 STEM 학습(Flipped Inquiry-based STEM learning)

STEM(Science, Technology, Engineering, Mathematics) 교육은 학습자중심 교수전략을 기반으로, 학습자의 탐구능력 및 문제해결능력을 기르는 교육요구를 충족시킬 수 있다. 이에 부합하여 플립드러닝은 STEM 탐구기반학습 환경을 더욱 향상시킬 수 있는 여지를 마련해 줄 수 있다. 즉, 거꾸로학습의 혼합형학습(blended learning)을 통해, 학생의 몰입 및 교수자의 비계(scaffolding)가 최대화(maximize)되도록 탐구기반 STEM 학습의 교수요소와 학습활동을 효과적으로 조정하게 해준다. 이를 구현하기 위해, 과학교육에 적용된 두 가지 탐구기반학습 모형(Bell, Urhahne, Schanze, & Ploetzner, 2010; Bybee, Taylor, Gardner, Van Scotter, Powell, Westbrook, & Landes, 2006)에 입각해, 플립드 탐구기반 STEM 학습에 적합하도록 아래와 같이 수정, 보완시킨 교수설계모형이 제시되었다(Sergis, Vlachopoulos, Sampsom, & Pelliccione, 2017).

- 단계 1. 연구 방향설정 및 연구문제 제기(Orienting and asking questions): 학습자에게 지적 호기심을 유발하는 방식으로 연구문제를 제시
- 단계 2. 가설 도출 및 설계(Hypothesis generation & Design): 주어진 탐구문제에 대한 학습자의 이해와 견해를 바탕으로 초기 가설을 설정
- 단계 3. 분석 및 해석(Analysis & Interpretation): 연구/실험과정에 필요한 도구/자료(tools/resources)를 통해, 연구/실험 과정을 분석, 구조화

하면서 설계

- 단계 4. 계획 및 탐구(Planning & investigation): '단계 3'에서 설계된 과정/도구/자료 등을 활용하여, 실험(experimentations)을 실시
- 단계 5. 결론 및 평가(Conclusion & evaluation): 실험 결과를 기반으로, 초기에 설정한 가설을 성찰적으로 분석하면서, 일반화가 가능한 최종 해결방안(final common solution)을 공식화(formulation)

플립드 탐구기반 STEM 학습의 구체적인 교수설계의 예시는 다음의 〈표 9-11〉과 같다. 이 교수체제는 바로 위에서 논의된 탐구학습 모형의 절차를 기반으로 설계, 개발, 실행, 평가되었다(Sergis, Vlachopoulos, Sampsom, & Pelliccione, 2017).

〈표 9-11〉 플립드 탐구기반 STEM 학습의 교수체제(Sergis, Vlachopoulos, Sampsom, & Pelliccione, 2017)

탐구 단계	디딤수업	교실수업
단계 1. 연구 방향설정 및 연구문제 제기	교수자: 디딤영상에서 다음의 사항들을 순서대로 설명 1) 탐구 문제; 2) 학습목표; 3) '단계 4'의 최종 결과물; 4) 후속 교실수업 활동 간략 소개 학습자: 1) 디딤영상 학습; 2) 후속 교실수업에서 제기할 질문을 온라인 게시판에 탑재	교수자: 1) 질의응답; 2) 모둠별 과제 수행 및 활동을 제시, 조정, 통제하며, 즉시적 형성평가를 통해 적시에 맞춤형 안내 및 지원 학습자: 1) 퀴즈를 통한 디딤수업 점검 결과에 따라 차별화된 활동; 2) 디딤영상에서 제시된 과제를 모둠별로 수행
단계 2. 가설 도출 및 설계	교수자: 디딤영상에서 다음의 사항들을 순서대로 설명 1) 초기가설 설정에 필요한 개념도(concept map), Wiki 등의 도구 및 자료(tools and resources) 활용법; 2) 후속 교실수업 과제(가설 설정)와 활동 간략 소개 학습자: 1) 디딤영상을 통해, 초기가설 설정 도구들의 사용에 익숙해지도	교수자: 1) 질의응답; 2) 모둠별 과제 수행 및 활동을 제시, 조정, 통제하며, 즉시적 형성평가를 통해 적시에 맞춤형 안내 및 지원 학습자: 1) 퀴즈를 통한 디딤수업 점검 결과에 따라 차별화된 활동; 2) 디딤영상에서 학습한 도구와 자료(tools & resources)를 활용하면서, 모둠별로 초기가설 설정

탐구 단계	디딤수업	교실수업
	록 학습; 2) 후속 교실수업에서 제기할 질문을 온라인 게시판에 탑재	
단계 3. 분석 및 해석	교수자: 디딤영상에서 다음의 사항들을 순서대로 설명 1) '단계 4'에서 시행할 실험의 설계에 필요한 자료/도구; 2) 후속 교실수업 활동 간략 소개 학습자: 1) 디딤영상 학습; 2) 후속 교실수업에서 제기할 질문을 온라인 게시판에 탑재	교수자: 1) 질의응답; 2) 모둠별 과제 수행 및 활동을 제시, 조정, 통제하며, 즉시적 형성평가를 통해 적시에 맞춤형 안내 및 지원 학습자: 1) 퀴즈를 통한 디딤수업 점검 결과에 따라 차별화된 활동; 2) 디딤영상 학습을 기반으로, 실험 설계
단계 4. 계획 및 탐구	교수자: 디딤영상에서 다음의 사항들을 순서대로 설명 1) 실시할 실험절차와 관련 도구와 자료; 2) 후속 교실수업 활동 간략 소개 학습자: 1) 디딤영상 학습; 2) 후속 교실수업에서 제기할 질문을 온라인 게시판에 탑재	교수자: 1) 질의응답; 2) 모둠별 과제 수행 및 활동을 제시, 조정, 통제하며, 즉시적 형성평가를 통해 적시에 맞춤형 안내 및 지원 학습자: 1) 퀴즈를 통한 디딤수업 점검 결과에 따라 차별화된 활동; 2) 디딤영상 학습을 기반으로, 실험 실시; 3) 실험 발견(findings)을 바탕으로, 가설에 대한 결과를 공식화
단계 5. 결론 및 평가	교수자: 1) 디딤영상을 통해, 모둠별 발표물에 대한 동료평가를 포함한 후속 교실수업 활동 구체적 설명; 2) 온라인을 통해, 모둠별 발표물에 대해 피드백; 3) 발표 후 총괄평가 실시 학습자: 1) 발표물 온라인 탑재; 2) 개별 성찰일지 온라인 탑재	교수자: 모둠별 발표물에 대해 피드백 학습자: 1) 모둠별 발표; 2) 제시된 루브릭스(rubrics)에 입각, 동료 피드백 및 평가

3. SMILE(Student Made Inquiry-based Learning Experience)

Moran과 동료연구자들(2017)은 기존의 거꾸로학습을 비판적으로 수용하면서 탐구기반학습과 통합을 시도하는 새로운 지평을 제시했다. 즉, 그들은 기존의 거꾸로학습에서 교수자가 여전히 '강단에서의 주연 역할(Sage on the stage)'을 진정으로 양도한 방식이 아니라고 비판하면서, 학습자에게 더 많은 수업의 주도권(empowerment)을 부여해야 한다고 주창했다. 이의 일환으로 설계, 개발되어 실제 중학교, 고등학교, 대학교 등에 실행되면서 학습자 구성 탐구기반학습 경험(SMILE)이라고 지칭된 플립드러닝 모형은, 학생이 탐구기반학습을 수행한 결과로 만든 디딤영상을 기반으로 운영되는 복합학습이다. 이 모형을 적용한 대학교 예비교사들의 교직필수인 '독해와 작문(reading and writing)' 과목 사례에서, 교수자는 매주 3시간의 교실수업이 있는 전 학기에 걸쳐 실행했다. 특히 이 교수전략은 탐구기반학습 모형(Bell, Urhahne, Schanze, & Ploetzner, 2010)과 거꾸로학습을 접목시켜, 그 체계적인 절차에 입각해 다음과 같이 설계, 개발, 실행, 평가됐다(Moran, Brooks, Young, & Romano, 2017).

- 단계 1. 연구 방향설정 및 연구문제 제기(Orienting and asking questions): 우선 교수자는 강의실에서 모든 교과목의 교사로서 독해와 작문능력의 필요성을 제시한 여러 학술지를 간단하게 소개했다. 여기에는 "중학교 수학에서의 작문(Writing in middle grades mathematics)(Schink-Mikel & Pugalee, 2014)"을 포함한 각 교과목별로 독해와 작문능력이 왜 교사에게 필요한가를 인식시켜 주는 다양한 학술지들이 포함되었다. 이와 함께 교수자는 독해와 작문 능력이 영어 교사들만의 전유물이 아님을 강조했다. 이와 함께, 탐구 결과를 모둠별 동영상으로 만드는 과제, 탐구 절차, 교수자와 학습자의 역할 등에 대해 교수자가 자세히 설명해 주었다. 그리고 이를 기반으로, 학습자들은 자신의 교과목별로 모둠을

편성하고, 자신들의 과목(과학, 수학, 사회, 영어 등)에서 왜 독해/작문이 필요한가에 대한 토론을 가졌다. 예를 들어, 사회교사는 1차 자료를 학생들이 검색하고 읽는 것을 지도하기 위해 이러한 능력이 필요하다는 주제로 토론을 진행했다.

- 단계 2. 가설 도출(Hypothesis generation): 여기서 모둠의 학습자는 이전 단계의 토론 내용을 바탕으로 가설을 수립했다. 그리고 이에 입각해, 교수자가 제공한 학술지들 중에 하나를 선정했다. 그리고 선정한 학술지를 다음 교실수업까지 읽고 분석해 오기로 했다.
- 단계 3. 계획수립(Planning): 교실수업에서 만난 각 모둠은, 자신들이 선정한 학술지를 또래들에게 가르치는 동영상을 어떻게 만들 것인가에 대해 협의했다. 교수자는 학생들에게 영상 개발에 필요한 절차, 하드웨어, 소프트웨어 차원의 지식/정보/기술 등을 직접 교육하고 제공했다.
- 단계 4. 조사(Investigation): 이전 단계에서 받은 교육을 바탕으로, 학습자는 어떤 내용, 절차, 하드웨어, 소프트웨어로 교육영상을 개발할지를 모둠별로 검색, 시험해 보면서 최종적으로 결정을 내렸다.
- 단계 5. 분석 및 해석(Analysis and Interpretation): 모둠은 자신들이 선정한 학술지를 교육용 동영상으로 전환시키기 위한 분석과 해석을 병행하며, 구체적인 스토리보드(storyboard)를 작성했다. 또한 이 영상으로 학습하게 될 또래들의 흥미를 어떻게 끌고 몰입시킬 것인가를 고려하며 영상 촬영 계획을 수립했다.
- 단계 6. 모형 탐색과 창조: 영상 촬영 및 개발은 교실수업 시간에 이루어졌다. 모둠의 학생들은 촬영부터 편집까지의 창조활동에 해당 주의 3시간 전부를 사용했다. 이렇게 개발한 영상을 YouTube에 탑재하고 링크주소(URLs)를 학급 홈페이지에 게시했다.
- 단계 7. 결론 및 평가/성찰(Conclusion and evaluation/reflection): 교수자는 교실수업에서 모둠이 만든 영상을 차례로 전체 학습자에 보여주었

다. 개별 학습자는 각각의 영상을 학습하면서, 모둠 또래들에게 제기할 질문, 퀴즈를 각각 하나씩 작성했다. 영상 시청을 마친 후, 학생들은 모둠 내에서 돌아가면서 자신이 만든 퀴즈와 질문을 제시하면서, 협력적 모둠 토론을 수행했다. 그리고 결말 부분에서 개별 학생들은 전체 학습활동 및 느낀 점에 대한 성찰일지를 작성하였다.

- 초등학교 사례: 6학년 문학 시간에 적용한 사례(Moran, Brooks, Young, & Romano, 2017)에서 Natascha Brooks 교사는, 예전의 전통적인 수업에서 직면했던 문제점에서 변화의 필요성을 절감했다. 즉, 전통적인 수업에서는 소설 하나를 선정하여 한 장(chapter)씩 직접교수와 토론활동을 병행해서 수업을 설계, 실행했다. 그러나 많은 학생들이 해당 소설의 상황 및 복잡한 구성에 관한 이해가 부족하여 수업에 대한 학습동기화가 상당히 미흡했다. 이에 SMILE을 기반으로 한 학기 동안 위의 사례와 동일한 탐구기반학습 모형으로 접근하며, 학습자는 모둠별로 소설의 각 장에 대해 소개하는 영상을 직접 만드는 과제를 수행했다. 그런데 위의 사례와 다른 점은, 마지막 "결론 및 평가/성찰" 단계에서 기존의 거꾸로 학습에 충실하게 학습자들이 개발한 영상을 디딤수업 차원에서 교실수업 전에 사전학습 해오도록 학생들에게 부과했다는 것이다. 즉, 개별 학습자는 모둠별로 만든 2~4분짜리 디딤영상 하나를 먼저 학습한 후에 소설의 해당 장(chapter)을 읽었다. 이러한 디딤수업 활동 중에 개별 학습자는 영상 핵심 내용의 요약을 배움노트에 정리하고, 해당 장의 내용에 관해 모둠원들에게 문의할 궁금한 점 하나를 질문으로 작성했다. 그 후 연계된 교실수업 활동에 임한 학생은, 각자의 배움노트에 정리한 것을 해당 장에서 관련된 부분과 연결시키며 토론하는 활동에 임했다. 또한 각자 모둠원에게 문의한 질문에 대해서는 모둠 내에서 지정된 전문가 학생(expert student)이 주로 응답하는 방식을 취했다. 당연히 이와 병행하여 교수자의 모둠별 맞춤형 지원과 안내도 적시에 제공됐다.

4. 거꾸로 탐구기반학습 사례

중학교 3학년에 적용된 사례(Mazur, Brown, & Jacobsen, 2015)에 의하면, 플립드러닝과의 접목을 통해, 탐구학습이 추구해 온 주요 교수요소를 실제적으로 구현할 수 있는 교실수업 시간을 최대한 확보할 수 있었다. 이로 말미암아 두 교수전략은 더욱 상생하면서 시너지 효과도 창출하게 되었다. 한편, 사회 교과목에 전체 학년도를 거꾸로 탐구기반학습으로 접근한 이 사례는, 같은 학교에 근무하는 세 명의 교사가 한 팀이 되어 개발되었다. 이 교사들에 의해 5개 학급에 실행된 세 가지 수업사례들 중 하나는 다음과 같다.

1) 아동을 위한 권리헌장(Charter for children)

먼저 학생은, Milligan(2013)의 '아동을 위한 권리헌장'이라는 동화책 시리즈 각권을 교사가 내러티브(narratives) 형식으로 변환한 디딤영상을 교실수업 전에 학습해 온다. 참고로 이 동화책은 캐나다 헌법(canadian charter of rights and freedom)에 있는 인권을, 만 5~7세의 아동이 좋아하는 캐릭터를 통해 소개했다. 그런데 예전의 전통적인 수업에서는, 학습자가 한 차시의 교실수업에서 이 책 한 권을 읽은 후, 그 다음 수업 시간에서는 직결된 과제를 수행하도록 부과됐다. 이를 위해 학생에게는 가정에서 완수해야 할 전통적인 숙제가 부과되었다. 그러나 이제 거꾸로 탐구기반학습의 디딤수업에서 학습자는, 주어진 9개의 영상 중에 5개를 자신의 선호로 선택하여 1주일 여유를 가지고 학습할 수 있게 되었다. 이와 병행하여, 학생은 아래의 〈표 9-12〉와 같은 교실 입장권(classroom entrance ticket) 차원으로 디딤영상 학습을 완수했다는 증빙을 개별적으로 작성해야 한다. 이러한 입장권 작성은 학생이 디딤영상 학습을 완수했다는 확신을 줄 뿐만 아니라 자신의 학습을 성찰하도록 도와주기도 한다. 학습자는 교실수업에서 또래들과 활동하기 위해서는 이러한 입장권을 완성하여 교사에게 제시해야 한다.

〈표 9-12〉 교실수업 입장권 예시(Mazur, Brown, & Jacobsen, 2015)

<table>
<tr><td>

아동을 위한 헌장(The charter for children: 입장권(Entrance ticket))

중학교 3학년 사회

핵심질문: 그 헌장은 인권을 어떻게 효과적으로 보호해 주는가?

Story 1
제목: ______________________________

- 이 책의 이야기에서 어떤 권리와 자유를 다루고 있는가? 본인이 찾아낸 모두를 서술하세요(보통 각 책에서 3~5개를 다루고 있어요).

- 이 이야기에서의 이슈와 문제를 서술하세요. 그리고 어떻게 해결해야 하는지도 적어보세요.

Bonus:
- 이 이야기에서 거론된 캐나다 사람이나 사건들을 적어보세요. 실제 인물이나 사건을 제시하세요.

</td></tr>
</table>

위의 입장권을 완성하지 못한 학생은 또래와 본격 교실수업 활동에 참여할 수 없고, 교실 내에 비치된 랩톱 PC를 통해 디딤영상을 학습하고 이를 작성해야 한다. 이렇게 디딤수업을 완수한 학습자는 또래와 교실수업 활동을 할 자격이 부여된다. 이러한 교실수업은 3일 동안 진행된다. 처음 2일 동안, 3~5명의 모둠은 핵심내용과 직결되어 주어진 안내형 탐구질문(guided inquiry questions)을 주제로 협력학습을 통해 탐구활동을 영위하게 된다. 특히 학습자가 사견에 매몰되지 않고 논리의 객관성을 구비하도록, 지식/정보 탐색을 통해 사실적 지식의 기반을 심도 있게 마련할 수 있도록 필요한 학습안내를 제공했다. 각 모둠은 자신들의 능력과 진도에 따라 학습할 수 있지만, 지나치게 뒤처지는 현상을 방지하기 위해 각 탐구 단계별로 시한을 정해두었다. 이러한 이틀 동안의 교실수업에서 각 모둠은, 탐구학습의 결과를 도출하여 발표 자료를 만들었다. 이어 사흘째 교실수업에서, 각 모둠은

전체 학습자들 앞에서 해당 탐구 주제의 학습 결과를 발표하게 된다. 이 수업의 사례 연구에서 교사들은, 후속 학년도에는 디딤영상에, 교실수업에서의 탐구질문을 미리 제시하는 것이 더 효과적이라고 밝혔다. 또한 교실수업에서, 학습자의 경험, 흥미에 입각하여 탐구질문을 교수자와 협의해서 만드는 방안도 고려하겠다고 밝혔다.

Ⅳ. 기타 복합학습과의 통합

Hsieh(2017)는 다양한 실제상황에 지식을 적용해 보는 시나리오가 제시된 사례기반 학습을 거꾸로(flipped) 실행했다. 이러한 사례를 바탕으로 학생들은 지식의 적용과 함께 통합(synthesis)을 연습하면서, 해당 교과지식의 이해를 심화하고 넓히는 데 탁월한 효과를 누리게 되었다. 여기서 교수자는 이러한 수업상황에서 거꾸로학습의 혜택을 가장 크게 보았다고 주장했다. 즉, 플립드러닝을 적용하기 전에, 해당 전통적인 수업은 교실 강의 후의 후속 연습 시간이 부족해서 소기의 학습 성과를 내기 어려웠다. 그런데 플립드러닝을 통해 학습자들은 해당 사례에 대한 기본 지식을 가지고 교실수업에 임하게 되어, 더욱 효과적이고 효율적인 사고와 과제 해결을 이룰 수 있었다. 또한 이전의 교실 강의에 할애됐던 많은 시간들이 과제 해결을 위한 학생들의 자기주도적 활동, 토론, 공유, 과제의 해결방안 개발 등에 쓰이게 되었다. 이와 병행하여 그 시간에 교수자의 적시 짧은 강의(just-in-time mini-lecture)와 피드백도 주어지며 대부분 학생들의 심화학습이 완수되는 계기를 마련하게 되었다.

이외에도 거꾸로 사례기반학습(Flipped case-based learning)들이 대학교육에 적용된 사례들(McWhirter & Shealy, 2020; Mojtahedi, Kamardeen,

Rahmat, & Ryan, 2020; Ottolenghi, Athauda, Stumbar, Kashan, & Lupi, 2019)이 출현하였다. 이러한 사례들을 종합적으로 분석해 보면, 거꾸로 사례기반학습 모형들의 교수체제 및 교수전략은 위에서 다양하게 논의된 플립드 프로젝트학습/문제중심학습/탐구기반학습 모형들의 체제 및 교수요소들과 대동소이하다고 결론내릴 수 있다. 이러한 유사성은 거꾸로 메이커기반학습(Flipped maker-based learning) 사례연구들(McCue, 2017; McCue, Huculak, & Johnson, 2019; Park, Kaplan, Schlaf, & Tridas, 2018)에서도, 디딤수업, 교실수업, 후속활동 등을 아우르는 교수체제 및 교수전략에서도 오십보백보라고 일반화해도 과언이 아니다. 이러한 분석 결과로, 플립드 사례기반학습/메이커기반학습의 무용론을 주창하려는 것이 아니다. 오히려, 이러한 교수체제들과 성공사례들을 기반으로, 위에서 상세하게 기술된 다양한 거꾸로 복합학습 모형들을 모두 포괄하여 거꾸로(flip) 할 수 있는 범용의 일반화된 교수체제 및 교수전략을, 초・중등・대학교의 교수자와 교수설계자에게 제공했다고 결론 내릴 수 있다. 이와 더불어 플립드러닝이, 현존하는 모든 복합학습 모형들과 의미 있게 통합되어 더 나은 복합학습으로 발전시킬 수 있는 여지를 제공하고 있다는 사실도 규명해 주었다.

한편, 문제중심학습, 프로젝트학습, 탐구기반학습, 메이커교육, 사례기반학습 등의 복합학습 모형을 플립드러닝과 접목시키는 수업상황에서, 초기에는 한두 차시에 해결 가능한 단기 과제로 자기주도학습 '근육'을 생성시키는 것이 선행될 필요가 있다. 이에 관해 Plunkett(2014)은 이러한 과제 수행에 어느 정도 학생이 익숙해지면 특정 학습주제에 대해 스스로 장기 과제를 선정하여 자신만의 탐구활동을 영위하기도 한다. 물론 해당 프로젝트가 핵심 학습내용과 직결되는가의 여부를 교수자의 검수를 통해 승인받는 절차가 요구된다. 이렇게 프로젝트 과제의 선택권을 학습자가 가지게 되면 학습에 대한 주인의식이 생겨 다각도에서 더 나은 학습 효과로 귀결된다(Jones, 2018).

이렇게 학생에게 선택권을 부여하게 되면 학습에 대한 주인의식을 고취시켜 능동적인 학습자로 발전시키는 효과를 거둘 수 있다. 이런 측면에서, '유연 학습시간(flex time)' 차원에서 학습활동, 결과물 표현 방식 등을 학생 스스로가 선택하는 기회를 부여하는 방법을 고려할 수 있다(Bergmann & Sams, 2015a; Carbaugh & Doubet, 2016). 이에 덧붙여 Kirch(2016)는 교실 수업 활동의 축이 되는 문제를 학생들이 스스로 만들어 학습사회 일환에서 자체적으로 해결해 나가면서 학습의 주체로 자리매김하는 또래 교수법(peer instruction)을 고안하여 실행했다.

10 CHAPTER 거꾸로 완전학습 (Flipped Mastery Learning)

플립드 완전학습 모형은, 거꾸로학습을 상당 기간 동안 적용해 본 교수자에게 적합한 진일보된 교수전략이다. 왜냐하면 이 교수전략에는 본격적이고 체계적인 개별화 및 수준별교수를 포함 고난도의 수업체제와 교수전략이 적용되기 때문이다. 그러므로 일반적인 플립드러닝 모형을 적용하여 많은 디딤수업 체제뿐만 아니라 관련 수업자료, 교수자 자신만의 경험 및 노하우(know-how)가 축적되어야, 개별 학습자의 요구와 수준에 적합한 거꾸로 완전학습을 성공적으로 설계, 개발, 실행하게 된다(Bergmann & Johnson, 2018).

한편, Mitra(2016)가 주창한 거꾸로학습에서의 자기구조화 학습환경(SOLE: Self-Organizing Learning Environments)은 단순히 개별 학습자에 일임한 자기주도학습의 완성만을 의미하지 않는다. 이에 덧붙여 대부분의 학생들이 완전학습에 도달할 수 있게, 서로 협력하고 도움을 제공하는 학습문화를 스스로 정착시키며 지속화하는 모습도 어우러진다. 이런 관점에서, Bergmann과 Sams(2012, 2014)는 자기구조화 학습을 위한 교수패러다임을 기반으로, 거꾸로 완전학습(Flipped mastery learning) 모형을 [그림 10-1]과 같이 제시했다. 이 모형을 적용한 한 사례에서는, 각 단원별로 약 4개의 학습 목표를 수립하고, 각 학습목표는 3~4개 정도의 세부 학습목표를 내포하고 있다. 그리고 각 세부 학습목표는 1~6개의 학습과제를 지니고 있다. 그리고 개별 학습자는 '디딤수업'으로 시작해서, 교실수업에서 다양한 '연습'과 '적용' 단계에서 자신의 요구와 수준에 맞는 활동을 영위한다. 그리고 단원의 4개 정도의 학습목표별로 이루어지는 각각의 '완전학습 점검' 단계에서, 해당 학습 성취 기준에 도달할 때까지 자기주도학습에 임하는, 개별화 및 수준별 교수전략이 반영된다. 물론 개별화 수업전략에서는 또래 학습자와 교수자가 해당 학생들을 시종일관 적극적으로 지원, 협력하는 전략도 병행된다.

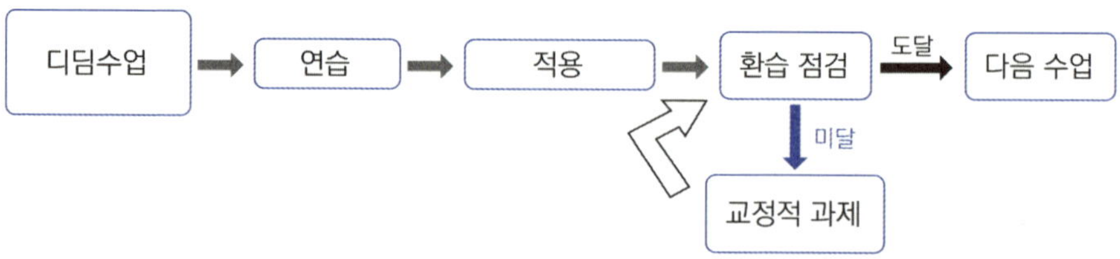

[그림 10-1] 거꾸로 완전학습 모형(Bergmann & Sams, 2012, 2014)

이러한 거꾸로 완전학습은 많은 사례연구에서 효과성이 다각도로 검증되고 있다. 이와 관련하여, 초등 6학년에 적용된 사례연구(Walton, 2019)에 의하면, 플립드 완전학습으로 학생의 자아효능감과 수업 몰입도가 더 높아졌다. 또한 이 교수전략이 교사의 자아효능감뿐만 아니라 학생들의 수업몰입도를 높이는 능력까지도 향상되었다는 연구결과를 제시했다. 한편, 대학교에 적용한 사례연구들을 종합, 분석한 연구(Said & Zainal, 2017)에 의하면, 플립드 완전학습은 학업성취도, 문제해결능력, 고차원 사고능력, 학습태도, 만족도, 학습경험에 대한 인식 등에서 다양한 긍정적 효과를 제시하고 있다. 그리고 전통적인 수업과 비교한 사례연구(Kim, Kim, Cho, & Jang, 2017)에 의하면, 거꾸로 완전학습이 학습동기화, 수업 만족도, 학습한 기술에 관한 자신감 등에서 더 나은 결과를 유의미하게 보여주었다.

한편, 위의 Bergmann과 Sams의 완전학습 모형을 학교현장 적용을 통해, 한층 개선시킨 Johnson과 Bergmann(2018)은 새로운 거꾸로 완전학습 모형을 다음의 [그림 10-2]와 같이 개발, 제시했다. 이 교수모형에서, 학생은 특정 단원(unit)의 개별 학습목표별 사전학습(Pre-work), 즉 디딤수업으로 플립드 완전학습을 시작한다. 그런 후에 연습과 학습(Practice & Learn)에서 교수자는 개별 또는 모둠별 학습요구에 기반을 두어, 수시로 형성평가를 실시하면서 해당 학습목표를 달성할 수 있도록 지속적인 안내와 지원을 제공한다. 그리고 완전학습 점검(Mastery check)에 따라, 학습목표에 도달할 때까지 보충학습 기회(Additional practice and learn opportunities)가 제공된다. 여기서 개별 학습목표에서 정해진 완전학습 기준을 통과한 학생은 '새로운 학습 주제'인 '새로운' 개별 학습목표를 위한 사전학습(디딤수업)에 임하게 된다. 이러한 반복순환(cycle) 과정을 통해 학생이 해당 단원의 모든 학습목표에서 완전학습 수준에 이르면, 그 단원의 모든 학습목표들을 아우르는 사정(assessment)에 해당되는 총괄평가(Summative exam)로 넘어간다. 그리고 총괄평가 결과에 따라 추가학습 기회(Additional practice & learn opportunities)가 주어진다(Johnson & Bergmann, 2018).

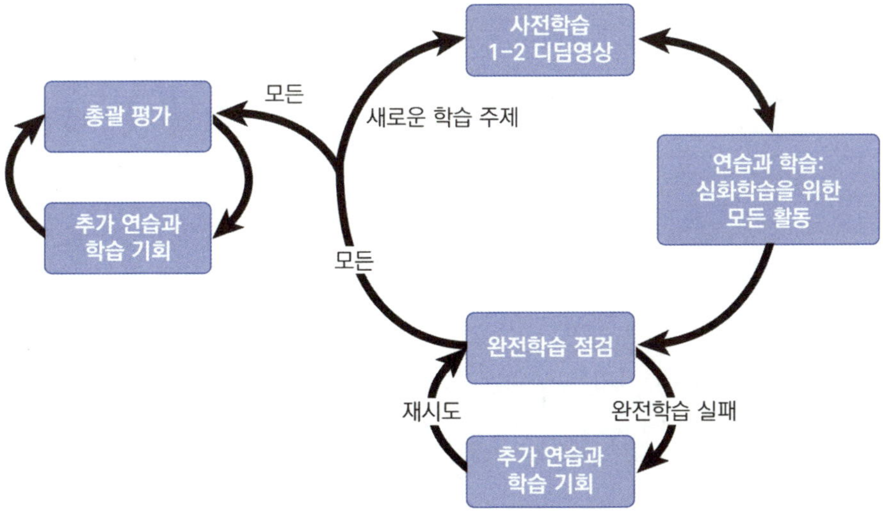

[그림 10-2] 거꾸로 완전학습 모형(Johnson & Bergmann, 2018)

Ⅰ. 완전학습 점검(Mastery check)

거꾸로 완전학습 모형에서 완전학습 점검은 총괄평가와 엄연히 구별된다. 즉, 총괄평가는 특정 단원(unit)의 모든 학습목표들의 달성 여부를 측정하는 것이다. 이에 반해, 완전학습 점검은 해당 단원의 각 학습목표의 주요 지식 또는 절차를 습득, 이해했는가를 미리 점검하는 간단한 진단 검사이다. 이렇게 완전학습 점검은 특정 단원 전체를 포괄한 총괄 평가를 실시하기 전에, 해당 단원을 구성하는 여러 학습목표들 중에 차시의 목표별로 실시된다. 예를 들어, Johnson 교사는 2~3주마다의 단원 수업을 설정하고, 수업이 있는 날에는 매일 완전학습 점검을 실시했다. 그래서 각 목표별로 완전학습이 인정되면, 후속 또는 더 높은 수준의 개별 학습목표를 위한 학습의 기회가 부여된다. 그러므로 개별 학생은 해당 단원의 모든 학습목표별 완전학습 기준에 도달하여 총괄 평가의 기회가 부여될 때까지, 각 학습목표별 사전학습(디딤수업)에서 완습점검까지의 학습 순환(learning cycle)을 지속적으로 반복하게 된다(Bergmann & Johnson, 2018).

이러한 완전학습 점검이 없으면, 자신의 현재 진도를 인식하지 못한 학습자가 총괄평가에 실패하고 재시험을 반복하는 현상이 빈번하게 발생하여, 결국 학습 동기 저하뿐만 아니라 거꾸로 완전학습의 교실수업 효율성도 떨어진다. 그러므로 완전학습 점검으로 말미암아, 학습자의 진도를 즉시적으로 파악하게 되어 교수자가 개별 맞춤형 피드백과 학습지원을 적시에 제공할 수 있다. 이와 함께 학생은 실수로부터 성찰, 학습하는 기회를 가질 뿐만 아니라 추가 연습의 기회도 부여돼서, 결국 학생의 완전학습 성공률을 높이게 된다.

1. 완전학습 점검의 유형

이러한 완전학습 점검은 간단하게는 개별 학습자에 대한 수시 구두시험(oral test)을 포함하여, 교과의 유형, 수업 상황, 학습자 특성 등에 따라 다음과 같은 세 가지 유형으로 대별해서 설계, 실행할 수 있다(Bergmann & Johnson, 2018).

1) 온라인 사지선다형 완전학습 점검

Johnson은 본인의 플립드러닝에 10개 문항의 사지선다형 문제가 주어지는 온라인 시험을 Canvas라는 학습관리체제(LMS: Learning Management Systems)를 통해 상설, 운영했다. 이러한 학습관리체제는 수시로 개별 온라인 평가를 실시하여 즉시적 피드백을 학습자에 제공해 주는 데 유용하다. 또한 이 체제는 해당 평가 결과를 바탕으로, 현재 학습자의 교육요구에 적합한 후속 학습 처지를 적시에 자동적으로 부여한다. 특히 문제은행 형태로 운영되기 때문에 학생의 각 시험마다 모두 달라지는 장점을 내포하고 있다. 왜냐하면 어떤 학습자는 한 번에 통과되는 반면, 몇몇은 여러 번의 시도가 필요한 경우도 발생하기 때문이다. Johnson의 경험칙에 의하면, 세 가지 다른 세트(set)의 시험문항을 준비하면, 성공적인 완전학습 점검이 가능한 문제은행을 확보하게 된다.

2) 쪽지시험 기반 완전학습 점검

화학교사인 Megan Wish는, 화학에서의 학습목표가 수학과 함께 화학방정식 문제 풀이를 요구하므로 조금은 다른 방식으로 접근했다. 즉 이 교사는 각 학습목표별로 완전학습을 점검하는 하나의 쪽지 문제가 여럿 담긴 통(jar)을 마련했다. 여기서 학생이 쪽지 문제 하나를 선택하여 교사 앞에서 문제를 푼다. 여기서 Wish는 학생이 문제를 어떻게 푸는가를 관찰하면서 해당 학습자가, 더 수준 높은 능력을 측정하는 문제나 총괄평가로 넘어갈 수 있는가의 여부를 결정한다. 만약 학생이 첫 번째 시도에서 실패하면, 추가로 연습하도록 지도하면서 추후 그 통 속의 또 다른 쪽지 시험을 시도하여 완전학습 점검에 통과될 수 있는 기회를 제공한다.

언필칭 'The Algebros'로 유명한 수학교사들인 Corey Sullivan과 Tim Kelly도 유사한 쪽지형 완전학습 점검을 실시했다. 여기서 각 학습목표별 완전학습 점검 시험은 각각 5개 문항으로 구성되며, 80% 이상의 점수를 받은 학생은 해당 완전학습 점검을 통과한다. 특히 같은 학교에 근무하는 두 교사는 자신의 교실들을 서로 공유하면서 거꾸로 완전학습을 운영했다. 즉, 한 교실은 완전학습 점검 전용으로, 또 다른 교실은 연습과 학습(Practice and Learning)에 주로 사용된다. 그래서 한 학생이 완전학습 점검에 통과하면 그때마다의 교실에 임하는 어느 교사든지 즉각 채점해서 피드백을 제공한다. 마찬가지로, 실패한 학생은 추가 연습하도록 지도하면서 또 다른 5개 문항의 점검시험을 치르게 한다.

3) 대화형 완전학습 점검(Conversation mastery check)

Johnson 교사가 활용하는 또 다른 형태의 완전학습 점검 방식은 이해 점검 질문(CFUQ: Check for Understanding Questions)이다. 여기서 각 학습목표별로 디딤수업에서 동영상의 주요 내용을 포괄하는 3~5개 문제를 〈표 10-1〉과 같이 제시한다.

〈표 10-1〉 모든 디딤영상마다 제시되는 이해점검 질문(CFUQ)의 예(Bergmann & Johnson, 2018)

소화의 조건과 의학적 절차(Digestive conditions & Medical procedures)
디딤영상은 Canvas(LMS)에 있어요. 여러분의 노트필기가 만점을 받으려면, 디딤영상에서 학습한 내용을 바탕으로 교실에

서 선생님과 협의해야 합니다. 교실에서 선생님이 아래의 이해 점검 질문들(CFUQ) 중 하나를 선택해서 여러분에게 물어볼 것입니다. 그러므로 여러분은 아래의 모든 질문들을 어떻게 대답할까 준비해야 합니다. 디딤영상을 꼼꼼히 공부해 주세요!

이해 점검 질문들

1. 이 영상에서 설명된 세 가지 구강 장애(oral cavity disorders)는 무엇입니까? 각각에 대해 선생님에게 설명해 보세요.
2. 세 가지 유형의 위 수술(gastric surgery)은 무엇입니까? 그들의 유사점과 차이점은 무엇입니까?
3. 궤양성 대장염(ulcerative colitis)과 크론병(Crohn's disease) 간의 차이점은 무엇인가요?

이러한 질문들의 주목적은 디딤영상을 학습하면서 반드시 알아야 하는 것을 안내하는 데 있다. 이런 질문들에 관해 학습자가 제대로 대답할 수 있다면, 다음 단계인 교실수업에서의 연습과 학습(Practice & Learn)으로 넘어갈 수 있다는 확신이 생기게 된다. 이러한 질문들을 기반으로 디딤영상을 공부한 학생은, 교실수업에서 교수자가 무작위로 선정한 한 질문을 받게 된다. 이로써 학생은 자신의 학습에 책임감을 가지고 임하게 되고, 교수자에게는 학생의 이해가 미흡한 부분을 포함한 진도를 정확하게 파악하는 계기가 된다. 한편, 학생의 특성에 따라 교수자는 질문을 수정해서 제기할 수 있다. 예를 들어, 과목의 이해도가 미흡하거나 장애를 가진 학생들의 사고 과정을 도우는 개별화 학습 차원에서, 학습 요구에 적합하게 질문을 부분으로 나눠서 제시한다. 한편, 학업성취도가 높은 학생들에게는 수준별 학습 차원에서, 그들의 사고를 한층 더 자극하도록 기존의 질문을 심화시켜 부과한다.

한편 위의 사례와 달리, 중학교 1학년 사회 교사인 Jake Habegger는 표준수행 점검(SPRL Standards Performance Review)을 바탕으로 접근했는데, 디딤수업이 아닌 교실수업에서의 개별 또는 모둠별 완전학습 점검 전략이라는 점에서 크게 차별화된다. 여기서 이루어지는 교사와 학생 간의 대화를 통해, 학습자의 이해 부족을 파악하고 질문에 답해줌으로 완전학습에 대한 자신감을 고취시키게 된다. 비록 이러한 방법에 많은 노력과 시간이 소요되지만 해당 교사는 자신의 플립드 완전학습에서 아주 중요한 요소라고 믿고 있다. 금상첨화로, 교사는 이러한 대화를 통해 믿음과 존중의 관계를 학생들과 형성하고, 학습과 성장의 문화를 창조하게 되었다.

또 다른 전략으로, 고교 수학과 과학에 플립드러닝 완전학습을 적용한 Kelly 교사는 '점검 대화(Check-out conversation)' 전략을 활용하여 해당 차시의 완전학습 여부를 평가했다. 여기서 이 교사는 어느 정도 교실활동을 통해 완전학습 점검 시험을 치를 수 있다고 지원한 모든 학생들을 차례로 개인 면담을 통해, 교실활동 결과물 제시를 요구하거나, 핵심 내용 습득 여부를 확인하는 즉시 질문을 던진다. 모든 학습목표들의 면담에서 통과된 학생들만이 총괄시험을 온라인으로 치러서 85% 이상의 수준을 성취한 학습자에게 교실수업의 완전학습을 인정하게 된다. 이럼으로써, 핵심 내용 습득에 확신이 없는 학습자가 섣불리 시험을 보겠다고 나서는 경우가 현저히 감소되면서 학습 몰입도가 상당히 향상되었다. 그 결과, 대부분의 수업에서 90% 이상의 학생들이 완전학습 수준에 도달하는 성과를 내게 되었다. 같은 관점에서, 고등학교 2학년 수학교사인 Graham Johnson도 'hot seat'이라고 불리는 자리로 완전학습 점검을 위해 학생이 오면, 개별면담 방식으로 지식 습득 여부를 확인하는 몇 개의 핵심질문을 제기한다. 여기서 이 교사는 학생이 점검에 통과되지 못하더라도 스트레스를 받지 않고 오히려 교정학습을 고맙게 여기도록 최대한 배려하고 안내하는 대화형 점검을 실시했다(Bergmann & Sams, 2014; Bergmann & Sams, 2015c).

대화형 완전학습 점검전략은 언어 및 외국어 과목에서 완전학습을 사정하는 데 상당히 효과적이다. 영어(국어)에서 에세이 또는 연구 보고서를 작성하는 프로젝트 학습의 경우, 교수자는 해당 학습목표를 학생이 달성한 정도를 파악하고, 그에 따라 개별 프로젝트 개발이 촉진되도록 도울 수 있다.

같은 방법으로, 외국어 교육의 경우, 학생의 완전학습은 해당 언어를 사용한 의사소통, 해석, 대인관계 기술 등을 통해 결정될 수 있다. 학습자와 이러한 대화를 하는 것은, 해당 교육내용의 완전학습을 판단하는 핵심 방법이 될 수 있다. 또한 거꾸로 완전학습을 적용하는 교과에서, 학생들은 전통적인 지필 평가에서 탈피하여 이러한 언어와 외국어 능력을 개발하는 데 교수자와 또래와 함께하는 기회도 얻게 된다.

한편, 여러 명의 학습자가 동일 수준의 학습목표에 대해 완전학습 점검을 동시에 신청할 경우에는, 3~4인의 모둠으로 한꺼번에 대화형 점검을 수행할 수도 있다. 이 방법은 실제로 수업시간의 효율화를 가져왔으며, 기대하는 효과도 거둘 수 있었다. 또한 이런 상황에서 학습자들은 또래들의 학습 결과를 공유하면서 부수적으로 배우는 효과도 함께 누릴 수 있었다. 이러한 모둠 점검전략은 3~4인이 초과하면 효과가 반감되는 현상이 발생한다(Bergmann, 2023).

2. AI 기반 평가 문항 개발

효과적인 완전학습에는 하나의 학습 모듈에 대해서 많은 퀴즈와 시험문제가 구비되고 제공되어야 한다. 특히, 학습자가 완전학습 기준을 통과하지 못하는 경우, 새로운 퀴즈나 시험문제가 제시되어야 한다. 이는 거꾸로 완전학습을 설계, 실행하는 교수자에게 상당한 실제적 부담으로 다가오게 된다. 이러한 문제점을 AI의 발전된 테크놀로지로 해결할 수 있는 방법이 대두되고 있다. 즉, AI를 활용하여 다양한 퀴즈나 시험문제를 자동으로 짧은 시간에 생성해 낼 수 있게 된 것이다(Hutt & Hieb, 2024). Hutt과 Hieb(2024)은 ChatGPT의 Gpt-4-Turbo를 활용하여 퀴즈와 시험문항들을 다량으로 쉽게 개발할 수 있었다. 이 방법을 통해 10개의 문제를 40초 만에 생성해 냈다. 이들은 이러한 문항을 AI를 기반으로 생성하는 구체적인 절차도 상세하게 설명하고 있다. 물론 이러한 문항들의 타당성과 신뢰성을 검증하는 방법도 함께 제시되었다.

3. 완전학습 기준

Dirscoll 교사는 역사 수업 전체 학기에 거꾸로 완전학습 모형을 적용했다. 여기서 24개의 성취기준을 수립하고, 각 기준별로 2~5개의 완전학습 점검 단계(check points)를 두었다(Bergmann & Sams, 2015a). 또한 Fulton(2014)은 디딤수업에 내장된 상호작용형 완전학습 방법을 제안하였다. 이 동영상에서는 몇 분 정도의 핵심내용 설명 후에 3개 정도의 문제를 제시하고 이 문제들에서 70%의 완전학습 수준을 보여준 학생은 더 이상 학습할 필요가 없음을 통보한다. 수학교사들인 Corey Sullivan과 Tim Kelly는 각 학습목표별 완전학습 점검시험을 각각 5개 문항으로 구성하여, 80% 이상의 점수를 받은 학생은 해당 완전학습 점검을 통과시킨다. 그래서 모든 학습목표들에 대한 완전학습 점검을 완수한 학생은 총괄평가를 치르게 된다. 그에 반해 Johnson 교사가 속한 모든 교육구(school district)의 완전학습 기준이 70%이므로, 이 교사는 모든 완전학습 점검들에서 공히 70% 이상 득점한 학생은 총괄평가를 치르게 한다. 그에 반해, 세 번의 시도에도 완전학습 수준에 도달하지 못한 학생에게는, 교실수업에서의 교사 면담 또는 방과 후의 개인교수(tutorial)가 제공된다. 이와 함께 추가 완전학습 점검 기회도 부여됐다(Bergmann & Johnson, 2018).

그리고 중학교 사회교사인 Habegger는 학생과 학부모의 의견을 반영하여 해당 학년도의 완전학습 점검 기준을 적용했다. 즉, 9학년에서 대학 입학용 선수과목(AP: Advanced Placement)으로 인정받고 싶은 학생의 학습목표별 완전학습 기준은 93%로 정했다. 그리고 최우등 학점(honors-level)으로의 인증을 원하는 학생에게는 86%의 기준을 부여했다. 나머지 학생들은 76%의 기준으로 학습에 임했다. 이러한 기준은 학년 초에 학생과 학부모의 의사소통 과정을 거쳐 결정됐으며, 완전학습 기준을 높이고 싶은 학부모는 관련 서류에 서명(sign off)해야 한다. 이러한 학부모 참여를 계기로 새로운 교수전략인 거꾸로 완전학습 모형의 성공적인 실행을 위한 학부모의 더 나은 이해와 수용을 이끌게 되었다(Alagappan, 2005; Bergmann & Johnson, 2018).

한편, Oerther(2022)는 대학교 environmental engineering 전공의 과목 전체에 플립드 완전학습을 적용했다. 여기서 각 모듈마다의 디딤수업으로 1~2개의 디딤영상과 읽을거리가 부과되었다. 그리고 각 모듈의 완전학습 기준을 100%로 설정해서 완전학습 퀴즈(mastery quiz)를 학습자가 풀도록 했다. 그리고 이 시험의 시도 회수는, 완전학습 기준인 100%를 달성할 때까지 무제한(unlimited number of times until students receive a perfect score)으로 설정하였다. 여기서 기본적인 완전학습 수준을 모든 모듈에서 달성한 학습자에게는 C 학점이 부여되었다. 그리고 추가 과제(optional assignments)를 완수한 학습자에게는 B나 A 학점이 부여되었다.

Ⅱ. 거꾸로 완전학습의 일상(A day in a flipped mastery course)

총괄 평가가 없는 날에 플립드 완전학습이 적용된 각 차시의 수업 일상은 다음의 [그림 10-3]과 같이 서로 유사하다. 매일의 수업은 두 차시의 묶음 운영으로 실시되는데, 먼저 사전학습(디딤수업)의 완전학습 점검에 해당하는 준비 활동(warm-up activity)으로 시작된다. 이 활동의 목적은 학습자가 개별 진도 일정에 따라 당일 교실수업에 필요한 기본 지식을 구비했느냐를 진단하는 것이다. 따라서 준비활동은 형성평가로써 학습진도를 파악하는 데 도움을 준다는 사실을 학생과 의사소통하는 것이 중요하다. 만약 학생이 사전학습에서 필기한 노트와 함께 또래의 도움을 기반으로 진단활동을 통과하면, 해당 학습자는 자신의 진도 일정에 따라 본격 교실수업에서 활동을 할 자격을 얻는다. 그러므로 해당 학생들은 자신의 진도 일정 따라 개별적으로 후속학습에 임한다. 이에 반해, 준비활동의 점검에 통과되지 못한 학생들은 진도 일정에서 뒤처지게 된다. 이러한 학생들을 위해 교수자는 소집단 개인교수(small-group tutoring)를 실시한다. 여기서 약 15분 동안 교수자는 준비활동에서 진단된 학습자의 주요 어려움(difficulties)에 대한 직접 교수(direct instruction)를 실시한다. 이 수업에는 빠른 정리(quick review)가 필요하다고 생각하는 학생들도 참여한다(Bergmann & Johnson, 2018).

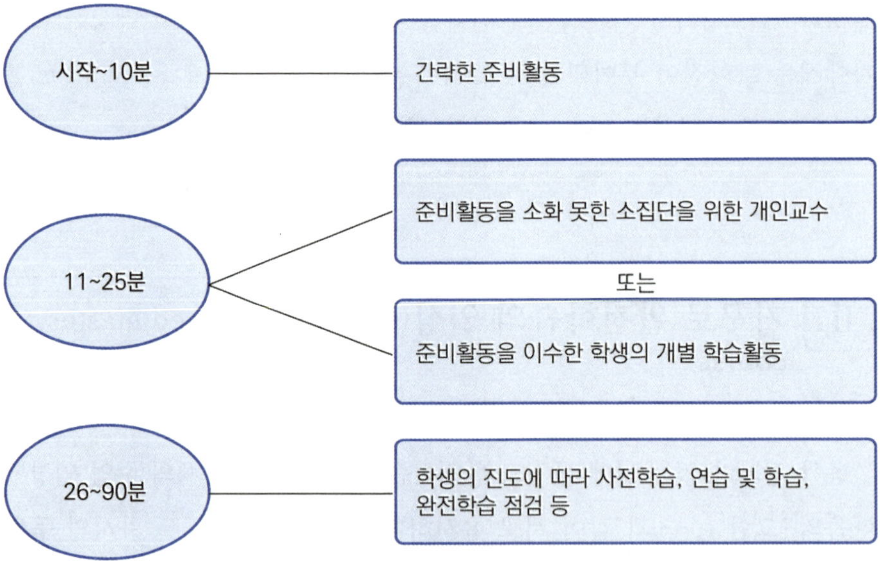

[그림 10-3] 플립드 완전학습의 전형적인 수업일의 모습(Bergmann & Johnson, 2018)

한편, 이미 준비활동을 통과한 학생들은 교수자가 보충수업을 하는 동안 개별 진도에 따라 후속 본격 교실수업에 임하게 된다. 그 후 소집단 보충수업을 마친 학습자도 자신의 진도를 기반으로, 사전학습(Pre-work), 연습과 학습(Practice & Learn), 완전학습 점검(Mastery Checks) 등의 활동 중에 스스로 선택한다. 여기서 교수자는 수시 형성평가를 통해 적시 교수(just-in-time instruction)를 제공하거나, 완수한 활동을 채점하거나, 또는 개별 학습진도에 관해 상담한다. 특히 교수자는 진도를 못 맞추는 학생에게 가장 먼저 다가가서 면담하며, 그날의 학습과제를 명확히 부여하면서 지원과 안내를 제공한다(Bergmann & Johnson, 2018).

그리고 플립드 완전학습 모형에서의 '연습과 학습' 단계에서는 다양한 개별화 및 수준별 교수가 적용된다. 이에 대한 구체적이고 실제적인 방법들은 수업상황, 학습자 특성, 교과 유형 등에 따라 활용될 수 있도록, 이 책 '4장'의 '개별화 교수전략'과 '수준별 교수전략'에서 실제적인 교수전략들을 제시하고 있다.

III. 진도 관리 체제(Progress Management System)

거꾸로 완전학습의 묘미는 단원별 학습에서 각각의 학생에게 적합한 개별화 수업과 수준별교수를 실행할 수 있다는 점이다. 이를 교수자가 실제적으로 구현하고 성공적으로 운영하기 위해서는 개별 학습자의 진도 관리 체제의 수립이 필수 요건이다. 이와 더불어 플립드 완전학습의 전체 과정을 개별 학습자가 자신의 학습에 책임감을 가지고 자기주도적으로 수행하기 위한 안내서의 일환으로도 이러한 체제의 도입이 요구된다. 이에 관해, Bergmann과 Johnson(2018)은 진도 일정(Pacing calenda)과 진도 점검(Monitoring progression)으로 대별하여 접근하는 방식을 다음과 같이 제시하고 있다.

1. 진도 일정(Pacing calenda)

플립드 완전학습 성공의 핵심 요인 중에 하나는 다음의 〈표 10-2〉와 같은 진도 일정이다. 이는 개별 학생이 각 단원별 학습 일정관리를 도와주는 지침 역할을 한다. 이러한 안내가 없으면, 학습자는 처음 경험하는 학습방법에 적응하면서 한 학기 동안 자신의 학습일정을 관리하는 데 난관에 봉착한다. 이러한 진도 일정과 함께 매일의 안내(daily guidance)도 병행돼야 한다. 여기에는 해당 차시의 디딤영상, 읽을 추가 학습자료, 교실수업 활동, 완전학습 점검 등에 대한 안내가 포함된다. 〈표 10-2〉의 진도 일정 예시는 해당 학년도의 첫 9주의 1~3단원에 대한 것이다. 참고로 매주 목요일에 총괄평가의 기회가 부여된다(Bergmann & Johnson, 2018).

〈표 10-2〉 12학년 과학 교과의 거꾸로 완전학습 진도 일정(Bergmann & Johnson, 2018)

월요일	화요일	수요일	목요일	금요일
8/31				
단원 1: 해부학 및 생리학 입문(2주)				
				9/11
9/14				
단원 2: 세포와 조직(3주)				
				10/2
10/5				
단원 3: 피부 기관(2주)				
				10/16

2. 진도 점검(Monitoring student's learning progression)

플립드 완전학습을 성공으로 이끌기 위해서는 학생의 학습진도를 파악, 점검하는 방법을 모색해야 한다. 가장 좋은 방법은 매일의 교실수업에서 학생들과 직접 의사소통하는 것이다. 이를 위해 Johnson 교사는 〈표 10-3〉과 같이 모든 학습목표, 과제, 완전학습 점검 등이 기록된 진도 점검판(clipboard)을 활용했다. 다음의 〈표 10-3〉에서의 점검판 예시에서는, 총 12개 항목(column)(이름 포함), 27명 학생의 단원별 사전학습의 이해점검질문(CFCQ) 결과(2개), 연습과 학습(PL: Practice & Learn) 점검(4개), 완전학습 점검(MC: Mastery Checks)(4개), 총괄평가 결과(Exam Review) 등이 수록된다. 여기서 총괄평가에 해당하는 'Exam'에서 빈칸에 해당하는 학생은 시험을 아직 치르지 않았다는 의미이다. 또한 학습목표와 직결된 과제에 대해서만 점수를 매겨서 학습자의 이해 수준을 파악하는 정보를 얻게 된다(Bergmann & Johnson, 2018).

이 점검판에서 100점이 통과점수(pass)인데, 그 이하인 점수는 점진적인 향상을 기대하는 차원에서 연필로 연하게 표기된다. 그리고 언제든 학생이 100점을 맞으면 식별이 용이하도록 굵은 펜으로 수정된다. 이러한 점검판으로 학습자의 교육요구를 더욱 구체적으로 파악하고, 효과적인 대화를 나누는 계기를 마련하게 된다. 이렇게 교실에서 수기로 표기된 점검판은 엑셀 프로그램으로 전산화된다.

〈표 10-3〉 진도 점검판(clipboard) 예시(Bergmann & Johnson, 2018)

5단원 이름	CFUQ Anatomy of muscle	LP Activity (Burrito Lab)	MC 5.1 Anatomy of a muscle	LP 필수 해부 실험	LP(선택 보드): 4장에서 논의	MC 5.2	Exam
	2	100	100	✓	100	100	100
	1	70	90	✓	80	70	
	2	80	100	✓	50	90	75

5단원 / 이름	CFUQ Anatomy of muscle	LP Activity (Burrito Lab)	MC 5.1 Anatomy of a muscle	LP 필수 해부 실험	LP(선택 보드): 4장 에서 논의	MC 5.2 …….	Exam
·	·	·	·	·	·	·	·
·	·	·	·	·	·	·	·
·	·	·	·	·	·	·	·

3. 진도에 따른 학습자 관리

각각의 학생은 특유의 진도에 따라 학습에 임하게 되어 몇몇은 해당 학년도에 모든 학습목표를 달성하지 못할 수도 있다. 이런 학생에게 거꾸로 완전학습에서는 '모든 것의 이수(need to know)'를 고집하기보다는, '적정 수준 이수(good to know)'를 부과하는 유연성이 필요하다. 그럼으로써 적정수준의 이수가 해당 학습자의 향후 학업에 불이익이 되지 않게 배려해야 한다. 왜냐하면 교육과정 100%를 수박 겉핥기식으로 전체적으로 섭렵하고 일부만을 학습하는 것보다는, 전체 교육과정의 85%만이라도 완전학습하는 것이 더 나은 접근 방식이다. 그러므로 학생이, 주어진 진도 일정에서 1주일 뒤처지게 되면, 교사는 〈표 10-4〉와 같은 학습 계획서를 작성하여 더 이상 뒤떨어지지 않도록 요구하게 된다. 이 계획서에는 학생이 도달해야 하는 학습목표와 더불어 완수해야 할 사전학습, 연습과 학습 활동, 완전학습 점검 등이 표기돼야 한다. 물론 각각의 완수 시기도 명시하게 된다. 만약 계획서대로 완수되지 못하면 학생이 완수할 때까지 0점이 부여된다. 당연히 학생은 언제든 미완수를 만회할 기회가 주어지며, 그때까지 0점에 대해 학생, 학부모와 의사소통한다. 한편, 이 계획서를 통해 학생은, 시간관리 및 목표수립 능력을 개발하게 된다(Bergmann & Johnson, 2018).

〈표 10-4〉 학습계획서 예시(Bergmann & Johnson, 2018)

- 이 계획서를 통해 학생은 시간관리, 구조화능력뿐만 아니라 더 생활습관을 향상시켜 줍니다. 이렇게 개발된 능력은 여러분을 더 나은 학습자로 만들어줍니다. 이 계획서는 해부학에서 해당 단원을 완전학습하기 위해 필요한 과제들을 파악하도록 도와줍니다.

아래의 일정은 내가 단원 _______ 을 완수하기 위해 도와줄 것이다.

첫째, 학생이 완수해야 할 활동들을 아래와 같이 작성해 주세요.

사전학습
디딤수업 노트필기 및 점검질문(CFUQ): ____________________
연습과 학습
실험/활동: ____________________
온라인 토론(Discussion posts): ____________________
완전학습 점검: ____________________
시험(총괄평가): ____________________

둘째, 학습계획을 세워주세요. 아래의 일정표를 사용해서, 총괄평가 시험일을 포함해 위에서 나열한 활동들을 언제 완수할 것인지 작성하세요. 그래요 각각의 정확한 날짜에 표기해 주세요. 또한 완수할 장소와 구체적인 시간도 포함돼야 합니다. 즉, (H)는 Home, (T)는 개인교수(Tutorial), (C) 교실(Class)입니다. 예를 들어 '(T) 9월 7일 화요일 8교시'.

월	화	수	목	금

* 시험은 다른 모든 시험일 또는 개인교수 시간에도 치를 수 있습니다.

만약 학생이 위에서 작성한 대로 계획대로 완수하지 못하면 0점이 되고 성적표에 수록됩니다. 물론 모든 활동들을 완수할 기회가 주어집니다. 하지만, 이번 가을학기 말까지 1~5단원을 완수하지 못하면 0점 처리된다는 점을 명심하세요. 학생이 세운 계획서대로 완수 날짜를 지키며 각 단원을 완전학습하는 목표를 달성하기를 간절히 바랍니다.

학생 서명 ____________________ 날짜 ____________________
교사 서명 ____________________ 날짜 ____________________

1) 학습계획서대로 완수하지 못한 학생들을 위한 대안

해당 과목을 여름학기에 이수할 수도 있다. 여름학기는 9개월의 정규 학기 중에 해당 과목을 완전학습하기에 충분한 시간이 없는 몇몇 학생들에게 완수의 기회를 제공해 준다. 물론 플립드 완전학습에서는, 여름 학기를 통해 학기를 완전히 새로 시작하기보다는, 여름방학 기간 중에도 학생은 자기주도적으로 학습하여 미이수된 단원을 이수할 수 있는 기회를 부여한다 (Bergmann & Johnson, 2018).

2) 정해진 진도보다 앞서가는 학생들을 위한 교수설계

이들은, 진도를 앞서서 학습하려고 노력하는 경우 또는 해당 과목에서 천재성(gifted)을 보이는 경우 중의 하나에 해당된다. 우선 진도를 먼저 나가려고 노력하는 학생들에게, 제대로 진솔한 학습에 임하는지를 교수자는 확인해야 한다. 이를 파악하는 최선의 방법은 대화와 함께 완전학습 점검이다. 이를 통해 필요시 학습 속도를 조절하고 핵심 내용과 절차를 생략하지 않도록 안내해야 한다. 특히 거꾸로 완전학습이 자기주도적인 학습자를 개발하면서도, 진정한 심화학습의 기회를 제공한다고 인식시킬 필요가 있다. 즉, 이런 학습의 주된 목적은 무조건 성취해서 높은 단계로 올라가는 것이 아니라, 제대로 학습하는 것이기 때문이다(The goal is not to get it done And move on; the goal to learn!)(Bergmann & Johnson, 2018)!

한편, 해당 과목에서 천재성을 보이는 학생은 다른 학생보다 '제대로 더 빨리 학습(truly learn faster)'하는 경향을 보인다. 이러한 학생들의 학습 속도는 인위적으로 조절시키지 말아야 한다. 그보다는 학습 경험을 더 풍부하게 제공하고, 기존 사고보다 더 높은 도전을 유발해야 한다. 이렇게 천재성을 보이는 학생은 통상 또래를 가르쳐 주거나 수업 관련 일반 업무에서 교사 도우미를 시킬 수도 있다. 하지만 이런 학생들이 의미 없는 교수자의 보조원

(assistant)이 되어 재능 개발을 지연시키지는 말도록 배려해야 한다. 오히려 이런 학습자들은 지역 과학 경진대회(local science fair), 문예/논문 경진대회(poetry/essay competition), 또는 STEM 대회 등에 참가하도록 독려해야 한다. 이러한 천재성을 활용할 수 있고 장학금까지 수여받는 수많은 기회가 이런 학생들을 기다리고 있다. 고맙게도 플립드 완전학습은, 수업시간에 이러한 고차원 프로젝트를 수행할 수 있는 기회를 마련해 준다(Bergmann & Johnson, 2018).

이와 더불어, 몇몇 학생들은 상당히 빠르게 진도를 나가 학년 말이 되기도 전에 해당 과목을 완전학습하는 경우가 생긴다. 이러한 학습자들에게는 남은 학년도의 수업시간에 대해 다음과 같은 다양한 활동 옵션(option)을 부여할 수 있다(Bergmann & Johnson, 2018).

① 연말 프로젝트(End-of-the-year project): 학생이 전체 학년도의 모든 학습목표를 포괄하는 프로젝트를 수행하여, 창의성과 자기주도적 학습능력을 개발한다.

② 교실 수업도우미(Class Tutor): 어떤 학생들은 또래를 가르치는 기회를 만끽할 수 있다. 왜냐하면 또래를 가르쳐 주어 학습을 성취시켜 주고, 또한 자신도 해당 학습내용을 더 잘 이해하는 발전의 기회가 되기 때문이다.

③ 열정 프로젝트(Passion project): 학생이 자신이 이수한 교육과정 중에 일부를 선택하여 확장, 발전된 학습을 수행할 수도 있다. 일례로, 예술작품, 동영상, 시, 음악, 게임, 만화 등을 창작하기가 이에 해당된다.

④ 다음 해 교육과정(Next year's coursework): 올해의 교육과정을 충실히 이수한 학생들에게는 내년 교육과정을 학습할 기회를 줄 수도 있다. 예를 들어, 대수(algebra)에 대해 완전학습한 학생에게는 내년도에 대한 준비로 기하에 관해 공부하는 장을 마련해 줄 수 있다.

⑤ 다른 과목 이수(Other coursework): 이미 완전학습한 과목과는 전혀

다른 과목을 이수할 기회를 줄 수도 있다. 즉, 학년말에는 대부분의 경우 다른 학생들이 해당 과목에서 총괄평가나 프로젝트 수행에 집중하는 데 모든 수업시간이 집중된다. 바로 이 시간에, 이미 모든 학년도 학습을 완수한 학생들은 다른 과목의 학년말 과제를 수행하는 활동에 참여할 수도 있다.

⑥ 천재의 시간(Genius hour): 이 활동은 Google과 3M의 조직문화에서 착안하여 '20%의 시간(20% Time)'이라고도 불린다. 즉, Google과 3M에서는 직원의 업무 시간 중 20%를, 자신의 업무와 직결되지 않아도 무방한 사내 프로젝트에 자신의 선호에 따라 참여하도록 배려한다. 실제로 이를 통해 회사에 수익을 창출하는 많은 혁신적이고 창의적인 결과물이 산출된다(Pink, 2009). 이 활동이 위에서 논의한 것들과 상이한 점은, 학습자 자신의 순수 흥미에 따라 해당 교과목과 무관한 개별 프로젝트 주제를 선정한다는 것이다.

이런 관점에서 Troy Cockrum 교사는, 해당 학년도에서 2개월이나 남겨두고 작문 교육과정을 이수하여 진도가 빠른 학생들에게, 이 활동에 임할 수 있는 자율성을 부여했다. 그 결과, 해당 학생들은 유튜브에 요리방송(cooking channel)을 개설했고, 또는 종이접기 정원(origami garden)을 만들거나, 축하 및 하례 카드를 만드는 사진 찍기 프로제트 등을 수행했다. 이듬해 이 교사는 프로젝트에 새로운 원칙을 제시했다. 즉, 프로젝트가 반드시 타인에게 도움이나 혜택을 주는 것이라는 필수 원칙을 고수했다. 그래서 어느 학생은 저글링(juggling)을 포함한 쇼를 기획해서 지역 어린이병원에서 공연했다. 유사한 사례에서, 고등학교 교사인 Lindsay Stephenson도 프로젝트에 두 가지 원칙을 부과했다. 첫째, 연구기반(research based) 활동, 둘째, 우리 학교와 지역사회를 개선하는 목적 포함. 여기서 연구기반 활동이라는 의미는, 연구목적 수립부터 시작해서 지식/정보 탐색 수행, 연구 제한점 서술까지 정식 연구절차를 제대로 거쳐야 한다는 것이다(Bergmann, Sams, & Gudenrath, 2015).

Ⅳ. 총괄 평가

[그림 10-4]에서의 총괄 평가는, 각 학습목표별로 '사전학습-연습과 학습-완전학습 점검'의 학습과정을 반복순환(cycle)하면서, 해당 단원의 모든 학습목표들의 완전학습 기준을 통과한 학습자에게만 부과된다. 이러한 평가는 관련 모든 학습목표를 통합하여 상호 연관성 차원에서 측정한다. 이런 총괄 평가에서 통과기준에 도달하지 못한 학습자는 학습교정(remediation)에 해당되는 '추가 연습과 학습 기회'가 주어진다. 당연히 이러한 교정적 학습 후에 제시된 재시험 문항은, 초반에 치른 학생들이 유출할 가능이 있기 때문에 이전 총괄 평가와 달라야 한다(Bergmann & Johnson, 2018; Lockwood, 2018). 전형적인 총괄평가의 체계와 절차는 아래의 [그림 10-4]와 같다.

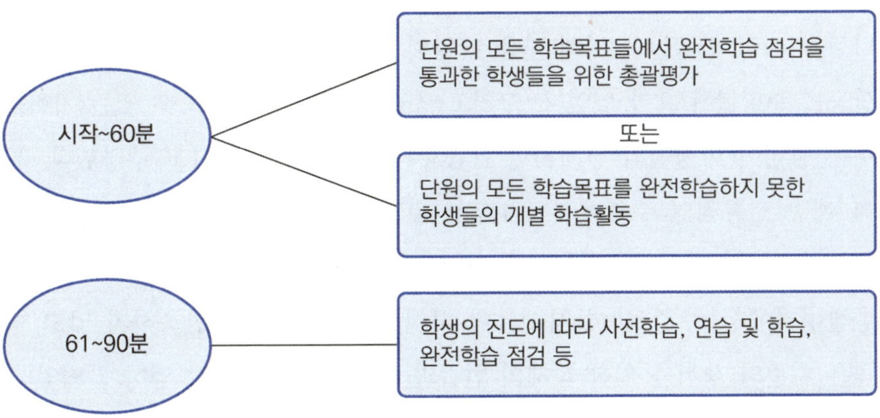

[그림 10-4] 거꾸로 완전학습에서 총괄평가의 날 예시(Bergmann & Johnson, 2018)

총괄평가를 실시할 때, 학습자에게 시험 집중에 필요한 조용한 교실환경이 필요하다. 이를 위해 교실의 한쪽에서 한 방향으로 배열된 책상을 마련해 주어야 한다. 이에 반해, 총괄평가를 치르지 않는 학생들은 반대 방향으로 앉게 하여 시험에 방해가 되지 않게 배려한다. 위의 사례에서, 총괄평가는 최소 2주에 한 번씩 실시가 원칙인데, 매주 목요일이나 방과 전후에 시험을 치를 수 있는 기회를 부여하여, 해당 주에 못 치른 학생에게 자신의 진도에 따라 학습할 수 있는 환경을 조성한다. 시험을 보는 모든 학생들은 다른 학습자들이 모두 시험을 끝낼 때까지 자리와 함께 침묵을 지켜야 한다. 또한 시험을 보지 않는 학생들도 자신의 진도에 따라 독자적으로 최대한 침묵을 지키며 다른 활동(사전학습, 연습과 학습, 완전학습 점검, 자신의 진도 점검 등)에 임한다. 이렇게 공식 총괄평가를 치르는 매 2주마다 지정되는 침묵의 수업 시간은 가장 생산적인 학습시간이 되곤 한다. 즉, 시험을 보는 학생들이나 자기주도 학습을 수행하는 학생들도 공히, 또래와 협력학습 활동을 멈추고 조용히 자신의 학습에 정진하며 성찰하는 시간을 갖게 된다(Bergmann & Johnson, 2018).

플립드 완전학습을 영어교육(ESL)에 실제로 적용한 Lockwood(2018)는, 학생들이 예상보다 빠르게 총괄평가를 통과하거나, 여러 단계로 더 높이 성취하는 경우가 상당수 발생하여 이에 대한 대비책이 필요하다고 제안했다. 즉, 이런 학생들을 위해 다음 단원의 학습을 포함한 수준별 교수전략과 활동을 준비할 필요가 있었다. 그리고 총괄평가를 다시 치를 수 있는 기회를 주는 방법이 학생들의 전체적인 학습효과 향상에 기여했다고 주장했다. 특히 예전 전통적인 수업에서의 1회성 총괄평가에서 결과에 순응했던 중간 수준의 학생들의 변화가 눈에 띄게 나타났다. 즉, 거꾸로 완전학습에서의 총괄평가에서는, 주로 이 학생들이 자신의 평가 결과에 만족하지 않고 더 높은 수준의 성취를 위한 과제의 연습과 학습에 자발적으로 임하게 되었다. 이런 긍정적인 변화는 전체적으로 더 나은 시험 점수 결과, 즉 학업성취 향상을 가져오게 되었다.

참고문헌

김남익, 전보애, 최정임. (2014). 대학에서의 거꾸로 학습(Flipped learning) 사례 설계 및 효과성 연구: 학습동기와 자아효능감을 중심으로. 교육공학연구, 30(3), 467-492.

김영학. (2016). 대학 〈사고와 표현〉 교과에 대한 플립 러닝 적용 사례 연구. 한민족어문학, 72, 149-181.

김진, 최정아. (2025). 모두를 위한 최신 ChatGPT 프롬프트 엔지니어링: AI를 제대로, 잘쓰는 비법 공식. 서울: 마소캠퍼스.

김현아. (2023). 프로그래밍 실습을 위한 플립드러닝 교수법 적용 전략 연구. 문화기술의 융합, 9(3), 753-761.

박진우, 임철일. (2016). 육군 학교교육의 플립러닝 기반 상황위주 토의식 수업을 위한 교수전략 개발 연구. 교육공학연구, 32(4), 771-808.

박학민, 박양주. (2025). 대학 플립드러닝 수업에서 소그룹 활동을 통한 사전 수업과 면대면 수업 연계의 효과. 대학 교수-학습 연구, 18(1), 51-73.

박현하, 장성욱. (2022). 3D CAD 수업에서의 플립드러닝 기반의 PBL 교수학습법 효과 연구. 한국정보통신학회논문지, 26(5), 779-785.

변호승, 송연옥. (2016). 대학교 역전학습에서 예비교사들의 학습참여에 대한 질적 연구. 교육공학연구, 32(4), 743-769.

서승완. (2023). 프롬프트 엔지니어링 교과서. 서울: 애드앤미디어.

손성호, 김상홍. (2016). 초등교육에서 플립러닝 성공전략 탐색: 교사 및 학습자의 학습 과정을 중심으로. 학습자중심교과교육연구, 16(11), 1287-1310.

양현미. (2024). 플립드러닝 교수-학습법이 간호대학생의 자기주도학습 준비도, 비판적 사고성향, 학업적 자기효능감에 미치는 효과. 비즈니스융복합연구, 9(1), 155-159.

이민경. (2014). 거꾸로 교실(Flipped Classroom)의 효과와 의미에 대한 사례 연구. 한국교육, 41(1), 87-116.

이윤정. (2014). 학습자의 심리적 특성을 고려한 사회과 온라인 토론학습 전략. 사회과교육, 53(10), 143 -162.

이지연, 김영환, 김영배. (2014). 학습자 중심 플립드러닝(Flipped Learning) 수업의 적용 사례. 교육공학연구, 30(2), 163-191.

임정훈. (2016). 대학교육에서 플립러닝(Flipped Learning)의 효과적 활용을 위한 교수학습 전략 탐색: 사례 연구. 교육공학연구, 32(1), 165-200.

임정훈, 김미화. (2018). 플립러닝 수업컨설팅을 위한 수업분석 도구 개발. 교육공학연구, 34(1), 101-132.

임정훈, 김미화. (2020). 대학 플립러닝 수업개선을 위한 수업컨설팅 도구 개발. 교육공학연구, 36(1), 33-68.

임정훈, 김상홍. (2016). 스마트교육 기반 플립러닝이 학업성취도, 협업능력 및 정보활용능력에 미치는 효과. 교육공학연구, 32(4), 809-836.

임철일, 조영환, 허선영, 김원유, 손효상, 송석리, 김갑수, 정대홍, 손미현, 박철규, 조정원. (2025). 디지털교육. 파주: 교육과학사.

이지연, 김영환, 김영배. (2014). 학습자 중심 플립드러닝(Flipped Learning) 수업의 적용 사례. 교육공학연구, 30(2), 163-191.

전라북도교육청. (2023). 생성형 AI: 교사와 함께 수업을 디자인하다. 전라북도교육청 생성형 AI 활용 안내 자료.

조규락. (2025). 학교교사를 위한 디지털교육 가이드. 파주: 양성원.

진민혜, 신영준. (2016). 거꾸로수업을 활용한 과학 중심 STEAM 프로그램이 학생의 수업참여도에 미치는 영향. 한국초등교육, 27(3), 77-98.

최욱. (2016). 문제중심 학습 모형 및 실천적 교수 전략 탐색: 새로운 이론적 패러디임에 기반하여. 교육공학연구, 32(1), 29-64.

최욱. (2017a). 거꾸로학습(Flipped learning)의 디딤수업을 위한 교수설계모형 개발 연구. 교육공학연구, 33(1), 1-34.

최욱. (2017b). 교실 및 온라인 토론수업을 위한 준비 교수체제(Preparatory Instructional System) 설계모형 개발. 교육방법연구, 29(4), 677-705.

최욱. (2018a). 플립러닝(Flipped learning)의 포괄적 교수설계 전략을 위한 탐색적 연구. 교육방법연구, 30(4), 583-608.

최욱. (2018b). 거꾸로학습의 교실수업(In-class instruction)을 위한 교수설계 모형의 탐색적 연구. 초등교육연구, 31(4), 149-174.

최욱. (2022). 내향성 학습자 특성에 부합하는 토론수업 체제에 관한 탐색 연구. 홀리스틱융합교육연구, 26(4), 1-22.

한형종, 임철일, 한송이, 박진우. (2015). 대학 역전학습 온・오프라인 연계 설계전략에 관한 연구. 교육공학연구, 31(1), 39-72.

홍기칠. (2016). 거꾸로 교실(Flipped Classroom)의 실행에 대한 비평적 분석. 교육방법연구, 28(1), 125-149.

Adams, P., & Gingras, H. (2017). *Blended learning & flipped classrooms: A comprehensive guide.* Ann Arbor, MI: The Part-Time Press.

Alan, S., & Yurt, E. (2024). Flipped Learning: An Innovative Model for Enhancing Education Through ChatGPT. *International Journal of Modern Education Studies, 8*(1), 124-148.

Anderson, L. W., & Krathwohl, D. (Eds.). (2001). *A Taxonomy for learning, teaching and assessing: A revision of Bloom's Taxonomy of educational objectives.* New York, NY: Longman.

Andujar, A., Salaberri-Ramiro, M. S., & Martinez, M. S. C. (2020). Integrating flipped foreign language learning through mobile devices: Technology acceptance and flipped learning experience. *Sustainability, 12*(3), https://doi.org/10.3390/su12031110.

Ariza, J. Á., Restrepo, M. B., & Hernández, C. H. (2025). Generative AI in engineering and computing education: A scoping review of empirical studies and educational practices. *IEEE Access, 13*, 1-22.

Armand, M. A., & Corrias, A. (2024). Cisco's Flipped-Learning-Peer-Learning Initiative: Learning & Modeling the Best Practices of Top Performers. *International Journal of Advanced Corporate Learning, 17*(1), 74-84.

Asef-Vaziri, A. (2015). The Flipped Classroom of Operations Management: A Not-For-Cost-Reduction Platform. *Decision Sciences Journal of Innovative Education, 13*(1), 71-89.

Assi, A., & Cohen, A. (2024). Context-based learning in flipped middle school chemistry class. *International Journal of Science Education, 46*(6), 570-589.

Ateş, H. (2024). Designing a self-regulated flipped learning approach to promote students' science learning performance. *Educational Technology & Society, 27*(1), 65-83.

Atlas, S. (2023). *ChatGPT for Higher Education and Professional Development: A Guide to Conversational AI*. College of Business Faculty Publications at the University of Rhode Island: Kingston, RI.

Ay, K., & Dağhan, G. (2023). The effect of the flipped learning approach designed with community of inquiry model to the development of students' critical thinking strategies and social, teaching and cognitive presences. *Education and Information Technologies, 28*(11), 15267-15299.

Baig, M. I., & Yadegaridehkordi, E. (2023). Flipped Classroom in Higher Education: A Systematic Literature Review and Research Challenges. *International Journal of Educational Technology in Higher Education, 20*(61), 1-26.

Baker, K. (2013). English. In J. Bretzman (Ed.). (2013), *Flipping 2.0: Practical strategies for flipping your class*. New Berlin, WI: The Bretzmann Group.

Barkley, E. F., Cross, K. P., & Major, C. H. (2014). *Collaborative learning techniques: A handbook for college faculty (2nd Ed.)*. San Francisco, CA: Jossey-Bass.

Barnes, M., & González, J. (2015). *Hacking Education: 10 Quick Fixes for Every School*. Cleveland, OH: Times 10 Publication.

Barrons, K. P., & McGinnis, T. C. (2017). Building Capability: Flipping the Zone of Proximal Development For Talent Management. In M, Mupepi (Ed.), *Effective Talent Management Strategies for Organizational Success*. Hershey, PA: IGI-Global.

Bell, T., Urhahne, D., Schanze, & Ploetzner, R. (2010). Collaborative inquiry learning: Models, tools, and challenges. I*nternational Journal of Science Education, 32*(3), 349-377.

Bennett, B. (2013). Mastery. In J. Bretzmann (Ed.). (2013), *Flipping 2.0: Practical strategies for flipping your class*. New Berlin, WI: The Bretzmann Group.

Berge. Z. L. (2015). Flipped learning in the workplace. *Journal of Workplace Learning, 27*(2), 162-172.

Bergmann, J. (2015). *Classroom innovation through flipped learning*. Retrieved February 13, 2015 from http://happy.eduniety.net/html/online/preview/?p_subj=1243.

Bergmann, J. (2017). *Solving the homework problem by flipping the learning*. Alexandria, VA: ASCD.

Bergmann, J. (2023). *The mastery learning handbook: A Competency-based approach ti student achievement*. Arlington, VA: ASCD.

Bergmann, J., & Sams, A. (2012). *Flip your classroom: Reach every student in every class every day*. Eugene, OR: International Society for Technology in Education.

Bergmann, J., & Sams, A. (2014). *Flipped learning: Gateway to student learning*. Eugene, OR: International Society for Technology in Education.

Bergmann, J., & Sams, A. (2015a). *Flipped Learning for social studies instruction*. Eugene, OR: International Society for Technology in Education.

Bergmann, J., & Sams, A. (2015b). *Flipped learning for science instruction*. Eugene, OR: International Society for Technology in Education.

Bergmann, J., & Sams, A. (2015c). *Flipped learning for math instruction*. Eugene, OR: International Society for Technology in Education.

Bergmann, J., Sams, A., & Gudenrath, A. (2015). *Flipped learning for English language instruction*. Eugene, OR: International Society for Technology in Education.

Bergmann, J., & Sams, A. (2016). *Flipped learning for elementary instruction*. Eugene, OR: International Society for Technology in Education.

Bergmann, J., & Sams, A. (Revised Ed.). (2023). *Flip your classroom: Reach every student in every class every day*. Portland, OR: International Society for

Technology in Education.

Bergmann, J., & Smith, E. S. (2019). *Flipped learning 3.0: Your Roadmap to the future of talent development: An insanely simple guide*. Irvine, CA: FL Global Publishing.

Bergmann, J., Sams, A., & Gudenrath, A. (2015). *Flipped learning for English language instruction*. Eugene, OR: International Society for Technology in Education.

Black, J., & Cox, S. (2017). Flipping humanities. In L. S. Green, J. R. Banas, & R. A. Perkins (Eds.), *The flipped college classroom: Conceptualized and re-conceptualized.* Cham, Switzerland: Springer.

Blake, R., Jones, L., & Odburn, C. (2025). Hybrid and Online Teaching and the Flipped Classroom. In J Muñoz-Basols, M Fuertes Gutiérrez, & L Cerezo (Eds), *Technology-Mediated Language Teaching: From Social Justice to Artificial Intelligence*. Bristol, UK: Multilingual Matters.

Bond, M. (2019). Flipped learning and parent engagement in secondary schools: A South Australian case study. *British Journal of Educational Technology, 50*(3), 1294-1319.

Bozkurt, A. (2023). Generative artificial intelligence (AI) powered conversational educational agents: The inevitable paradigm shift. *Asian Journal of Distance Education, 18*(1), 198-204.

Bretzmann, J. (2013). *Flipping 2.0: Practical strategies for flipping your class*. New Berlin, WI: The Bretzmann Group.

Broman, K., & Johnels, D. (2019). Flipping the class: University chemistry students' experiences from a new teaching and learning approach. *Chemistry Teacher International, 1*(1), https://doi.org/10.1515/cti-2018-0004.

Brookfield, S. D., & Preskill, S. (2005). *Discussion as a way of teaching: Tools and techniques for classrooms*. San Francisco, CA: Wiley.

Brown, A. (2018). Implementing the flipping classroom: Challenges and strategies. In J. Mehring, & A. Leis (Eds.), *Innovations in Flipping the Language Classroom*. Singapore: Springer.

Brown, D. (2017). Flipping the high school English classroom without flipping out: Maximizing tech to make space for text. In C. A. Young, & C. M. Moran (Eds.), *Applying the flipped classroom model to English language arts education*. Hershey, PA: IGI Global.

Brown, C. A., Danvers, K., & Doran, D. T. (2016). Student perceptions using guided reading questions to motivate student reading in the flipped classroom. *Accounting Education, 25*(3), 256-271.

Buitrago, C. R., & Diaz, J. (2018). Flipping your writing lessons: Optimizing time in your EFL writing classroom. In J. Mehring, & A. Leis (Eds.), *Innovations in Flipping the Language Classroom*. Singapore: Springer.

Burkhart, S., & Craven, D. (2020). Digital workbooks in flipped nutrition education: Student perspectives'. *Education Sciences, 10*(1), https://doi.org/10.3390/educsci10010022.

Butt, A. (2014). Student views on the use of a flipped classroom approach: Evidence from Australia. *Business Education & Accredition, 6*(1), 33-43.

Bybee, R. W. (2009). *The BSCS 5E instructional model and 21st century skills*. Colorado Springs, CO: BSCS.

Bybee, R. W., Taylor, J. A., Gardner, A., Van Scotter, P., Powell, J. C., Westbrook, A., & Landes, N. (2006). *The BSCS 5E instructional model: Origins and effectiveness*. Colorado Springs, CO: BSCS.

Cabrera, A. F., Parra-Gonzalez, M. E., Belmonte, J. L., & Segura-Robles, A. (2020). Educational potentials of flipped learning in intercultural education as transversal resource in adolescents. *Religions, 11*(1), https://doi.org/10.3390/rel11010053.

Cain, S. (2012). *The power of introverts in a world that can't stop talking*. New York, NY: Crown.

Çak ı roğlu, Ü., & Öztürk, M. (2017). Flipped Classroom with Problem Based Activities: Exploring Self-regulated Learning in a Programming Language Course. *Educational Technology & Society, 20*(1), 337-349.

Carbaugh, E. M., & Doubet, K. J. (2016). *The differentiated flipped classroom: A practical guide to digital learning*. Thousand Oaks, CA: Corwin Press.

Cargile, L. A. (2015). Instruction with the Khan Academy. *Mathematics Teacher, 109*(1), 34-39.

Carpenter, R. (2016). Flipping the creative class. In J. B. Waldrop, & M. A. Bowdon (Eds.), *Best practices for flipping the college classroom*. Ney York, NY: Routledge.

Carstens, F. J., & Sheehan, M. (2014). Triumphs and tribulations of the flipped classroom: A high school teacher's perspective. In J. Keengwe, G. Onchwari, & J. N. Olgara (Eds), *Promoting active learning through the flipped classroom model*. Hershey, PA: IGI Global.

Carter, N. (2013). Middle school flipping. In J. Bretzman (Ed.). (2013), *Flipping 2.0: Practical strategies for flipping your class*. New Berlin, WI: The Bretzmann

Group.

Chan, S., Lam, Y. K., & Ng, T. F. (2020). Student's perception on initial experience of flipped classroom in pharmacy education: Are we ready?. *Innovations in Education and Teaching International, 57*(1), 62-73.

Chen, H. J., Chen, C. H., & Wu, W. C. V. (2025). Effects of Flipped Learning on Language Learning Outcomes: A Meta-Analysis investigating Moderators. *SAGE Open, 15*(2), https://doi.org/10.1177/21582440251331.

Chen, M, Hwang, G., & Chang, Y. (2019). A reflective thinking-promoting approach to enhance graduate students' flipped learning engagement, participation behaviors, reflective thinking and project learning outcomes. *British Journal of Educational Technology, 50*(5), 2288-2307.

Chen, K. S., Monrouxe, L., Lu, Y. H., Jenq, C. C., Chang, Y. J., Chang, Y. C., Chai, P. Y. C. (2018). Academic outcomes of flipped classroom learning: A meta-analysis. *Medical Education, 52*(9), 910-924.

Cheng, L., Ritzhaupt, A. D., & Antonenko, P. (2018). Effects of the flipped classroom instructional strategy on students' learning outcomes: A meta-analysis. Educational Technology Research and Development. *Educational Technology Research and Development, 67*(4), 793-824.

Chis, A. E., Moldovan, A.-N., Murphy, L., Pathak, P., & Muntean, C. H. (2018). Investigating Flipped Classroom and Problem-based Learning in a Programming Module for Computing Conversion Course. *Educational Technology & Society, 21*(4), 232-247.

Chu, X., Wang, M., Spector, J. M., Chen, N. S., Chai, C. S., Hwang, G. J., & Zhai, X. (2025). Enhancing the flipped classroom model with generative AI and Metaverse technologies: Insights from lag sequential and epistemic network analysis. *Educational Technology Research and Development, 73*(1), 1539-1567.

Clark, R. M., & Kaw, A. (2020). Adaptive learning in a numerical methods course for engineers: Evaluation in blended and flipped classrooms. *Computer Applications in Engineering Education, 28*(1), 62-79.

Clark, R. M., Kaw, A., Scott, A., Kumar, S., & Yalcin, A. (2025). Evidence in Support of Adaptive Learning for Pre-Class Preparation in a Flipped STEM Classroom. *International Journal for the Scholarship of Teaching and Learning, 19*(1), https://doi.org/10.20429/ijsotl.2025.190106.

Clark, R. C., & Mayer, R. E. (2016). *E-Learning and the science of instruction: Proven guidelines for consumers and designers of multimedia learning*. Hoboken, NJ:

Wiley.

Cockrum, T. (2017). Emerging models of practice in flipped English language arts classrooms. In C. A. Young, & C. M. Moran (Eds.), *Applying the flipped classroom model to English language arts education*. Hershey, PA: IGI Global.

Corbetta, M., & Shulman, G. L. (2002). Control of goal-oriented and stimulus-driven attention in the brain. *Nature Reviews Neuroscience, 3*(3), 201-215.

Corcoran, J. (2013). Flipping reading lessons at a Title I School. *School Administrator, 70*(3), 22-23.

Correia, P. R. M., Kinchin, I. M., Paixão, T. R. L. C., & Harvey, D. T. (2025). Flipping the lab with AI support: a scalable model to address the theory–practice gap in analytical chemistry education. *Analytical and Bioanalytical Chemistry, 417*, 4283–4290. https://doi.org/10.1007/s00216-025-05961-6.

Costa, K. (2020). *99 tips for creating simple and sustainable educational videos: A guide for online teachers and flipped classes*. Sterling, VA: Stylus Publishing.

Coufal, K. (2014). *Flipped learning instructional model: Perceptions of video delivery to support engagement in eighth grade math*. Unpublished doctoral dissertation. Lamar University, Beaumont, TX.

Craig, J. M., Nodeland, B., Long, R., & Spivey, E. (2020). Student perceptions of team-based learning in the criminal justice classroom. *Journal of Criminal Justice Education, 31*(1), https://doi.org/10.1080/10511253.2020.1742756.

Crawford, S. R., & Senecal, J. (2017). Tools of trade: What do you need to flip. In L. S. Green, J. R. Banas, & R. A. Perkins (Eds.), *The flipped college classroom: Conceptualized and re-conceptualized*. Cham, Switzerland: Springer.

Crichlow, A., Parsons, J., Goswami, V., & Griswold, S. (2018). Utilizing the flipped classroom, simulation-based mastery learning and group learning to teach and evaluate lumbar puncture skills. *Journal of Education and Teaching in Emergency Medicine, 3*(1), https://escholarship.org/uc/item/2mx16691.

D'addato, T., & Miller, L. R. (2016). An inquiry into flipped learning in fourth grade math instruction. *Canadian Journal of Action Research, 17*(2), 33-55.

Davar, N. F., Dewan, M. A. A., & Zhang, X. (2025). AI chatbots in education: challenges and opportunities. *Information, 16*(3), https://doi.org/10.3390/info16030235.

Delaney, S. (2016). Five ways to flip your class using discussion boards. In B. Honeycutt (Ed.), *Flipping the college classroom: Practical advice from faculty*. Madison, WI: Magna Publications.

Deri, M. A., Mills, P., & McGregor, D. (2018). Structure and evaluation of flipped general chemistry course as a model for small and larger gateway science courses at an urban public institution. *Journal of College Science Teaching, 47*(3), 68-77.

Diri, M. E. (2025). Flipped classroom approach in financial accounting. In M. A. Eklund, & K. W. Graham (Eds.), *Flipping the classroom with experiential and community-engaged learning in business: High-impact teaching practices in business education (V.2)*. Cheltenham, UK: Edward Elgar Publishing Limited.

Dixon, C. (2014). The three E's of online discussion. *The Quarterly Review of Distance Education, 15*(1), 1-8.

Dixon, S., Shewell, J., & Crandell, J. (2020). *100 ways to teach language online: Powerful tools for the online and flipped classroom language teacher*. Eugene, OR: Wayzgoose Press.

Drumm, B. T. (2023). Designing and Reflecting on Active Learning and Flipped Classrooms for Renal Physiology. *International Journal for the Scholarship of Teaching and Learning. 17*(1), 1-15.

Eastham, L. A., Reyna, B., Kelly, T., Tressler, K., Self, A., & Kennedy, C. (2020). *Flipgrid: Flipping to active participation in a learning community*. Paper presented at the Annual Conference of Nursing Education Research, Washington, DC.

Eggen, P. D., & Kauchak, D. P. (2011). *Strategies and Models for Teachers: Teaching Content and Thinking Skills (6th Edition)*. Boston, MA: Pearson Education.

Eklund, M. A. (2025). What are the strategies to overcome students' reluctance toward the flipped learning approach? Lessons learned from a case in a managerial accounting course. In M. A. Eklund, & K. W. Graham (Eds.), *Flipping the classroom with experiential and community-engaged learning in business: High-impact teaching practices in business education (V.2)*. Cheltenham, UK: Edward Elgar Publishing Limited.

Enfield, J. (2013). Looking at the impact of the flipped classroom model of instruction on undergraduate multimedia students at SCUN. *Tech Trends, 57*(6), 14-27.

Evans, M., & Boucher, A. R. (2015). Optimizing the power of choice: Supporting student anatomy to foster motivation and engagement in learning. *Mind, Brain, and Education, 9*(2), 87-91.

Farmer, R. (2018). The what, the how and the why of the flipped classroom.

Innovative Practices in Higher Education, 3(2), 14-31.

Findlay-Thompson, S., & Mombourquette, P. (2014). Evaluation of flipped classroom in an undergraduate business course. *Business Education & Accredition, 6*(1), 63-71.

Fink, L. D. (2013). *Creating significant learning experiences: An integrated approach to designing college courses*. New York, NY: John Wiley & Sons.

Fiorella, L. (2022). Multimedia learning with instructional video. In R. E. Mayer, & L. Fiorella (Eds.), *The Cambridge handbook of multimedia learning (3rd ed.)*. New York, NY: Cambridge University Press.

Fiorella, L. (2023). Making sense of generative learning. *Educational Psychology Review, 35*(2), 50. https://doi.org/10.1007/s10648-023-09769-7

Fishman, E. (2016). *How long should your next video be?* https://wistia.com/learn/marketing/optimal-video-length.

Fleming, M. L., & Levie, H. (1993). *Instructional message design principles from the behavioral and cognitive sciences (2nd ed.)*. Englewood Cliffs, NJ: Educational Technology Publications.

Fornari, A., & Poznanski. (2021). *How-to guide for active learning*. Cham, CH: Springer.

Fredriksen, H. (2020). *An exploration of teaching and learning activities in mathematics flipped classrooms: A case study in an engineering program*. Unpublished doctoral dissertation. University of Agder, Kristiansand, Norway.

Friesen, S. (2013). Inquiry based learning. In R. C. Richey (Ed.), *Encyclopedia of terminology for educational and communications and technology*. New York, NY: Springer.

Fulton, K. P. L. (2014). *Time for learning: Top 10 reasons why flipping the classroom can change education*. Thousand Oaks, CA: Corwin.

Gagné, R. M., Briggs, L. J., & Wager, W. W. (1992). *Principles of instructional design (4th ed.)*. Fort Worth, TX: Harcourt Brace Jovanovich College Publishers.

Galway, L. P., Corbett, K. K., Takaro, T. K., & Frank, E. (2014). A novel integration of online and flipped classroom instructional models in public health higher education. *BMC Medical Education, 14*(1), http://www.biomedcentral.com/1472-6920/14/181.

Gao, X., & Hew, K. F. (2021). Toward a 5E-based flipped classroom model for teaching computational thinking in elementary school: Effects on student computational thinking and problem-solving performance. *Journal of educational computing research, 60*(2), 512-543.

Gardner, H. (1983). *Frames of Mind.* New York, NY: Basic Books Inc.

Gardner, A. P., Willey, K., Vessalas, K., & Li, J. (2014). *Experiences with flipped learning in subjects in consecutive stages of a Civil Engineering programme*. The Proceedings of the 25th Annual Conference of the Australasian Association for Engineering Education. Palmerston North, New Zealand.

Gasmi, A. A., & Thomas, M. (2017). Academic writing in the flipped EFL classroom: A case study on student engagement in Oman. In J. P. Loucky, & Ware, J. L. (Eds), *Flipped instruction methods and digital technologies in the language learning classroom*. Hershey, PA: IGI Global.

Gerstein, J. (2012). *The flipped classroom: The full picture based on an experiential model of learning*. Seattle, WA: Amazon Digital Services.

Gilboy, M. B., Heinerichs, S., & Pazzaglia, G. (2015). A novel integration of online and flipped classroom instructional models in public health higher education. *BMC Medical Education, 14*(1), 109-114.

Gomez, D. G., & Jeong, J. (2020). The flipped learning model in general science: Effects on students' learning outcomes and affective dimensions. In J. J. Mintzes, & E. M. Walters (Eds), *Active learning in college science: The case for evidence-based practice*. Cham, Switzerland: Springer.

González-Gómez, D., Jeong, J. S., Rodríguez, D. A., & Cañada-Cañada, F. (2016). Performance and perception in the flipped learning model: An initial approach to evaluate the effectiveness of a new teaching methodology in a general science classroom. *Journal of Science Education and Technology, 25*(3), 450-459.

Gopalan, C., Daughrity, S., & Hackmann, E. (2022). The Past, the Present, and the Future of Flipped Teaching. *Advances in Physiology Education, 46*, 331-334.

Gopalan, C., Halpin, P. A., Selvam, A., & Hung, W. (2024). Exploring educational transformations through the Innovative Flipped Learning Instruction Project Symposium. *Advances in Physiological Education, 48*(3), 505-511.

Green, L. S., Banas, J. R., & Perkins, R. A. (Eds.). (2017). *The flipped college classroom: Conceptualized and re-conceptualized.* Cham, Switzerland: Springer.

Greene, J. A., Bolick, C. M., Caprino, A. M., Deekens, V. M., McVea, M., Yu, S., & Jackson, W. P. (2015). Fostering high-school students' self-regulated learning online and across academic domains. *High School Journal, 99*(1), 88-106.

Griffiths, S., Campbell, C., & McDonald, C. V. (2021). "A problem shared is a problem halved": Supporting early career science teachers to implement flipped learning. *Issues in Educational Research, 31*(2), 495-512.

Gudenrath, A. (2017). Making the most of the flipped format: Active learning at work. In C. A. Young, & C. M. Moran (Eds.), *Applying the flipped classroom model to English language arts education*. Hershey, PA: IGI Global.

Guerrero, S., Beal, M., Lamb, C., Sonderegger, D., & Baumgartel, D. (2015). Flipping undergraduate finite mathematics: Findings and implications. *PRIMUS, 25*(9-10), 814-832.

Guo, J. (2019). The use of an extended flipped classroom model in improving students' learning in an undergraduate course. *Journal of Computing in Higher Education, 31*(2), 362-390.

Han, Y. (2018). Flipping tech-enhanced, content-based EAP courses with online content. In J. Mehring, & A. Leis (Eds.), *Innovations in Flipping the Language Classroom*. Singapore: Springer.

Han, E., & Klein, K. C. (2019). Pre-class learning methods for flipped classrooms. *American Journal of Pharmaceutical Education, 83*(1), 40-49.

Haskell, R. E. (2001). *Transfer of learning: Cognitive, instruction, and reasoning*. New York, NY: Academic Press.

Henderson, K., Hobbs, C., & Gwynllyw, R. (2018). *Use of technology enhanced teaching rooms to support flipped teaching*. Paper presented at the Annual Meeting of 12th International Symposium on Advances in Technology Education Nurturing Professionals for Smart Cities, Hong Kong.

Herreid, C. F., & Schiller, N. A. (2013). Case studies and the flipped classroom. *Journal of College Science Teaching, 42*(5), 62-66.

Hew, K. F., & Lo, C. K. (2018). Flipped classroom improves student learning in health professions education: A meta-analysis. *BMC Medical Education, 18*(1), 1-12.

Honeycutt, B. (2016). *Flipping the college classroom: Practical advice from faculty*. Madison, WI: Magna Publications.

Honeycutt, B. (2018). *The FLIP It! success guide*. Raleigh, NC: FLIP It Consulting.

Honeycutt, B., & Glova, S. (2013). *101 ways to flip your online class*. Raleigh, NC: Flip IT Consulting.

Honeycutt, B., & Warren, S. E. (2016). The flipped classroom: Tips for integrating moments of reflection. In B. Honeycutt (Ed.), *Flipping the college classroom: Practical advice from faculty*. Madison, WI: Magna Publications.

Honig, C. D., Desu, A., & Franklin, J. (2024). GenAI in the classroom: Customized GPT roleplay for process safety education. *Education for Chemical Engineers, 49*(1), 55-66.

Howard. A. J. (2018). *A Descriptive study of high school mathematics teachers' perceptions of flipped-mastery learning in a high school math class*. Unpublished doctoral dissertation. Concordia University-Portland, Portland, OR.

Howell, R. A. (2021). Engaging students in education for sustainable development: The benefits of active learning, reflective practices and flipped classroom pedagogies. *Journal of Cleaner Production, 325*, 1-12.

Hsieh, B. (2017). Step by step, slowly I flip. In L. S. Green, J. R. Banas, & R. A. Perkins (Eds.), *The flipped college classroom: Conceptualized and re-conceptualized.* Cham, Switzerland: Springer.

Hwang, G., & Lai, C. (2017). Facilitating and bridging out-of-class and In-class learning: An interactive e-Book-based flipped learning approach for math courses. *Educational Technology & Society, 20*(1), 184-197.

Huang, C. K., & Lin, C. Y. (2017). Flipping business education: Transformative use of team-based learning in human resource management classrooms. *Educational Technology & Society, 20*(1), 323-336.

Huang, A. Y. Q., Lu, O. H. T., & Yang, S. J. H. (2023). Effects of artificial intelligence-enabled personalized recommendations on learners' learning engagement, motivation, and outcomes in a flipped classroom. *Computers & Education, 194*, 1-12. https://doi.org/10.1016/j.compedu.2022.104684.

Huesca, G., Martínez-Treviño, Y., Molina-Espinosa, J. M., Sanromán-Calleros, A. R., Martínez-Román, R., Cendejas-Castro, E. A., Bustos, R. (2024). Effectiveness of Using ChatGPT as a Tool to Strengthen Benefits of the Flipped Learning Strategy. *Education Sciences. 14*(6), https://doi.org/10.3390/educsci14060660.

Hutt, S., & Hieb, G. (2024). *Scaling up mastery learning with generative AI: Exploring how generative AI can assist in the generation and evaluation of mastery quiz questions*. In the Proceedings of the Eleventh ACM Conference on Learning @ Scale (pp. 310-314).

Hyttinen, M. & Isomöttönen, V. (2025). Integrating artificial intelligence to support students' independent learning in flipped law courses. *International Journal of Technology in Education, 8*(3), 698-715.

Jaster, R. W. (2013). Flipping college algebra: Perceptions, engagement, and grade outcomes. *MathMATYC Educator, 5*(1), 16-22.

Jensen, J. L., Kummer, T. A., & Godoy, P. D. M. (2015). Improvements from a flipped classroom amy simply be the fruits of active learning. *CBE-Life Sciences Education, 14*(1), 1-12.

Jeon, J., & Lee, S. (2024). The impact of a chatbot-assisted flipped approach on EFL learner interaction. *Educational Technology & Society, 27*(4), 218-234.

Johnson, C., & Bergmann, J. (2018). *Flipped 3.0: Flipped mastery learning*. Lake Forest, IL: FL Global Publishing.

Johnston, N., & Karafotias, T. (2016). Flipping the classroom to meet the diverse learning needs of literacy and information studies (LIS) students. *Journal of Education for Library and Information Sciences, 57*(3), 226-238.

Jones, D. (2018). *Flipped 3.0 Project-based learning: An Insanely simple guide*. Irvine, CA: FL Global Publishing.

Jung, C. (1971). *Psychological types*. Princeton, NJ: Princeton University Press.

Karabulut-Ilgu, A., Cherrez, N. J., & Jahren C. (2018). A systematic review of research on the flipped learning method in engineering education. *British journal of Educational Technology, 49*(3), 398-411.

Kasevich, H. (2025). *Silent talk: Setting the stage for introverts to thrive in the classroom and beyond*. Lanham, MD: Rowman & Littlefield.

Katona, J., & Gyonyoru, K. I. K. (2025). Integrating AI-based adaptive learning into the flipped classroom model to enhance engagement and learning outcomes. Computers and Education: *Artificial Intelligence, 8*, https://doi.org/10.1016/j.caeai.2025.100392.

Keller, J. M. (2010). *Motivational design for learning and performance: The ARCS model approach*. New York, NY: Springer.

Kelly, D., & Denson, C. (2019). STEM teacher efficacy in flipped classrooms. *Journal of STEM Education, 18*(4), 43-50.

Kim. H., Kim, M., Cho, M., & Jang, S. (2017). Effectiveness of applying flipped learning to clinical nursing practicums for nursing students in Korea: A randomized controlled trial. *International Journal of Nursing Practice, 23*(5), https://doi.org/10.1111/ijn.12574.

Kim., M. K., Kim, S. M., Khera, O., & Getman, J. (2014). The experience of three flipped classrooms in an urban university: An exploration of design principles. *Internet & Higher Education, 22*, 37-50.

King, A. (1993). From sage on the stage to Guide on the side. *College Teaching,*

41(1), 30-35.

Kirch, C. (2016). *Flipping with Kirch: The ups and downs from inside my flipped classroom*. New Berlin, WI: Bretzmann.

Kozikoğlu, İ. (2019). Analysis of the Studies Concerning Flipped Learning Model: A Comparative Meta-Synthesis Study. *International Journal of Instruction, 12*(1), 851-868.

Kuo, Y. C., & Chang, P. J. (2024). Flipped classroom combined with WPACQ learning mode on student learning effect-exemplified by program design courses. *Education and Information Technologies, 29*, 12621-12651.

Kurban, C. F. (2019) Designing effective, contemporary assessment on a flipped educational sciences course. *Interactive Learning Environments, 27*(8), 1143-1159.

Kurt, G. (2017). Implementing the flipped classroom in teacher education: Evidence from Turkey. *Educational Technology & Society, 20*(1), 211-221.

Kwan, P., Kadel, R., Memon, T. D., & Hashmi, S. S. (2024). Intensifying Learner Engagement and Focus by a Block Mode Flipped Learning Pedagogy. In N. A. M. Mokmin, S. R. B. Derus, & M. Z. B. Hasan (Eds.), *Flipped Classrooms and Learning: Perspectives, Opportunities and Challenges*. New York, NY: Nova Science Publishers.

Kwan, P., Kadel, R., Memon, T. D., & Hashmi, S. S. (2025). Reimagining Flipped Learning via Bloom's Taxonomy and Student-Teacher-GenAI Interactions. *Education Sciences, 15*(4), 465. https://doi.org/10.3390/educsci15040465.

La Torre, S., Désiron, J. C. (2024). From Research to Practice: Are Multimedia Principles Present in Instructional Videos Used by Teachers in Science and History?. *Technology, Knowledge and Learning, 29*, 1993-2016, https://doi.org/10.1007/s10758-024-09753-2.

Låg, T., & Saele, R. G. (2019). Does the Flipped Classroom Improve Student Learning and Satisfaction? A Systematic Review and Meta-Analysis. *AERA Open, 5*(3), 1-17.

Le Doux, J. M. (2019). The problem-solving studio: An approach for structuring face-to-face learning activities in the flipped classroom. In A. G. Madden, L. Margulieux, R. S. Kadel, & A. K. Goel (Eds.), *Blended learning in practice: A guide for practitioners and researchers*. Cambridge, MA: The MIT Press.

Lee, J., & Choi, H. (2019). Rethinking the flipped learning pre-class: Its influence on the success of flipped learning and related factors. *British Journal of*

Educational Technology, 50(2), 934-945.

Levy, T., & Cohen, L. J. (2017). Teaching English for academic purposes through the use of digital tools. In J. P. Loucky, & Ware, J. L. (Eds), *Flipped instruction methods and digital technologies in the language learning classroom*. Hershey, PA: IGI Global.

Li, H. (2023). Effects of a ChatGPT-based flipped learning guiding approach on learners' courseware project performances and perceptions. *Australasian Journal of Educational Technology. 39*(5), 40-58.

Limniou, M., Schermbrucker, I., & Lyons, M. (2018). Traditional and flipped classroom approaches delivered by two different teachers: The student perspective. *Education and Information Technologies, 23*(2), 797-817.

Lo, C. K., & Hew, K. F. (2017). Using "First principles of instruction" to design secondary school mathematics flipped classroom: The findings of two exploratory studies. *Educational Technology & Society, 20*(1), 226-236.

Lo, C. K., Lie, C. W., & Hew, K. F. (2018). *Applying "First principles of instruction" as a design theory of the flipped classroom: Findings from a collective study of four secondary school subjects. 118*, 150-165, doi.org/10.1016/j.compedu. 2017.12.003.

Lockwood, R. (2018). *Flipping the classroom: What every ESL teacher should know*. Ann Arbor, MI: University of Michigan Press.

Lohr, L. L. (2008). *Creating graphics for learning and performance: Lessons in visual literacy*. Upper Saddle River, NJ: Pearson Education.

Loizou, M. (2022). *Parents and the Flipped Classroom Approach in K-12 Teaching*. The Proceedings of Annual International Conference of Education, Research and Innovation. Seville, Spain.

López-Villanueva, D., Santiago, R., & Palau, R. (2024). Flipped learning and artificial intelligence. *Electronics, 13*(17), https://doi.org/10.3390/electronics 13173424.

Lotter, L., & Ramnarain, U. (2025). An Exploratory Study on the Use of a Flipped Classroom Model for Supporting Inquiry-based Learning in Natural Sciences Classrooms. *African Journal of Research in Mathematics, Science and Technology Education, 29*(1), 99-112.

Lucardie A. T., & Busari, J. O. (2017). The flipped classroom as a pedagogical tool for leadership development in postgraduate medical education. *Education Sciences, 7*(2), 63. https://doi.org/10.3390/educsci7020063.

Lucena, F. J. J. H., Belmonte, J. L., Cabrera, A. F., Torres, J. M. T., & Sanchez, S. P. (2020). Academic effects of the use of flipped learning in physical education. *International Journal of Environmental Research and Public Health. 17*(1), https://doi.org/10.3390/ijerph17010276.

Mansor, M., & Nasir, N. M. (2024). Parent Perspectives: Involvement, Concerns, and Support Regarding Flipped Learning. In N. A. M. Mokmin, S. R. B. Derus, & M. Z. B. Hasan (Eds.), *Flipped Classrooms and Learning: Perspectives, Opportunities and Challenges*. New York, NY: Nova Science Publishers.

Maher, M. L., Lipford, H., & Singh, V. (2013). Flipped classroom strategies using online videos. Retrieved January 3, 2017 from http://cei.uncc.edu/sites/default/files/CEI%20Tech%20Report%203.pdf.

Manno, C. M. (2025). Rebooted! Flipped learning in a human resource management classroom. In M. A. Eklund, & K. W. Graham (Eds.), *Flipping the classroom with experiential and community-engaged learning in business: High-impact teaching practices in business education (V.2)*. Cheltenham, UK: Edward Elgar Publishing Limited.

Maris, M. (2021). Effectiveness of flipped classroom approach when teaching lab-based techniques. H. Hoidn, & M. Klemenčič (Eds.), *The Routledge international handbook of student-centered learning and teaching in higher education*. New York, NY: Routledge.

Mayer, R. E. (2022). The multimedia principle. In R. E. Mayer, & L. Fiorella (Eds.), *The Cambridge handbook of multimedia learning (3rd Ed.)*. New York, NY: Cambridge University Press.

Mazohl, P. (2025). *FlipCont: A practical handbook for content development in flipped learning 3.0*. Las Vegas, NV: Mazohl Publish.

Mazohl, P., Filiaglou, M., Tsimopoulos, N., Anagnostaki, A., Østlie, K. C., Alvarez J. C., Ruiz, D. V., Maki, H., & Zehrfuchs, K. (2021). *Flipped adult education: A guide to implement trainings based on the flipped learning 3.0 framework*. Las Vegas, NV: Mazohl Publish.

Mazohl, P., Yeratziotis, A., Tsouris, C., Mettouris, C., & Papadopoulos, G. (2024). *The DigiComPass training course: A flipped and AI-based approach to content creation*. In INTED2024 Proceedings (pp. 3791-3797).

Mazur, A. D., Brown, B., & Jacobsen, M. (2015). Learning design using flipped classroom instruction. *Journal of Learning and Technology, 41*(2), https://doi.org/10.21432/T2PG7P.

McCabe, B. A. (2020). Flipped learning in a civil engineering module: Student and instructor experiences. *Irish Journal of Technology Enhanced Learning. 4*(1), http://orcid.org/0000-0003-0124-0973.

McCue, R. (2017). Flipping the makerspace to maximize active learning time in introductory workshops. https://dspace.library.uvic.ca/bitstream/handle/1828/11313/McCue_Richard_International_Symposium_on_Academic_Makerspaces_2019.pdf?sequence=4&isAllowed=y.

McCue, R. A., Huculak, J. M., & Johnson, D. K. (2019). Best practices for creating and leading active-learning workshop in a academic makerspaces. http://hdl.handle.net/1828/11313.

McGiveney-Burelle, J., & Xue, F. (2013). Flipping calculus. *PRIMUS, 23*(5), 477-486.

McLaughlin, J. E., Griffin, L. M., Esserman, D. A., Davidson, C. A., Glatt, D. M., & Roth, M. T. (2013). Pharmacy student engagement, performance, and perception in flipped satellite classroom. *American Journal of Pharmaceutical Education, 77*(9), 1-8.

McLaughlin, J. E., Roth, M. T., Glatt, D. M., Gharkholonarehe, N., Davdson, C. A., Griffin, L. M., Esserma, D. A., & Mumper, R. J. (2014). The flipped classroom: A course redesign to foster learning and engagement in a health professions school. *Academic Medicine, 89*(2), 236-243.

McWhirter, N., & Shealy, T. (2020). Case-based flipped classroom approach to teach sustainable infrastructure and decision-making. *International Journal of Construction Education and Research, 16*(1), 3-23.

Medina, J. (2008). *Brain rules: 12 principles for surviving and thriving at work, home, and school*. Seattle, WA: Pear Press.

Mehta, C. M. (2020). Flipping out and digging in: Combining the flipped class and project-based learning to teach adult development. *The International Journal of Aging and Human Development, 91*(4), 362-372.

Merrill, M. D. (2013). *First principles of instruction: Assessing and designing effective, efficient, and engaging instruction*. San Francisco, CA: John Wiley & Sons.

Mintzes, & E. M. Walters (Eds). (2020). *Active learning in college science: The case for evidence-based practice*. Cham, Switzerland: Springer.

Milligan, D. (2013). *The charter for children: A new book series for every Canadian*. Ottawa, ON: DC Canada Education Publishing.

Missildine, K., Fountain, R., Summers, L., & Gosselin, K. (2013). Flipping the classroom to improve student performance and satisfaction. *Journal of Nursing Education, 52*(10), 597-599.

Mitra, S. (2016). *The future of learning*. Guatemala, Guatemala: Universidad FranCisco Marroquin.

Mohamad, S. N. M., Salam, S., Salleh, M. A. M., & Sivaprakash, S. (2024). Enhancing Education with Flipped Classrooms and Generative Artificial Intelligence. In N. A. M. Mokmin, S. R. B. Derus, & M. Z. B. Hasan (Eds.), *Flipped Classrooms and Learning: Perspectives, Opportunities and Challenges*. New York, NY: Nova Science Publishers.

Molenda, M., & Pershing, J. A. (2008). Improving performance. In A. Januszewski, & M. Molenda (Eds.), *Educational technology: A definition with commentary*. New York, NY: Routledge.

Monahan, N. (2016). Flipping your classroom without flipping out your introverted students. In B. Honeycutt (Ed.), *Flipping the college classroom: Practical advice from faculty*. Madison, WI: Magna Publications.

Mojtahedi, M., Kamardeen, I., Rahmat, H., & Ryan, C. (2020). Flipped classroom model for enhancing student learning in construction education. *Journal of Civil Engineering Education, 146*(2), https://doi.org/10.1061/(ASCE)EI.2643-9115. 0000004.

Moran, C. M., Brooks, N., Young, C. A., & Romano, A. (2017). Flipping the flip to empower students: Using constructivist principles to reinvent flipped ELA instruction. In C. A. Young, & C. M. Moran (Eds.), *Applying the flipped classroom model to English language arts education*. Hershey, PA: IGI Global.

Moran, C., & Young, C. A. (2014). Active learning in the flipped English language arts classroom. In J. Keengwe, G. Onchwari, & J. N. Olgara (Eds), *Promoting active learning through the flipped classroom model*. Hershey, PA: IGI Global.

Moreno-Guerrero, A, J., Rodriguez, J. M., Lopez-Belmonte, J., & Alonso-Garcia, S. (2020). Flipped learning approach as educational innovation in water literacy. *Water, 12*(2), https://doi.org/10.3390/w12020574.

Morris, C., & Thomasson, A. (2013). English In J. Bretzman (Ed.), *Flipping 2.0: Practical strategies for flipping your class*. New Berlin, WI: The Bretzmann Group.

Mueller, P. A., & Oppenheimer, D. M. (2014). The pen is mightier than the keyboard: Advantages of longhand over laptop note-taking. *Psychological Science, 25*(6), 159-168.

Musallam, R. (2017). *Spark learning: 3 keys to embracing the power of student curiosity*. San Diego, CA: Dave Burgess Consulting.

Nesloney, T. (2013). Elementary flipping. In J. Bretzman (Ed.), *Flipping 2.0: Practical strategies for flipping your class*. New Berlin, WI: The Bretzmann Group.

Nilson, L. B. (2013). *Creating self-regulating learners: Strategies to strengthen students' self-awareness and learning skills*. Sterling, VA: Stylus Publishing.

O'Bannon, B. W., Lubke, J., Beard, M. T., Britt, V. G. (2011). Using podcasts to replace lecture: Effects on student achievement. *Computers and Education, 57*(3), 1885-1892.

Oerther, D. B. (2022). Using modified mastery learning to teach sustainability and life-cycle principles as part of modeling and design. *Environmental Engineering Science, 39*(9), 784-795.

Ölmefors, O., & Scheffel, J. (2023). High school student perspectives on flipped classroom learning. *Pedagogy, Culture & Society, 31*(4), 707-724.

Orhan, A. (2020). The Effect of Flipped Learning on Students' Academic Achievement: A Meta-Analysis Study. *Çukurova Üniversitesi Eğitim Fakültesi Dergisi, 48*(1), 368-396.

Østerlie, O., & Killian, C. M. (2025). Flipped learning in physical education: evolutions over a decade and future horizons. *Physical Education and Sport Pedagogy, 1-16*, https://doi.org/10.1080/17408989.2025.2497326.

Østerlie, O., Killian, C., & Sargent, J. (2022). *Flipped Learning in Physical Education: Opportunities and Applications*. New York, NY: Routledge.

Ottolenghi J., Athauda G., Stumbar S. E., Kashan S. B., & Lupi C. (2019). Contraceptive pharmacology and risk communication: a case-based flipped classroom exercise. *MedEdPORTAL Journal of Teaching and Learning Resources, 15*, https://doi.org/10.15766/mep_2374-8265.10790.

Pacansky-Brock, M. (2013). *Best practices for teaching with emerging technologies*. New York, NY: Routledge.

Pallof, R. M., & Pratt, K. (2007). *Building online learning communities: Effective strategies for the virtual classroom (2nd ed.)*. San Francisco, CA: Jossey-Bass.

Pardo, A., Mirriahi, N., Dawson, S., Zhao, Y., Zhao, A., & Gašević, D. (2015). *Identifying learning strategies associated with active use of video annotation software*. The Proceedings of the Fifth International Conference on Learning Analytics and Knowledge. Poughkeepsie, New York.

Park, S., Kaplan, H., Schlaf, R., Tridas, E. (2018). Makecourse-Art: Design and practice of flipped engineering makerspace in higher education. *International Journal of Design for Learning, 9*(1), 98-113.

Pavlova, N. H. (2024). Flipped dialogic learning method with ChatGPT: A case study. *International Electronic Journal of Mathematics Education, 19*(1), https://doi.org/10.29333/iejme/14025.

Peacock, J. L., FitzPatrick, K., & Finn, K. E. (2024). Student Performance and Perceptions of Adopting the Flipped Learning Approach into an Integrated Anatomy and Physiology Course. *Journal of Higher Education Theory and Practice. 23*(18), 145-161.

Peng, W., Yang, Y., Zhang, Z., & Li, T. J. J. (2025). *GLITTER: An AI-assisted Platform for Material-Grounded Asynchronous Discussion in Flipped Learning.* arXiv preprint arXiv:2504.14695.

Perkins, D. N. (1994). *The Intelligent Eye: Learning to Think by Looking at Art.* Los Angeles, CA: Getty Center for Education in the Arts.

Perkins, D. N., & Unger, C. (1999). Teaching and Learning for Understanding. In C. M. Reigeluth (Ed.), *Instructional design theories and models: A new paradigm of instructional theory*. Mahwah, NJ: Lawrence Erlbaum Associates.

Pink, D. H. (2009). *Drive: The surprising truth about what motivates us*. New York, NY: Riverhead Books.

Plunkett, K. (2014). *The flipped classroom: A teacher's complete guide*. JIBB Publishing.

Poll, K., Widen, J., & Weller, S. (2014). Six best practices for online engagement and retention. *Journal of Online Doctoral Education, 1*(1), 56-72.

Posner, M. I. (2004). Development of attention networks in childhood. *Neuropsychologia, 42*(8), 1029-1040.

Posner, M. I., & Rothbart, M. K. (2007). Research on attention networks as a model for the integration of psychological science. *Annual Review of Psychology, 58*, 1-23.

Poulain, P., Bertrand, M., Dufour, H., & Taly A. (2023). A Field Guide for Implementing a Flipped Classroom. *Biochemistryand Molecular Biology Education, 51*(4), 10-417.

Project Tomorrow and Flipped Learning Network. (2014). Speak Up 2013 national research project findings: A second year review of flipped learning. Retrieved January 5, 2017 from http://www.tomorrow.org/speakup/pdfs/

SU13SurveyResultsFlippedLearning.pdf.

Ramadhani, R., Uman, R., Abdurrahman, A., & Syazali, M. (2019). The effect of flipped-problem based learning model integrated with LMS-Google classroom for senior high school students. *Journal for the Education of Gifted Young Scientists, 7*(2), 137-158.

Ramirez, M. (2018). In-Class Flip: Flipping a Literature Class for Student-Centered Learning. In J. Mehring, & A. Leis (Eds.), *Innovations in Flipping the Language Classroom*. Singapore: Springer.

Ramirez, M. A., & Rodriguez, C. (2018). *In-class flip in teacher education through loop-input*. Technology in ELT: Achievements and challenges for ELT development.

Ramlatchan, M., & Watson, G. S. (2020). Enhancing instructor credibility and immediacy in online multimedia designs. *Educational Technology Research and Development, 68*(1), 511-528.

Raths, D. (2014). Nine video tips for a better flipped classroom. *The Education Digest, 79*(6), 15-21.

Ray, S., & Sikdar, D. P. (2024). AI-Driven flipped classroom: Revolutionizing education through digital pedagogy. *British Journal of Education, Learning and Development Psychology, 7*(2), 169-179.

Rehman, A., Hassan, M. U., Zubair, M. U., Aziz, T., & Ahmed, K. (2025). A framework for effective construction workers safety training using flipped learning. *Journal of Civil Engineering and Management, 31*(3), 206-223.

Riabukha, T., Hostishcheva, N., Kulykova, L., &Kharchenko, T. (2020). "Flipped Classroom" as an innovative technology for teaching foreign languages in higher education. *Pedagogy of the formation of a creative person in higher and secondary schools, 2*(72), 100-106.

Roberts, J. L., & Inman, T. F. (2023). *Strategies for differentiating instruction: Best practices for the classroom (4th ed.)*. New York, NY: Routledge.

Roehl, A., Reddy, S. L., & Shannon, G. J. (2013). The flipped classroom: An opportunity to engage millennial students through active learning strategies. *Journal of Family and Consumer Sciences, 105*(2), 44-49.

Roehling, P. V. (2018). *Flipping the college classroom: An evidence-based guide*. Cham, Switzerland: Springer Nature.

Romanow, D., Cline, M. K., & Napier, N. P. (2024). A Response to COVID: From Traditional to Remote Learning Using a Flipped Classroom Pedagogy and

Its Impact on BI Skills Attainment. *Journal of Information Systems Education, 35*(1), 99-111.

Romero-Garcia, C., Buzon-Garcia, O., & Touron, J. (2018). The flipped learning model in online education for secondary teachers. *Journal of Technology and Science Education, 9*(2), 109-121.

Rosenberg, T. (2013). In 'Flipped' classrooms, a method for mastery. New York Times.

Ruddick, K. W. (2012). *Improving chemical education from high school to college using a more hands-on approach*. Unpublished doctoral dissertation. University of Memphis, Memphis, TN.

Rueda, M. R., McCandliss, B. D., Halparin, J. D., Gruber, D. B., Lercsari, L. P., & Posner, M. I. (2004). Development of attention networks in childhood. *Neuropsychologia, 42*(8), 1029-1040.

Ruedlinger, B. (2012). *Does length matter?* https://wistia.com/learn/marketing/does-length-matter-it-does-for-video-2k12-edition.

Sahin, A., Cavlazoglu, B., & Zeytuncu, Y. E. (2015). Flipping a college calculus course: A case study. *Educational Technology & Society, 18*(3), 142-152.

Said, M. H. M., & Zainal, R. (2017). A review of impacts and challenges of flipped-mastery classroom. *Advanced Science Letters, 23*(8), 7763-7767.

Samaila, K., Al-Samarraie, H., Tsong, C. K., & Alzahrani, A. I. (2025). A new guided flipped learning model for lifelong learning. *Interactive Learning Environments, 33*(3), 2509-2523.

Sams, A., & Bergmann, J. (2014), Flipped learning: maximizing face time. *Training + Development, 68*(2), 28-31.

Sanchez-Gil-Machín, R., Baena-Morales, S., Molina-García, N., & Ferriz-Valero, A. (2025). Impact of Feedback in Flipped Learning on the Development of Soft Skills of University Students. *Education Sciences, 15*(1), 63. https://doi.org/10.3390/educsci15010063.

Sargent, J., & Casey, A. (2020). Flipped learning, pedagogy and digital technology: Establishing consistent practice to optimise lesson time. *European Physical Education Review, 26*(1), 70-84.

Sauer, K. M. (2016). Don't flip out: Inverting the intermediate microeconomics classroom. In J. B. Waldrop, & M. A. Bowdon (Eds.), *Best practices for flipping the college classroom*. New York, NY: Routledge.

Schallert, S., Lavicza, Z., & Vandervieren, E. (2021). Towards Inquiry-Based

Flipped Classroom Scenarios: a Design Heuristic and Principles for Lesson Planning. *International Journal of Science and Mathematics Education, 20*, 277-297. https://doi.org/10.1007/s10763-021-10167-0.

Schink-Mikel, A., & Pugalee, D. K. (2014). Writing in mathematics. Association for Middle Level Education. Retrieved from http://www.amle.org/BrowsebyTopic/WhatsNew/WNDetaspx?ArtMID=888&ArticleID=425.

Scholte, J. B., & Strehler, J. C. (2025). Weekly flipped classroom modules in intensive care medical training: Feasibility and acceptance. *Journal of Critical Care, 86*, https://doi.org/10.1016/j.jcrc.2024.154986.

Schuchter, A. (2021). *Co-creational education: A project-based flipped classroom workshop series for online education using drone building to teach engineering subjects*. The proceedings of 13th International Conference on Computer Supported Education (pp. 447-457). Prague, Czech Republic.

Sergis, S., Vlachopoulos, P., Sampsom, D. G., & Pelliccione, L. (2017). Implementing teaching model templates for supporting flipped classroom-enhanced STEM education in Moodle. In A. Marcus-Quinn, & T. Hourigan (Eds.), Handbook on digital learning for K-12 schools. Cham, Switzerland: Springer.

Shaffer, S. (2017). Examining the potential for flipped literature units: Flipping The Great Gatsby. In C. A. Young, & C. M. Moran (Eds.), *Applying the flipped classroom model to English language arts education*. Hershey, PA: IGI Global.

Shi, Y., Ma, Y., MacLeod, J., & Yang, H. H. (2020). College students' cognitive learning outcomes in flipped classroom instruction: a meta-analysis of the empirical literature. *Journal of Computers in Education, 7*, 79-103.

Shih, H. J., & Huang, S. C. (2020). EFL learners' metacognitive development in flipped learning: A Comparative study. *Interactive Learning environments, 28*(1), https://doi.org/10.1080/10494820.2020.1728343.

Singh, K., Mahajan, R., Gupta, P., & Singh, T. (2018). Flipped classroom: A concept for engaging medical students in learning. *Indian Pediatrics, 55*(6), 507-512.

Smaldino, S. E., Lowther, D. L., & Russell, J. D. (2011). *Instructional technology and media for learning* (10th ed.). New York, NY: Pearson.

Smalls, K. M. (2023). *The Impact of the Flipped Classroom Model on Elementary Students' Achievement and Motivation for Learning Geometry*. Unpublished doctoral dissertation. University of South Carolina. Columbia, South Carolina.

Snyder, N. C. (2017). Teachers' perceived advantages and disadvantages of using flipped classrooms in ELA and Non-ELA classrooms. In C. A. Young, & C. M. Moran (Eds.), *Applying the flipped classroom model to English language arts education*. Hershey, PA: IGI Global.

Spanlger, S. (2016). Flipped assessment. In B. Honeycutt (Ed.), *Flipping the college classroom: Practical advice from faculty*. Madison, WI: Magna Publications.

Speaks, E. L. (2017). My inversion conversion. In C. A. Young, & C. M. Moran (Eds.), *Applying the flipped classroom model to English language arts education*. Hershey, PA: IGI Global.

Spencer, R. (2022). "Hell is other people": rethinking the Socratic method for quiet law students. *The Law Teacher, 56*(1), 90-104.

Stapleton, L. L. (2020). Flipping the mathematics classroom. In Z. Walker, D. Tan, & N. K. Koh (Eds.), *Flipped classrooms with diverse learners: International perspectives*. Singapore: Springer.

Stein, J., & Graham, C. R. (2014). *Essentials for blended learning: A standards-based guide*. New York, NY: Routledge.

Strayer, J. F. (2007). *The effects of the classroom flip on the learning environment: A comparison of learning activity in traditional classroom and a flip classroom that used an intelligent tutoring system*. Unpublished doctoral dissertation. Ohio State University, Columbus, OH.

Strayer, J. F. (2012). How learning in an inverted classroom influences cooperation, innovation and task orientation. *Learning Environments Research, 15*(2), 171-193.

Strayer, J. F., Hart, J. B., & Bleiler-Baxter, S. K. (2016). Kick-starting discussions with the flipped classroom. *Mathematics Teacher, 109*(9), 662-668.

Strayer, J. F. (2017). Designing instruction for flipped classrooms. In C. M. Reigeluth, B. J., Beatty, & R. D. Myers (Eds.), *Instructional-design theories and models, Volume IV: The learner-centered paradigm of education*. New York, NY: Routledge.

Strelan, P., Osborn, A., & Palmer, E. (2020). The flipped classroom: A meta-analysis of effects on student performance across disciplines and educational levels. *Educational Research Review, 30*, https://doi.org/10.1016/j.edurev.2020.100314.

Suriano, R., Plebe, A., Acciai, A., & Fabio, R. A. (2025). Student interaction with ChatGPT can promote complex critical thinking skills. *Learning and Instruction, 95*(3), https://doi.org/10.1016/j.learninstruc.2024.102011.

Swart, W. W., & MacLeod, K. R. (2020). Flipping online analytics classes: Achieving parity with their face-to-face counterparts. *Decision Sciences Journal of Innovative Education, 18*(1), 119-137.

Talbert, R. (2016). Flipped calculus: A gateway to lifelong learning in mathematics. In J. B. Waldrop, & M. A. Bowdon (Eds.), *Best practices for flipping the college classroom*. New York, NY: Routledge.

Talbert, R. (2017). *Flipped learning: A guide for higher education faculty*. Sterling. VA: Stylus Publishing.

Talbert, R. (2021). *Seven Steps to Flipped Learning Design: A Workbook*. Mountain View, CA: Creative commons.

Tambunan, H., Silitonga, M., & Sinaga, N. (2023). Parents involvement in elementary schools learning through flipped classrooms in Indonesia. *International Journal of Primary, Elementary and Early Years Education, 51*(6), 919-930.

Tawik, A. A., & Lilly, C. (2015). Using a flipped classroom approach to support problem-based learning. *Technology, Knowledge, and Learning, 20*(3), 299-315.

Taylor, S. (2024). Message Design for Instructional Designers: Audio and Video Best. In M. Ramlarchan (Ed.), *Instructional Message Design: Theory, Research and Practices (V. 3)*. Kindle Direct Publishing.

Tazijan, F., Murugan, A., Rahim, S., Mohammed, R., Mathai, E. J., & Ismail, R. (2016). A survey of flipped learning approach in the ESL context. *Asian Journal of Education and e-Learning, 4*(2), 78-84.

Thomas, N. (2025). Flipped classroom with experiential learning in a tax course. In M. A. Eklund, & K. W. Graham (Eds.), *Flipping the classroom with experiential and community-engaged learning in business: High-impact teaching practices in business education (V.2)*. Cheltenham, UK: Edward Elgar Publishing Limited.

Thompson, C., & Martin, A. (2016). Elements of psychology, an introductory psychology course at the University of Oklahoma. In J. B. Waldrop, & M. A. Bowdon (Eds.), *Best practices for flipping the college classroom*. New York, NY: Routledge.

Ting-Ling Lai, Fang Ting Lin, & Hsiu-Ping Yueh. (2020). The effectiveness of team-based flipped learning on a vocational high school economics classroom. *Interactive Learning Environments, 28*(1), 130-141, https://doi.org/10.1080/10494820.2018.1528284.

Toivola, M., Peura, P., & Humaloja, M. (2020). *Flipped learning in Finland*.

Helsinki, FI: Edita.

Toivola, M., Rajala, A., & Kumpulainen, K. (2022). Pedagogical rationales of flipped learning in the accounts of Finnish mathematics teachers. *Pedagogies: An International Journal, DOI: 10.1080/1554480X.2022.2077341.*

Tomas, L., Evans, N., Doyle, T., & Skamp, K. (2019). Are first year students ready for a flipped classroom? A case for a flipped learning continuum. *International Journal of Educational Technology in Higher Education, 16*(5), https://doi.org/10.1186/s41239-019-0135-4.

Torres, K. M., Tackett, S., Niversit, A. T., Arrastia-Chisholm, M. C., & Landau, J. (2021). Totally Flipping Instruction Advantages, Alternative Models, and Challenges of a Flipped Classroom in K-12 and Higher Education.

Tucker, B. (2012a). The flipped classroom: Online instruction at home frees class time for learning. *Education Next, 12*(1), 82-83.

Tucker, C. R. (2012b). *Blended learning in grades 4-12*. Thousand Oaks, CA: Corwin.

Umutlu, D., & Akpinar, Y. (2020). Effects of different modalities on writing achievement in flipped English classes. *Contemporary Educational Technology, 12*(1), https://doi.org/10.30935/cedtech/7993.

van Alten, D. C. D., Phielix, C., Janssen, J., & Kester, L. (2019). Effects of flipping the classroom on learning outcomes and satisfaction: A meta-analysis. *Educational Research Review, 28*, 1-18.

van Alten, D. C. D., Phielix C., Janssen, J., & Kester, L. (2020). Effects of self-regulated learning prompts in a flipped history classroom. *Computers in Human Behavior, 108*, 1-13.

van Alten, D. C. D., Phielix, C., Janssen, J., & Kester, L. (2021). Secondary students' online self-regulated learning during flipped learning: A latent profile analysis. *Computers in Human Behavior, 118*, 1-13.

van der Meij, H., & Hopfner, C. (2022). Eleven guidelines for the design of instructional videos for software training. *Technical Communication, 69*(3), 5-23.

van Merriënboer, J. J. G., & Kirschner, P. A. (2018). *Ten Steps to complex learning: A systematic approach to Four-Component Instructional Design*. New York, NY: Routledge.

van Tassel-Baska, J., & Hubbard, G. F. (2019). A review of the national gifted standards implementation in eight districts: An uneven picture of practice.

Gifted Child Today, 42(3), 215-228.

Voss, E., & Kostka, I. (2019). *Flipping Academic English Language Learning: Experiences from an American University*. Singapore: Springer.

Wagner, M., Gegenfurtner, A., & Urhahne, D. (2020). Effectiveness of the Flipped Classroom on Student Achievement in Secondary Education: A Meta-Analysis. *Zeitschrift für Pädagogische Psychologie*. https://doi.org/10.1024/1010-0652/a000274.

Waldrop, J. B., & Bowdon. M. A. (Eds.). (2016). *Best practices for flipping the college classroom*. New York, NY: Routledge.

Walton, D. F. (2019). *The flipped-mastery learning phenomenon: A case study of a sixth-grade mathematics classroom*. Unpublished doctoral dissertation. Trevecca Nazarene University, Nashville, Tennessee.

Wang, J. (2024). Research on the flipped classroom + learning community approach and its effectiveness evaluation—Taking college german teaching as a case study. *Sustainability, 16*(17), 7719; https://doi.org/10.3390/su16177719.

Wang, Q., Melnyk, H., Lishchynska-Kravets, H., Shpaliarenko, Y., & Tomashevska, M. (2024). Flipped learning in higher school: theory and practice. *Amazonia Investiga, 13*(74), 334-343.

Wang, Y., & Qi, G. Y. (2018). Mastery-based language learning outside class: Learning support in flipped classrooms. *Language Learning & Technology, 22*(2), 50-74.

Ware, H., & Benson, A. D. (2019). Student and faculty experiences in the flipped learning environment in undergraduate nursing. *Nursing Education Perspectives, 40*(2), 79-83.

Webb, M., & Doman, E. (2019). Impacts of flipped classrooms on learner attitudes towards technology-enhanced language learning. *Computer-Assisted Language Learning, 33*(3), 240-274.

Webster, D. R., Kadel, R. S., & Madden, A. G. (2019). Blended dynamics-Does size matter? In A. G. Madden, L. Margulieux, R. S. Kadel, & A. K. Goel (Eds.), *Blended learning in practice: A guide for practitioners and researchers*. Cambridge, MA: The MIT Press.

Williams, B., Hornet, C., & Allen, S. (2019). Flipped v's traditional teaching perspectives in a first accounting unit: An action research study. *Journal of Accounting Education, 28*(4), 333-352.

Winter. J. W. (2018). Performance and Motivation in a Middle School Flipped Learning Course. *TechTrends, 62*(2), 176-183.

Wiske, M. S., & Beatty, B. J. (2009). Fostering understanding outcomes. In C. M. Reigeluth (Ed.), *Instructional design theories and models(Volume III): Building a common knowledge*. New York, NY: Routledge.

Wiske, M. S., Franz, K. R., & Breit, L. (2005). *Teaching for understanding with technology*. San Francisco, CA: Jossey-Bass.

Woodruff, A. E., Jensen, M., Loeffler, W., & Avery, L. (2014). Advanced Screencasting With Embedded Assessments in Pathophysiology and Therapeutics Course Modules. *American Journal of Pharmaceutical Education, 78*(6), https://www.ncbi.nlm.nih.gov/pmc/articles/PMC4140494.

Yeo, M. (2018). Flipping or flopping: Lessons learnt from flipping a course for ASEAN teachers of English. In J. Mehring, & A. Leis (Eds.), *Innovations in Flipping the Language Classroom*. Singapore: Springer.

Zappe, S. E., & Litzinger, T. A. (2017). Considerations when evaluating the classroom flip instructional technique. In L. S. Green, J. R. Banas, & R. A. Perkins (Eds.), *The flipped college classroom: Conceptualized and re-conceptualized.* Cham, Switzerland: Springer.

Zhitnitskiy, P. E. (2020). Impact of veterinary students' preparation and learning strategies on academic success in a flipped swine medicine course. *Education in the Health Professions, 3*(1), 8-15.

Zhou, Q, & Zhang, H. (2025). Flipped Classroom Teaching and ARCS Motivation Model: Impact on College Students' Deep Learning. *Education Sciences. 15*(4), 517, https://doi.org/10.3390/educsci15040517.

Zhou, X. (2023) A conceptual review of the effectiveness of flipped learning in vocational learners' cognitive skills and emotional states. *Frontiers in Psychology*. 13:1039025. doi: 10.3389/fpsyg.2022.1039025.

Zhu, G., Thompson, C., Suarez, M., & Peng, Z. (2019). A meta-analysis on the effect of flipped instruction on K-12 students' academic achievement. *Paper presented at the Annual Conference of American Educational Research Association*. Toronto, Canada.

Zimmerman, B. J., & Moylan, A. R. (2009). Self-regulation: Where metacognition and motivation intersect. In A. C. Hacker, D. J. Dunlosky, & J. Graesser (Eds.), *Handbook of metacognition in education*. New York, NY: Routledge.

저자 소개

최 욱

고려대학교 교육학과 학사
미국 University of Minnesota 교육공학 석사
미국 Indiana University 교육공학 Ph. D.

(현) 경인교육대학교 교육학과 교수

(경력) HRD 컨설턴트 및 강사(기업체 및 공공기관)
한국교육공학회 부회장
한국기업교육학회 부회장

플립드러닝(Flipped Learning) 실행 절차 및 교수전략

2025년 12월 10일 1판 1쇄 인쇄
2025년 12월 15일 1판 1쇄 발행

저 자 : 최 욱
발행인 : 한 정 주
발행처 : 교육과학사

저자와의 협의하에 인지생략

경기도 파주시 광인사길 71
전화 (031)955-6956~8/팩스 (031)955-6037
Home-page : www.kyoyookbook.co.kr
E-mail : kyoyookbook@daum.net
등록 : 1970년 5월 18일 제2-73호

낙장·파본은 교환해 드립니다. **정가 20,000원**
Printed in Korea. ISBN 978-89-254-1958-9